教育部高校国别和区域研究高水平建设单位
华南理工大学印度洋岛国研究中心

学术译丛

留尼汪的身份认同与建构研究

[法]罗伦·梅达（Laurent Médéa） 著

陈一楠　朱献珑　主译
史　芸　沈　娟　杨瑾瑜　刘　璐　梁祺祺　参译

Reunion
An Island in Search of an Identity

华南理工大学出版社
SOUTH CHINA UNIVERSITY OF TECHNOLOGY PRESS
·广州·

著作权合同登记号　图字：19-2020-017

图书在版编目（CIP）数据

留尼汪的身份认同与建构研究/（法）罗伦·梅达（Laurent Médéa）著；陈一楠，朱献珑主译. —广州：华南理工大学出版社，2023.8
ISBN 978-7-5623-7345-2

Ⅰ.①留… Ⅱ.①罗…②陈…③朱… Ⅲ.①文化社会学-研究-留尼汪（法） Ⅳ.①G148.5

中国国家版本馆CIP数据核字（2023）第075905号

Reunion: *An Island in Search of an Identity*
by Laurent Médéa
ISBN 978-1-86888-540-4
The original version was published by Unisa Press in 2009. Copyright © Laurent Médéa.
Simplified Chinese translation copyright © 2023 by South China University of Technology Press.
All rights reserved.

留尼汪的身份认同与建构研究

［法］罗伦·梅达（Laurent Médéa）著　　陈一楠　朱献珑　主译

出 版 人：柯　宁
出版发行：华南理工大学出版社
　　　　　（广州五山华南理工大学17号楼，邮编510640）
　　　　　http://hg.cb.scut.edu.cn　E-mail: scutc13@scut.edu.cn
　　　　　营销部电话：020-87113487　87111048（传真）
策划编辑：吴翠微　陈　蓉
责任编辑：张　楚
责任校对：詹伟文
印 刷 者：佛山家联印刷有限公司
开　　本：787mm×1092mm　1/16　印张：11　字数：234千
版　　次：2023年8月第1版　印次：2023年8月第1次印刷
定　　价：59.00元

版权所有　盗版必究　　印装差错　负责调换

译丛编译委员会

主　任：钟书能　朱献珑

委　员（按姓氏拼音排序）：

陈一楠　程　杰　崔　岭　邓　锐

杜可君　金苏扬　雷　霄　李英垣

刘喜琴　欧　剑　荣　榕　夏晶晶

肖锦银　谢宝霞　谢　洪　徐　玲

薛荷仙　袁　瑀　战双鹃　张黎黎

张琳琳　朱　丹　朱　琳

译者序

留尼汪是法国的海外省,地处非洲,其特殊的地缘位置和殖民历史背景形成了独特的社会文化和当地居民复杂的身份认同。《留尼汪的身份认同与建构研究》一书就是对留尼汪身份认同问题的全面探究。本书的作者,留尼汪大学的罗伦·梅达博士是留尼汪本地人士,研究领域为社会学,因而尤其关注留尼汪身份认同问题。他在该书中做了大量开创性的研究并提出了许多新颖的见解,相信本书的译本对国内的社会学尤其是身份认同研究会有所助益。

本书共包括五部分:第一章详细梳理了各学科领域对身份认同的形成和克里奥尔化的相关研究;第二章从历史角度分析了留尼汪身份认同的形成;第三章为实证研究报告,记录并分析了研究团队在 8 个月的时间内对近 700 名留尼汪受访者进行的问卷调查结果;第四章将视野延伸到新殖民主义角度;第五章为结语。

本书涉及大量社会学和留尼汪种族文化术语,译者在翻译过程中尽可能通过查证确保翻译准确。同时,译者在翻译中发现,由于现有研究的缺乏,许多留尼汪种族名称无确定的中文译法,例如 Zorey、Kaf 等。译者对部分术语采取了音译,并附上了原文拼法以供读者进一步查阅资料。对另外一些字面上含有实际意义的留尼汪族群名称(如 Gros Blanc),译者尝试根据语义拟定了译法。同时,作为学术专著,本书逻辑严谨细致、语言复杂缜密,译本尽可能在保证中文可读性的同时保留了原文的风格。但由于水平有限,译文仍可能存在疏漏,请读者批评指正。

原作者罗伦·梅达博士对本书的翻译工作给予了支持和鼓励,在此谨表谢意。最后,特别感谢华南理工大学出版社和印度洋岛国研究中心在本书翻译出版过程中给予的大力支持!

序　言

我怀着喜悦之情对这项留尼汪身份认同的研究致以热烈的欢迎。20世纪90年代末，罗伦·梅达为我在英国大学里的沉闷生活带来了一丝印度洋的清新空气。20世纪70年代末，我曾在毛里求斯和加勒比海地区工作过两年，罗伦的论述让我想起了在那里经历的克里奥尔化。虽然那些地方和留尼汪有相似之处，但我对留尼汪岛还是知之甚少。事实上，印度洋不同岛屿之间克里奥尔化的相似性和差异性一直是存在争议的。例如沃恩（Vaughan）曾这样描述毛里求斯："如果没有原住民，这座岛从一开始就注定不是某个单一事物或单一民族的产物，而是多事物多民族的产物，它或多或少是外来的，又或多或少是被归化的。它一直是一座克里奥尔岛屿。"[①]这也是波旁岛的写照。波旁是留尼汪岛改名前的旧称，当时革命会议的代表重新集结后的第一件事就是给这个遥远的殖民地更换为一个不让人想起那个可憎的皇室家族的名字。从1789年的那一刻起，留尼汪的历史就游移在雅各宾主义的普适性主张和该岛自我历史进程的角力中了，或者说是法兰西共和国与意欲在留尼汪建立一个新印度洋社会的特殊势力之间的角逐。

正如罗伦·梅达所示，法国对留尼汪的紧密控制体现为多种形式：奴隶制、开明专制、殖民主义、改革殖民主义、权力下放及最终的海外省化（即完全与法国本土体制和欧盟融合）。留尼汪各处都法国化了——官方语言为法语，官方货币为法郎（后来是欧元），以及超市、连锁酒店和电视频道中到处都是法国的影子。同时，留尼汪与法国的差异也处处可见——热带的植被、火山口和气候、克里奥尔语、宗教表达、食物、建筑、音乐、舞蹈以及岛民的外貌和行为举止。罗伦·梅达理解这种宗主国对殖民地的控制，理解这种控制令人压抑的原因。作为一位文化活动家、一个克里奥尔人及一名学者，他从内部和外部都能理解这种模糊性。

应该怎么称呼这种情况呢？我记得曾与梅达博士在华威大学的咖啡馆里和在旺代度假时认真讨论过"后殖民主义"的文学和文化概念在这里是否相

[①] M. Vaughan. Creating the Creole island: slavery in eighteenth-century Mauritius. Durham, NC: Duke University Press, 2005: 2.

关和适用。但是法国对留尼汪的行政控制是大幅加强了而非减弱了，而且留尼汪加入欧盟后带给留尼汪人民的经济利益显而易见，所以留尼汪怎么能说是后殖民主义的呢？最后，罗伦·梅达决定采用一个经过修改的概念——"新殖民主义"，取得了很好的效果。我们当然也讨论过身份认同的形成和构建问题。我和梅达博士在开普敦大学开过一门关于克里奥尔化的历史学、社会学和人类学理解的研究生研讨课，我们围绕这个问题进行了一年多的探讨。

或许我们可以将克里奥尔社会的形成分为三个阶段，罗伦·梅达在本书的第一章中非常清楚地描述了第一和第三阶段。他写道：

在留尼汪岛形成的社会实际上是早期全球化或"原始"全球化的结果。海港文化、贸易站和货品仓库是经由探险家、殖民者、传教士、风险投资者和国际移民们的艰苦努力发展起来的。如果没有某种形式的全球化，留尼汪、毛里求斯、牙买加和特立尼达的社会就不可能存在。在当前阶段，资本的跨国主义以及货物、商品、影像和人员的深入流动所导致的全球化，已经深刻地影响到了当代的各个地区。当今的全球化，对可被克里奥尔化的文化的出现提出了挑战，也对本土宗主国倡导的"身份认同问题的解决"提出了挑战。

中间阶段的特征是殖民主义和帝国主义。这个阶段也是殖民生产体系——特别是生产糖、香蕉、咖啡和橡胶的种植园——和殖民语言与文化规范盛行的时期。在那段艰难的时期，其他的谋生和生活方式难以被表现，更难被制度化。但人们做到了。在内陆，人们和其他边缘移民一起建立了"马龙"（Maroon）社区。在甘蔗地里人们创造了马洛亚（maloya）音乐。正如梅达博士所说，马洛亚成为象征抗争的音乐。最重要的是，他们创造了一门独特的克里奥尔语，强化了他们独特的克里奥尔意识。克里奥尔语成为种植园主、奴隶和经济独立人士们的共同语言。

我将克里奥尔化分为三个阶段的提议可能过于简单化，但读者能从本书中找到大量的案例、描述和论证，它们极大地推进了克里奥尔化的比较研究。

最后，我要感谢我们开普敦的同事对克里奥尔化研讨会所做的贡献。感谢我们的伴侣赛琳娜和阿内斯的宽容。我觉得她们对我们关于加勒比海地区乃至非洲、美洲和印度洋克里奥尔化的漫长观测和冗长讨论并不特别感兴趣。但在2006年6月我们四人同游留尼汪岛时，她们仍礼貌地表示出了兴趣。那次旅行非常美妙，不仅加深了我们的友谊，也实现了理论与实践的对接。

罗宾·科恩（Robin Cohen）
华威大学教授级研究员，社会学教授

目录

绪　论 / 1

第 1 章　身份认同的形成与克里奥尔化 / 4

  1.1　身份认同的形成 / 4

  1.2　克里奥尔化 / 12

  1.3　小结 / 22

第 2 章　语言和社会文化中的克里奥尔身份认同的形成 / 24

  2.1　克里奥尔语的形成 / 24

  2.2　克里奥尔文化与身份认同的形成 / 39

  2.3　小结 / 49

第 3 章　留尼汪身份认同的语言、社会和文化背景的调查研究 / 50

  3.1　定量调查 / 50

  3.2　受访者的社会背景 / 52

  3.3　留尼汪身份认同概况 / 56

  3.4　留尼汪克里奥尔语概况 / 63

  3.5　留尼汪文化概况 / 79

  3.6　留尼汪宗教信仰概况 / 86

  3.7　留尼汪族裔定义与归属概况 / 90

  3.8　定性调查 / 94

  3.9　调查总结 / 97

  3.10　小结 / 99

第 4 章　新殖民主义视角下留尼汪的克里奥尔身份认同 / 101

  4.1　霸权主义与身份认同 / 101

  4.2　留尼汪：新殖民模板 / 106

  4.3　新殖民主义现实：法国霸权与留尼汪身份认同 / 111

  4.4　小结：全球背景下的克里奥尔与新殖民主义留尼汪 / 121

目录

第5章 结语 / 123
  5.1 宗主国霸权 / 123
  5.2 克里奥尔文化民族主义 / 125
  5.3 之后 / 128

注释 / 129
参考文献 / 147
术语表 / 162

绪 论

留尼汪岛位于印度洋的西南部，距毛里求斯 180 千米，距马达加斯加 800 千米，距非洲海岸 2500 千米，距法国本土 10 000 千米。该岛总面积 2500 平方千米，地形多山，最高峰为内日峰，海拔高度 3070 米。留尼汪在 17 世纪前无人居住，在成为殖民地前没有本土人口。之后随着接连不断的移民浪潮，来自印度和马达加斯加等地的亚洲、非洲乃至欧洲移民共同构成了留尼汪的人口。留尼汪居民的身份从奴隶、契约劳工变为殖民地属民，又最终变为法国公民。因此在发展历程上，留尼汪与毛里求斯、罗德里格斯、塞舌尔、查戈斯群岛和其主岛迪戈加西亚岛等相邻的岛屿并无不同，与加勒比海岛屿、佛得角群岛以及巴西这些遥远地区的发展历史也很类似。这些岛屿都曾被殖民和"开发"，情形相近。在上述的每一个地理区域内，由于多元文化社会中形成的种族融合现象（métissage），避免了某一种文化或文明占据主导地位，确保了每个种族都能保留一定数量的独特的文化特征。

留尼汪岛现在的 75 万名居民构成了一个多元、复杂的社会。这个社会是法国殖民统治者在欧洲市场资本主义的推动下从无到有人为创造出来的。在种植园奴隶制和殖民化前，留尼汪没有本土的历史，没有根深蒂固的本土文化认同，这种缺失至今仍是留尼汪社会寻求身份认同的一个根本因素。种植园奴隶制导致了不同出身的人口之间不平等的社会关系，同时也造成了文化交流与融合。奴隶制的废除又引发一波移民的浪潮，来自数个大洲的其他人口群体迁入了留尼汪岛。法国本土和外围殖民地之间的关系是一种不平等的、统治与被统治的关系。尽管在官方理想的设想中，留尼汪社会是种族多元与融合的，但这种不平等关系还是明显存在着。

用政治、经济、社会、情感等多种元素构造留尼汪的身份认同是一件非常复杂且困难的事情。给留尼汪的身份认同一个有一定程度社会学精确性的定义仍是一个难题。一方面，留尼汪殖民主义、资本主义、亲奴隶制的经济体制将文明和身份认同的形成联系起来。这种经济体制的遗留仍然深刻影响着留尼汪的文化景观和克里奥尔思维模式。另一方面，基于种族同化主义制度，法国在 1946 年 3 月 19 日将留尼汪设立为海外省（省为法国重要的行政区划），推进了留尼汪的基础建设，使留尼汪社会经济实现了重大发展。留尼汪突然从一个发展落后的殖民地变成了一个与其所在地理区域中其他国家相比具有"发展超前"经济体制的地区。这使得留尼汪和其他地区的交流变得困难，而且是单向的。与其他法国海外省一样，地区交流在留尼汪所在的海洋区域中发挥着重要的经济和军事作用。所以不难理解在这种环境下导致的留尼汪的身份认同是既多元又复杂的。

在留尼汪大学成立以前，有关留尼汪身份认同的研究非常少，自 1982 年留尼汪大学成立以后，该研究领域引起了学术界浓厚的兴趣。目前已有很多从不同学科背景出发涉及身份认同问题的著作和文章问世。卡尔帕宁·马里穆图（Carpanin Marimoutou）和让·弗朗索瓦·萨姆隆（Jean-Francois Sam-Long）从文学方面进行了研究；苏德尔·富马（Sudel Fuma）从历史学方面进行了研究；胡海光（Ho Hai Quang）从经济学方面进行了研究；艾（Ay）和伯纳德·切鲁比尼（Bernard Cherubini）从人类学方面进行了研究（尤其关注种族和民族关系）；弗朗索瓦兹·韦尔热斯（Françoise Vergès）进行了政治学方面的研究（这位作者是后殖民主义研究上的先驱，以留尼汪岛为研究案例）。然而尽管已有颇丰的学术研究，留尼汪的身份认同还没引起任何的学术争论，一是因为研究人数有限，二是因为留尼汪大学中没有社会科学的院系。本书的目标之一就是引发一场学术争鸣，并为该领域的研究提供一个基础理论纲要和框架。

这场争论恰逢其时。重大的变化已经发生了：随着生产机械化，工厂和种植园主失去了对政治和社会生活的控制，种植园模式也不复存在；种植园社会消亡后，在克里奥尔身份认同的两个新特性，即异文化性和种族性的基础上，形成了一个新的社会。如果说由于留尼汪自身的克里奥尔化形式特有的历史和文化特征，群体之间的共存到目前为止一直是可能的，那么留尼汪的海外省化引起的经济转变正在打乱社会平衡，使得这种共存在未来不一定可能了。

留尼汪的人口不同于此前任何一个殖民地的情况，不是简单的种族叠加、二元文化主义，抑或文化交叉的案例。可以准确定义留尼汪人口的当属"异文化性"这个词：留尼汪是一个独特的多文化集体，其中两种文化模式相互影响，构建了一个非常复杂的关系网络。如果一个人与他的母国以及这个大陆之间拥有并公开展示联系，他就可被视为对留尼汪有强烈的身份认同。然而，人们以这种方式确认身份认同的同时也"失去"了他们的混合文化身份认同。那些没有确定身份认同的人们将自己定义为克里奥尔人：总而言之，如果一个人是克里奥尔人，就意味着他是留尼汪人，并且不同于佐里人（Zorey）。

在这种背景下，与身份认同相关的概念，诸如纯洁性或根源性、不纯洁性或非根源性、构建—形成或解构—变形成为热点。本书通过对留尼汪新殖民主义背景下的克里奥尔化和身份认同形成过程的调查研究，提出了以下相互关联的研究问题：整体上看，在新殖民主义背景下，克里奥尔化在身份认同的形成过程中起到了什么作用？留尼汪是如何建立在扎根于共同记忆的克里奥尔化上的？我们把克里奥尔化定义为一个地区身份认同的形成过程，而法国本土将留尼汪设为海外省是基于其种族同化政策，那么克里奥尔化能否抵抗这一政策的影响？一个身份认同是如何分裂为多个的？多个身份认同又是如何在不同的生活圈中合而为一的？留尼汪的身份认同是如何通过语言或社会文化、政治和经济体系形成的？在留尼汪社会中，是如何通过价值观和社会关系的转变议定身份认同的概念的？在留尼汪社会这样的多文化和多种族社会中，文化和社会克里奥尔化能否防止霸权和统治现象？

本书的目的是承认留尼汪人在他们身份认同的构建与形成中所起的作用。在现有文献中，他们的作用往往被轻视甚至被否定。本书的作者是留尼汪本地人士和社会发展亲历者，对留尼汪有广泛深刻的了解，在留尼汪社会中生活过，但作者已尽力不在争议问题上作主观性的评价。这方面若仍有疏漏，在此谨表歉意。

第一章总结了一些知名学者在身份认同和克里奥尔化问题上的理论贡献。该章首先从个体心理学、社会心理学和社会学的角度讨论了身份认同形成的概念，然后介绍了关于能否将克里奥尔化从语言层面延伸至社会文化领域的学术争论。最后，本章探究了当代的克里奥尔化现象，并陈述了作者与一些人类学家和社会学家的观点。

第二章基于文化交流和经济、历史及政治背景研究了留尼汪身份认同的形成。该章依照时间顺序追溯了多元文化主义（multiculturalism）、跨文化主义（interculturalism）和超文化主义（transculturalism）三个概念的发展进程，并探讨其背后的地区、国家和国际环境的影响。

第三章展示了通过调查搜集的实证数据。调查样本是留尼汪各个社会和种族群体的代表。该调查是在2002年1月10日—9月10日间进行的，分为几个阶段，包括留尼汪不同宗教的人们。具体的目标群体为二战后出生的人。

第四章分析了调查的结果，并介绍了与"自主"身份认同相对的"他律"身份认同的概念，用以描述相关政治和经济过程影响下产生的身份认同。将留尼汪合并至法国的法令忽视了留尼汪和法国本土相差甚远的现实，但在经济、社会和政治层面产生了深刻的影响。留尼汪海外省化加强了法国政权对知识和权力的控制，导致了不同话语和实践中的暴力。社会和身份认同转变需要被重新定义。同时要考虑到留尼汪人的文化与种族多元性和他们对留尼汪和法国的共同认同感。因此，本研究将重点集中于非欧洲本土区域的超文化情形，并在此背景中重新评估新殖民主义的概念。

本书基于调查得到的新发现对现有的文献提出了质疑。本书的重点是文化活动家的政治行为，他们试图表达由奴隶制、殖民主义和海外省化整个历史中的持久性和变更性塑造的留尼汪文化认同和民族主义的复兴。

本书中法语资料的英译是由作者完成的。

第1章
身份认同的形成与克里奥尔化

本章首先从个体心理学、社会心理学和社会学的角度研究身份认同形成的概念，介绍一些社会学家和社会心理学家关于身份认同形成的观点，并阐述在留尼汪当代克里奥尔化之前有关克里奥尔化的概念和过程的争论。但本章并不是完全理论性的，还含有许多来自留尼汪和毛里求斯历史中的实例。本章还提出，克里奥尔身份认同可以看作是发展初期的"留尼汪身份认同形成"的结果。这个过程和巴西、加勒比海、印度洋岛屿及佛得角的历程相似。本章的结论是，"克里奥尔化"，这个从语言学延伸至社会文化领域的术语，现在已成为一个全球化的现象和整个世界的蓝图。

1.1 身份认同的形成

1.1.1 "身份认同"：从心理学到社会学

有观点认为留尼汪身份认同形成于奴隶制期间，在留尼汪成为法国海外省的过程中得到发展。这种观点颇具争议。问题在于，一个宽泛的社会身份认同如何能分裂成几个身份认同，几个不同的身份认同又如何能汇集并融合成一个单一的身份认同？掌握不同文化资源的人们如何通过共同的语言交流，形成关系，建立并复制一个集体社会组织？个人和集体身份认同是如何在不同的空间和时间背景下形成的？

最先研究身份认同形成的学者是心理学家，他们的研究重点是个体发展问题，涉及童年和青春期的大部分时期。他们认为人的成长要么是常态要么是病态的。如果是后者，他们认为心理创伤等因素，如死亡、暴力，或童年时背井离乡的经历，中断、影响了身份认同的构建。然而，如果真如法农（Fanon）提出的那样[1]，"文化和历史变化确实会对身份认同的形成产生创伤"[2]，那就也表示身份认同有时需要暴力助其发展并为人所知。在20世纪60—70年代间追随前人弗洛伊德做精神分析和性研究的一些心理学家也认为创伤和对性发育的病理干预对个体的个性形成是有害的。[3]此研究的重点是个人的身份认同，但随着社会学视角的身份认同形成研究的出现，研究的重点转移到了社会和群体的身份认同，反映新的政治形式和民族身份认同的新表现形式。

对帕森斯（Parsons）而言，身份认同关系到个体在社会和群体认同中的角色：它是一个个性的子系统，既是个人对社会及社会组织的贡献的原因，又是在这种贡献的基础上形成的。这可能包括个体对一个他甚至不归属的群体的认同。帕森斯提出，群体"在社会空间中……选择强调那些和个体个性和文化及社会制度道德基础牵涉最少的方面，即经济方面"。[4] 他进一步认为社会认同需求和不同形式的群际行为之间存在因果关系。他假设社会结构是基于僵化、机械化的群体形成方式，这与留尼汪社会的真实情况相矛盾。留尼汪社会是一个复杂、不定、情境性的后殖民主义社会组织，从来自各地的移民集合，到奴隶制，到契约劳工制，最终成为海外省。帕森斯式分析不足以囊括这种复杂性。

另一方面，泰菲尔（Tajfel）的观点是"必须用明确考虑到更宽泛的群体运行所处的社会背景的方法来分析群际关系中的社会认同"。[5] 社会中的每个群体都是由个体组成的，但如果人们没有意识到他们在群体中的地位和位置，群体的构成方式就会缺乏凝聚性。联盟是作为每一个结盟的个体意识的结果产生的。这个联盟是个体表现的一种功能，个体反过来会为群体或社会提供力量，因此每个个体需要对自己的身份认同保持警惕，以增强作为社会支柱的集体身份认同。共同身份认同是社会的支柱。[6]

1.1.2 社会认同与个体认同

个体社会化的结果，即社会认同，是自然且出于本能的。一个人需要在一个复杂的空间中，例如不同群体共存的多文化社会中，寻求统一性的集体或群体认同以维持他的个体认同。一个人的个体认同，是在其社会认同的边界内，被定义为"他者"中的"自我"。这样，"人们在社会互动的过程中知晓身份认同"[7]，即是通过与他者的跨际沟通而实现。如果身份认同的确认是在这样一个"身份认同策略"中通过与组成该群体的其他人的互动发生，那么可以合理地假设其表现会根据环境的不同而不同。

作为民族身份认同一部分的社会认同不纯粹是社会学因素的产物。社会分类、边界与身份认同的过程有一个重要的情感维度，它和社会维度共存，而不能简化为社会维度。要考虑的不仅是各有特色的经济、政治和文化互动，还要考虑到这些因素和群体或集体身份认同内的无意识的心理过程及强烈情感，如爱意、恨意、羞愧、愤怒之间的关联。[8] 所有这些能让我们意识到，在当代世界中民族主义和民族身份认同为何始终存在并不断强化。当身份认同发生的环境中有很多差异很大的文化群体时，例如在留尼汪，情况尤其如此。

人的社会认同主要是通过社会比较维持的。社会认同指的是一个人相对他人对自我的定义。区分身份认同的公众或社会层面和更个体的层面是很重要的。社会认同不仅是一种特征、客观属性或人际关系风格，还是围绕行为模式构建的。例如，在留尼汪，每个"种族"的"空间"导致了社会认同的领域化，使人们无法谈及跨国认同和区域认同，因为留尼汪不是一个国际大都市，没有和出生国及根源文化的联系。[9] 留尼汪从奴隶制和契约劳工期间被迫的"社会认同的去领域化"[10] 开始转变为在一个新的移民空间下社会认同形成的再领域化。社会认同也不能被简化为阶级认同，因为"性别、年龄、残疾状况、种族（race）、宗教、族群（ethnicity）、婚姻状况，甚至音乐风格和着装规定都是组织和认同的有效坐标轴"[11]。身份认同是"由更多不同的成分，以不同且更复杂的方式"[12] 构成的，前提是身份认同的一些切实结构能在这种移民环境中能够或将会出现，在这种环境中身份认同是通过社会文化习俗形成的。社会认同可以变成一个社会化的手段，一个为社会、经济和政治目的服务的工具。这些都是区分客观认同和主观认同的因素。归根结底，统一身份认同的概念似乎只是难以实现的幻想。

显然，如果"通过标记差异"来定义身份认同[13]，身份认同就会一直是暂时的、不稳定的，是多样而不单一的，是由各部分之间的关联构成的。在过去的几个世纪里，民主制度和民族国家详尽展示的政治认同过程很好地说明了这点："象征主义和神话的迂回清楚表明了身份认同的概念是本质主义的。"[14] 身份认同是"不真实的"，是思维方式的一部分。"真实"的是身份认同的表现形式：表现形式不是不重要的"本质"，而是必须形成的东西。[15] 但是表现形式也假定了一种涉及意识和理性主动干涉的"身份认同策略"。因此我们的生活已经被反抗边缘化争取代表性的抗争改变。不仅受制于他人的政权或帝国化视角，还要为自己争取某种形式的代表。"[16]

这种通过自我表现获得的身份认同是当他者和我们不同，并当这种差异侵入我们的领土时，和他者冲突的结果。正是在这种情况下身份认同变得可见且身份认同的表征过程开始进行。身份认同总是一个"结构化的表现形式，只能通过狭隘的负面视角实现其可能性。它必须先经过他者的针眼才能构建自己"[17]。这种与他者的不同正是身份认同形成发生的接触地带：

> 身份认同既包含独特性也包含相同性。约束身份认同的唯一方法是将其和其他身份认同进行对比。因此，身份认同是一个模糊的概念。它从它所不是的东西中，即他者，得到自身的含义：就像填字游戏里的一个单词，它处于一个独特性（负面定义）和相同性相会的位置，而相同性的存在需要"他性"。[18]

1.1.3　身份认同的形成和构建

身份认同的形成涉及几个相继的阶段，身份认同在这几个阶段中发展、确认、修改并重组自身。如果身份认同模糊的个体和群体生活在一个假定的"纯粹身份认同"为最高荣誉的环境中,持续的身份认同不确定性通常会表现为羞愧、沮丧、伤心和耻辱。因为没有在异国之间达成平衡,身份认同形成和自我表现的过程始终没有完成,随之而来的是身份认同危机。留尼汪和其他一些曾经被殖民的地区一样,正在经历这样的身份认同危机,并寻找自己的真正身份认同。它在寻找一个"能让身份认同的叙述成为可能,并意味着借用他者和'纠正'过去的身份认同"[19]。这样一个身份认同是在家庭中,在特定的空间和时间环境中选定或商定的。这个过程要求摒弃日常生活的价值观和准则,以及所有想象的、构建的身份认同特征。要重新发现或重组他们个体和社会的身份认同,而这些需要依赖他们的传统文化记忆。

身份认同的形成和构建之间的区别有重要的历史、社会和政治含义。[20]国家构建是一个"有意识的创造过程,是一个政治控制的系统"。[21]留尼汪就是这样一个案例。自1946年,政客和公务人员实施了海外省化的政策,在多方面实行了法国模式,如财政医疗制度和道路、体育场、建筑等城市景观基础设施。这个"法国""国家认同"的概念中还有一个象征维度,表现在无处不在的法国国旗中,以及在所有体育赛事和国庆活动中演奏的法国国歌中,并在佐里人的行为、话语和习俗中得以强化。和其他印度洋区域社会不同的是,这个概念的确取得了成功。印度洋其他地区的身份认同是被《柏林条约》和之后的殖民化强加的,甚至在获得独立后也没有形成统一性较强的国家认同感。

在留尼汪,国家的建立有着长久连贯的历史。从奴隶制和殖民主义时期直到20世纪50年代由大白人(Gros Blanc)群体进行,从海外省化开始由佐里人进行。在留尼汪,只有"顶层"和"底部"的人们根据统治和参与的领域来承认和定义他们的身份认同。留尼汪可以被视为一个研究案例或是一个"实验室",因为当地许多社会行为模式,例如饮酒、吸食大麻和暴力都源于身份认同问题。[22]这证明了法国官方身份认同和原籍身份认同都是基于想象中的"目标"身份认同的概念。即使个体居住在距法国一万公里,距非洲、马达加斯加、印度和中国数千公里的地方,仍被要求理解这种概念。正常来说,在留尼汪,泰米尔人无法与印度产生共鸣,祖籍是中国的人无法与中国产生共鸣,祖籍是非洲或马达加斯加的人无法与非洲或马达加斯加产生共鸣,祖籍是南亚的穆斯林无法与印度北部产生共鸣;留尼汪人对法国的认同感同样是想象出来的——这是一个被强加的概念。不断有文化上的联系和努力试图重建这种想象中的"法国"身份认同。这就是为什么"在后殖民时代的背景中,人们需要使用'身份认同形成'这个词,而不是'身份认同构建'"[23]。留尼汪维护国家的建立,遭到了大白人和佐里人的反对,这是意料之中的。大白人过去受益于法国政府对留尼汪岛的控制,而佐里人是现在的受益者。

自奴隶制以来,国家的形成一直在留尼汪发生着;过去是由契约劳工推动,正如自海外省化以来由大多数民众推动一样。国家的形成是"一个非自愿的历史过程，充满了冲突、立场对立的谈判……导致匿名者的妥协和不同群体之间的交易"。[24] 这些交易包括跨文化交换互化、克里奥尔化，特别是种族融合，因为国家的形成包括所有社会习俗惯例，其中一些干预公共政策并与其发生冲突，有些则与公共政策协同作用。留尼汪传统的诞生是奴隶制与外国移民的结晶，是在复杂的环境中塑造和形成国家多种生活方式的结晶。身份认同形成的方式在接受或拒绝官方政策中是显而易见的，在对待其他作为参照物的身份认同的态度上也显而易见。那些参照物是通过与海外省化相关的同化政策被实施的，与国家雅各宾主义截然相反。

1.1.4 留尼汪身份认同和新殖民主义

虽然奴隶制和殖民主义在这些（和其他）身份认同的形成和巩固中起到了关键的作用，但是留尼汪身份认同不只是法国人强加的殖民标签。它们是由留尼汪人民在赋予日常生活意义的尝试中创造并改造的。混合的身份认同是在统治背景下构建的，而不是形成的，并且留下了很小的文化自主权和自我表现的空间：就像它们如今是被新殖民主义塑造的一样，"（留尼汪）身份认同是被它们在殖民种族阶级中的地位塑造的"[25]。

新殖民主义包含通过语言、文化、政治或经济手段，建立殖民统治或通过军事征服，对一个欠发达的民族或国家实施控制。这个概念由夸梅·恩克鲁马（Kwame Nkrumah）提出，他将新殖民主义视作"帝国主义最坏的形式"：

> 对实行新殖民主义的人而言，其意味着没有责任的权力，而对遭受它的人而言，其意味着没有赔偿的剥削。在旧殖民主义时期，帝国政权必须在国内解释和证明其在国外采取行动的正当性。在殖民地，服从帝国统治的人至少可以寻求其保护，以防他们的敌人采取任何暴力行动。新殖民主义迥异于这两种情况。[26]

新殖民主义意味着帝国主义和殖民主义以其他方式延续，其中殖民国家在独立仪式上的退出只是名义上的。在这种"旗帜独立"中，所有资源以及贸易、商业和采矿的利益都被欧洲人牢牢掌握在手中。但这不是说英国人或法国人想继续统治他们以前的殖民地：早在1776年，亚当·斯密就对奴隶制提出了反对意见：

> 我相信，任何时代、所有国家的经验，都证明了一件事，即自由人完成工作的成本比奴隶更低。奴隶的工作，够他维持生活就行了，你要从他身上多榨出一些来，那只有出于强迫，他自己决不会愿意的。[27]

根据这种观点，最佳的经济形式是每个人都在干预程度最低的情况下工作，因为自由贸易会促进竞争，从而降低成本，同时保持高的产量和商品质量。奴隶制造成了一个低产的市场，奴隶主需要为他们的奴隶提供食物、住房、衣服、交通和治安，还需要不断寻找新的劳工。[28]低工资的自由劳动力市场更为可取。因此，当法国和英国政府认为殖民主义不再有利可图时，他们提出了相同的伪"进步主义政策"来摆脱以前的殖民地，并提出了新殖民主义："今天的新殖民主义代表了处在最后且可能是最危险阶段的帝国主义。新殖民主义的本质是，从理论上讲，受其统治的国家是独立的，并在表象上拥有所有国际主权。实际上，它的经济体系是被外部管理的，因此政治方针也是受外部控制的。"[29]

从这个意义上说，留尼汪是新殖民主义的：留尼汪的殖民主义在许多方面没有消失，外部的控制力量一直持续领导着留尼汪的行政机构，管理其武装和军事力量，并主导当地人民同化为国民的过程。这种外部力量是利用当地精英阶层对法国经济、社会和文化的依赖间接实行控制的。在文化和教育领域，这是一个显而易见的事实：尽管克里奥尔语是最常用的且能体现人们身份认同的语言，但法语才是官方语言，而且在文化生活、电影、电视、艺术和戏剧的各个方面，法国本土的才是主流标准，其他一切都处于边缘地位。

1.1.5 留尼汪的个体与社会身份认同

公共领域或空间的概念出现于 18 世纪资产阶级，在欧洲都市的咖啡馆中，在沙龙、茶室中。由于期刊、日报的获取更为便捷，这一概念的影响力日益扩大。[30]这种"公共性"与个体的私人观点和意见形成了对立。它是"一个独立于政府和党派经济利益的自治领域，原则上致力于理性争辩和论证"。[31]个人领域保护、重视个体，并为个体赋能，让其能进入公共"领域"；这是一个所有人共有的空间，一个"永远属于某某"的空间，不管是某个人还是群体，公司还是政府。集体（Gemeinschaft）和社会（Gesellschaft[32]）的概念与公共和个人领域的概念相关联。"家庭源于人的生理构造；它也是集体（Gemeinschaft）的来源。"[33]在集体（Gemeinschaft）社会中，个人之间的社会关系是基于情感、亲属关系或社区成员身份而建立的，例如在家庭或朋友群体中就是这样。集体（Gemeinschaft）不仅涉及共性；它也建立在群体内部的多样性上，如家庭或社区的记忆，包含邻里或"村庄社区"的成员，以及政治、经济或宗教协会。[34]例如在留尼汪，不同的人口都有各自的美食、着装风格和宗教信仰（如印度教、佛教或万物有灵论），但共享一种语言——克里奥尔语。另一方面，社会（Gesellschaft）是"一群人的圈子，这些人……和睦相处，平等互邻，但本质上不是连接而是分离的。在集体（Gemeinschaft）中，他们虽然不同但保持联系；而在社会（Gesellschaft）中他们虽有关联但相互间保持着不同。"[35]在社会（Gesellschaft）中，个人之间的社会关系基于他们对社会或组织的责任感。社会（Gesellschaft）是都市中心的典型特征。在留尼汪，所有与公民忠诚有关的身份认同要素，例如政策、法律、公共话语、教育设施和官方语言，都源于法国本土——一个如此遥远以致被边缘化的"中心"。

公共领域和个人领域之间存在巨大的差异。[36]集体（Gemeinschaft）是"有机的"，社会（Gesellschaft）是"机械的"，但二者都是自然的，且并非总是可以将它们分开：它们是互相依赖的。实际上，社会（Gesellschaft）是从集体（Gemeinschaft）中以一种社会契约的形式产生的。留尼汪人在海外省中的地位可被视为这样一种契约，但这种契约为留尼汪人民创造并维持了一种易发生冲突的新殖民主义的身份认同。在留尼汪，由于法国政府实行自我疏远的海外省化同化政策，个体和人民的身份认同部分得到重视和认可，部分被嘲笑和讥讽。法国已经成功地将法国的身份认同施加于留尼汪人民，但未能成功地通过压迫和贬低消除留尼汪人民的身份认同。为了解决冲突，公共领域必须至少承认和重视个人领域中的一个要素：克里奥尔文化认同。

在留尼汪，留尼汪身份认同在个人领域很明显，而法国身份认同在公共领域很明显。虽然人们可能拥有自己的留尼汪文化认同，但他们也认同法国，采用法国价值观、行为规范和生活方式。通过承认和接受一个民族或群体的文化价值观认识一个民族或群体的民族身份认同至关重要。克里奥尔语在留尼汪遭到忽视，这极大贬低了人民的个体认同并施加了外来身份认同。种族身份认同同样在"身份认同政治"的形成中起着重要作用，因为身份认同在很大程度上被一个人所属的种族群体和他的肤色影响。通过他者的眼睛可以看到个体的主观身份认同。人们总是被视作与众不同，也想将自己视作与众不同：

> 主体的（身份认同）从根本上是由不是其自身的事物，而是由组成主体的外部事物所构成的。换句话说，每个自我或每个身份认同都是由它所缺乏的事物，即他者构成的。我认为这在人类中是完全正确的；因此即使在所有其他维度上将主体缝合起来，在该维度上主体也多于一个。可能不是两个，但多于一个。[37]

这种身份认同的形成是通过许多不同的"身份认同形式"传达的，是通过持续的自我和他者的表现之间的互动起作用的。"结果不仅表明身份认同完全是历史性构建，还认为每个……个性化层面是暂时构建的：主观性是内在时间意识；身份认同是时间的差异构建。"[38]例如，考虑到留尼汪人和法国人主体形成之间的差异，很明显留尼汪身份认同是在社群和集体性的原则上形成的，而法国身份认同是在公民忠诚和个人主义的原则上形成的。这就是为什么经历了海外省化中的政治同化，身份认同的表现也有所不同。因此，作为一种社会表现，身份认同成为了群体之间差异性和相似性的标志。文化认同的多种表现形式，例如饮食和音乐，都参与了民族身份认同的形成过程。

留尼汪的"民族"身份认同在其集体社会认同中被划分，因为如果集体身份认同构建了"民族"身份认同，构建集体认同的就是个体认同了。这种民族身份认同的一致性随社会发展而变化，其主体决定其政治形式。在留尼汪的案例中，民族文化认同与民族政治认同存在差异。民族政治认同采取基于独特标志（例如旗帜）的爱国主义的形式。前殖民化和新殖民化的国家在将其文化多样性纳入单一国家旗帜的过程中经历了很大的困难。在留尼汪，文化民族认同的构建基于民俗文化，而政治民族认同仅作为已被移除的、想象中的法国民族认同而存在。因此，在个人领域中，一个具有源于社群的、亲密且强烈的留尼汪身份认同并坚定持有该认同的留尼汪人，会持有另一个更加遥远的身份认同——源于公民忠诚、不可信、不确定且无力，而又更遥远。然而，后者所代表的所有国家和法兰西共和国的迹象在公共领域是十分明显的，即个体是指有法国身份认同的法国人。这种紧张关系可以表现为三个领域，人们在其中用自己的方式调和他们的两种身份认同（图1-1）。

这些领域不是公开的，而是存在隐藏冲突的。没有证据表明法国和留尼汪文化认同之间存在公开冲突，但潜在的谈判、竞争、抵抗和冲突是存在的。由法国政府和公共话语造成的这场"隐藏"冲突变成了一个"隐藏"的领域，一个对被统治者而言更安全的社会空间。比如说，正是在这一领域，留尼汪的克里奥尔语发展成了抵抗法国统治的一种形式。

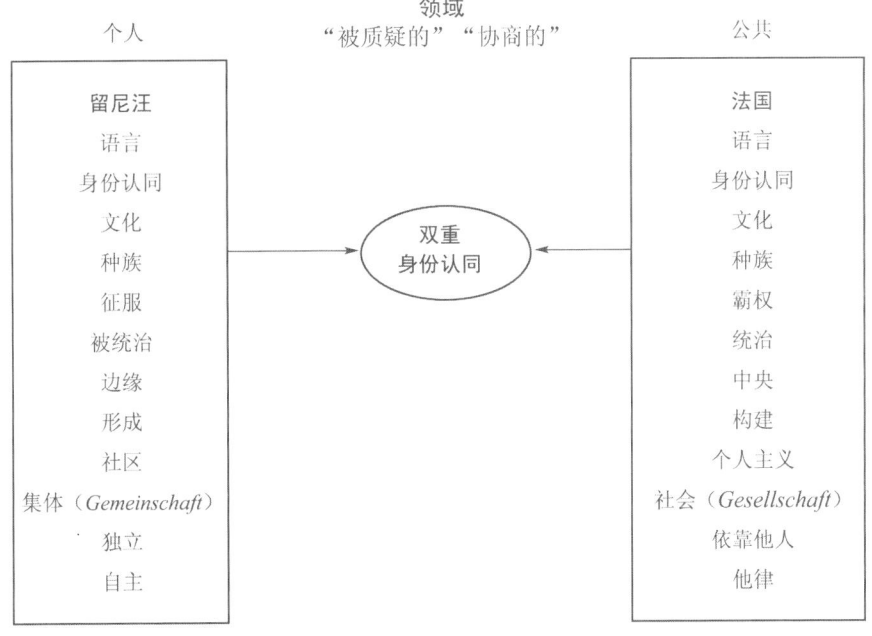

图1-1　在留尼汪人们调和他们的两种身份认同的三个领域

如今，留尼汪人民感到不确定，并在公共领域寻找适宜的身份认同。处于中间的领域既不属质疑也不属协商，而是当人们试图在公共领域中赋予个人生活元素价值时进入的领域。

重要的是在这个"被质疑的"领域中的人们的社会状况，以及推动不同象征性的个人领域和公共领域中形成身份认同过程的社会化力量。在1981年之前的同化时期，人们受到公共法律法规的约束。例如，当时禁止基于族裔来统计人口，这意味着有人尽管私下知道，但并不公开地知道他们的人数优势。同样，今天，孩子们在自家院子里说克里奥尔语，但是教室里不被允许说这种语言。政客在公共场合讲话时会讲法语，但在进行挨家挨户的政治宣传时会讲克里奥尔语；公共管理部门的员工对公众说法语，但对同事说克里奥尔语。

在留尼汪，尽管当前的留尼汪社会存在抵抗，但公共领域最终将变成社会（Gesellschaft）。换句话说，尽管有阻力，尽管人们尽一切努力保留公共领域的克里奥尔语和克里奥尔文化，留尼汪社会似乎在变得越来越接近法国社会。如今，法国身份认同和留尼汪身份认同是平行的。留尼汪的人们必须在个人和公共领域之间不断协商定位他们的留尼汪身份认同和法国身份认同。法国官方的身份认同是强大且成功的。然而，法国身份认同越强，留尼汪身份认同的抵抗就越大。从20世纪60年代初到80年代初，对留尼汪身份认同的贬低伴随着在公共领域实行的强有力的与法国同化的政策。海外省化以及官方的共和制法律强化了大白人（Gros Blanc）和法国统治者为了消除岛上第一批居民的原始文化和身份认同所做的努力。针对海外省化中的同化主义政策，在20世纪70年代后期抵抗运动出现。留尼汪在1981年正式将12月20日认定为奴隶制废除日。从那年开始，留尼汪人就一直在努力将他们的身份认同引入公共领域。

在个人领域和公共领域的竞争中，社会形成的过程可以看作是在统治者和下属之间的权力关系下发生的。[39]社会认同不仅由统治者创造，由被统治者采用，而且还是公共领域和个人领域之间协商的产物。留尼汪的个体和群体的社会认同是在这个"被质疑的"领域中形成的，也正是在这个领域中，有抵抗性且隐藏的克里奥尔文化正在发展。

1.2 克里奥尔化

1.2.1 克里奥尔化和新殖民主义

具有讽刺意味的是，正当世界宣布殖民帝国注定消亡时，留尼汪在1946年成为了法国一省。右翼政党起初反对海外省化以保持该岛的殖民状态，而左翼政党认为海外省化对留尼汪人民是一种进步。后来，右翼政党改变了立场，开始将海外省化视为一种加强一体化，以及确保留尼汪对法国的经济和政治依赖的手段，海外省化成为一种执行社会文化同化政策的工具，而左翼政党对平等的要求却被遗忘了。随着法国同化进程的发展以及法国社会、经济和文化领域的不断融合渗透到所有的社会和制度结构中，人们开始目睹布迪厄所说的"象征性暴力"。[40]

在构建"理想的"身份认同过程中起着重要作用的媒体着重突出了佐里（Zorey）模型中体现的"象征性暴力"。留尼汪人在20世纪60年代模仿他们的殖民者对马达加斯加萨卡伊（Sakay）进行了殖民，从中我们可以看到同化过程导致的负面结果。新一代人见证了这种同化，他们认为自己的法国身份大于克里奥尔身份，并且反对在学校教授克里奥尔语。[41]尽管法语可能没有改变文化和传统，但已经将克里奥尔语"法语化"了，以至于新一代人明显选择了法语而放弃了克里奥尔语。尽管克里奥尔语起初发挥了融合的作用，现在却正在被法语吞并。法语被认为是一种很有地位的语言，有助于推动社会进步和法国的社会经济体系的融入。因此通过以法语为媒介的工作和教育可以实现地位的平等；这反过来又消除了阶级认同，唯一的代价是牺牲了克里奥尔语和克里奥尔文化。因此，克里奥尔语确实有可能在几代人之内消失，且有可能在50年后失去民间方言的地位，而只在民俗残余中保留。具有一些当地音系特征的法语将成为所有人使用的语言，而留尼汪人将成为第一批失去从奴隶制时期继承而来的语言的克里奥尔人。

3个世纪以前，在留尼汪经历了当今所有西方大都市都在发生的人口迁移。因此，留尼汪的文化不是停滞的，而是在持续变化。留尼汪社会中的文化和身份认同非常复杂，在350年的殖民主义和新殖民主义期间构建和形成，受到了法国本土与殖民地之间越来越频繁的文化交流的影响。这些文化交流又受到重建原籍国身份认同尝试的进一步影响。在通过共享语言交流能力的基础上，一种文化的混合体形成了。这就是乌尔夫·汉纳斯（Ulf Hannerz）提出的克里奥尔化概念的基础。这个概念"通过更加概括性的语言学方法，借用了特定的社会和文化历史……这表明文化和语言一样，本身是可以有混合起源的，而不一定是在历史上纯净和同源的"。[42]

这里"混合"的概念是最根本的：因为所有文化和语言都是被创造形成的，所以文化和语言的纯粹性在伦理上或认识论上都是不存在的。身份认同的定义和形成的过程与对新文化和政治意识的投入有关。因此该身份认同的本质是一种解放行为。这要求从属国和殖民者的认知必须是共同形成的。因此，身份认同的形成是一个动态的、批判性的过程，这个过程通常由知识分子、艺术家、诗人、作家和演员主导。对文化事件和文化表现形式的研究，是探寻当今留尼汪身份认同形成的重要组成部分。在这一特定的背景下，克里奥尔化是身份认同形成的核心——"因为克里奥尔化的存续使拥有多样性的组织成为了可能，可见克里奥尔化会促成文化的政治经济体"。[43]如今，我们有必要超越这一论述，在文化和社会实践的现实中寻找身份认同：我们不能忽视这样一个事实，即留尼汪社会是建立在社会阶级和种族分隔基础上的。[44]

1.2.2 通过语言和殖民融合实现克里奥尔化

"克里奥尔化"最早是在语言学中被提出的一个概念，后来为人类学所采用，且逐渐成为一个社会学的概念。在以英语为媒介的社会语言学研究中，"克里奥尔语"一词经常被用来指代欧洲人和非欧洲人在商业环境中所产生的新的、融合的语言。克里奥尔语就是在没有共同的语言，或者说没有通用语的情况下发展出来的，旨在方便交流和贸易的语言。

克里奥尔语通常以法语、英语、葡萄牙语或西班牙语的词汇为基础，曾被称为前皮钦语，已经成为一个语言社群的母语。[45]这个语言社群允许扩展的语言变体和文化差异的存在。当克里奥尔语处于克里奥尔化的初级阶段时，它在文化的形成中起着重要的作用，因为这时的语言和文化都处于不断变化的过程中。

乌尔夫·汉纳斯于19世纪80年代[46]从人类学中引入了"文化克里奥尔化"一词，指的是"两种或几种以前不相关的传统或文化的交融和混合"的历史和社会文化过程。[47]在加勒比海和印度洋岛屿上种植园经济中创造的文明中，克里奥尔化的过程开始了。种植园经济，顾名思义，是殖民主义时期引进的经济制度，它使得大量不同种族的人离开家园，并将他们迁移到南美洲、太平洋、路易斯安那、加勒比海岛屿和印度洋岛屿上的殖民地。在之后的文化互动中，克里奥尔文化形成了，克里奥尔人之间也通过克里奥尔语进行交流。克里奥尔语巩固了奴隶社会中不同种族之间的关系，以便在任何情况下，将他们团结成一个群体，对抗共同的奴隶主。克里奥尔语构成了克里奥尔化的基础，因为它融合了不同的习俗和生活方式。正如吉尔贝托·弗雷尔（Gilberto Freyre）所说，克里奥尔语在宗教上显示出了巨大的融合能力。[48]这样就形成了一种融合了各种混合文化和异质文化的身份认同。这些文化被连接在一起，相互依存，以至于"对所有的描述方式提出了挑战"[49]。

在留尼汪，人们参与到了一种包含所有现存亚文化的文化克里奥尔化之中。因此，人们倾向于接受以克里奥尔语为中心的共同身份认同的存在，这种共同身份认同自殖民化和奴隶制开始发展至今。但是，没有任何证据表明这种身份认同存在于公共领域，因为它没有政治上的支持。关键在于，它与法国的官方身份认同存在冲突。奴隶制初期"进口"的宗教也起到了类似的作用，因为"基督教似乎是留尼汪各族人民的聚集点"。[50]

1.2.3 克里奥尔文化与克里奥尔人民

西班牙语单词 *criollo* 于16世纪开始被人们使用，并转变为法语单词 *créole*。

这个词最初是指在西印度群岛出生的具有欧洲背景的人。后来广而推之，这个词现在往往是指出生在美洲、加勒比地区和印度洋岛屿上的黑人奴隶，他们认为自己和非洲出生的奴隶完全不同，认为自己是土著人，且由于较早被西方化和基督教化，所以往往被认为比非洲出生的奴隶高贵。[51] 克里奥尔文化的特点是，克里奥尔化社会中可能影响个体行为的模式相互矛盾且长期存在，从而导致了内部冲突："克里奥尔人是无根的，他们属于新世界，是某种形式的混合产物，他们与过去深深植根于家乡的人们形成了鲜明的对比。"[52] "克里奥尔"这个词也可以指食物、建筑或人。事实上，"克里奥尔语不仅包含并承载着克里奥尔思想的所有结构性元素，还包含了一个源于文明冲突所产生的世界中的所有文化材料。"[53] 因此，"克里奥尔"这个词可以适用于克里奥尔生活的其他方面，如政治、宗教、音乐、艺术、社会关系、医药、魔术、口头文学、时尚、神话、传说和童谣，以及日常生活的普通活动中。

今天，"克里奥尔"一词在不同的克里奥尔社会中有不同的含义。牙买加人口中的英国人和西非人形成了一种新的、独特的克里奥尔文化和性格，"是更广泛的新世界或美洲文化综合体的一部分"[54]；现在有"一种新的克里奥尔化的文化在加勒比海岛屿上生根发芽"[55]。在毛里求斯或苏里南，克里奥尔人是指来自非洲的人；在特立尼达岛，克里奥尔人是指没有亚洲背景的人；在法属圭亚那，克里奥尔人是指采用法国或西方生活方式的人；在马提尼克岛和瓜德罗普岛，一个人会说当地的克里奥尔语，会跳祖克舞，并具有特定的生活方式，他就是克里奥尔人。在留尼汪岛，一个人只要在该岛上出生，与法国本土的佐里文化有区别，则不论他的宗教、肤色是什么，他都是克里奥尔人。如今，"克里奥尔"已成为"留尼汪"的同义词，是一种与法国其他省居民不同的身份认同。当今在留尼汪做一个克里奥尔人也意味着涉及种族融合或"混合"。在海外省，克里奥尔文化的主要特点无疑在于克里奥尔语的使用。克里奥尔身份认同的问题源于社会的多元性和复杂性，而这些社会总是依附于它们的本土。

1.2.4 克里奥利特运动与克里奥尔化

克里奥利特（Créolité）运动是以艾梅·塞泽尔（Aimé Césaire）在20世纪70年代的作品为基础的，与利奥波德·塞达尔·桑戈尔（Leopold Sedhar Senghor）的"黑人性运动"（Négritude）相似，[56] 并由爱德华·格里桑（Edouard Glissant）一直延续到20世纪80年代。20世纪90年代，贝尔纳贝（Bernabé）、孔凡特（Confiant）和查莫瓦索（Chamoiseau）等作家创作出了"赞美'克里奥尔性（Creoleness）'的文学作品"。[57]

克里奥利特运动既是一场政治运动，也是一场文学运动。它不仅在加勒比地区和印度洋中有支持者，且在从法国海外省和海外领土移民至法国本土的人群中也有许多支持者,[58]尤其是那些移民到巴黎、里昂和马赛郊区的人特别支持克里奥利特。克里奥利特运动认识到虽然克里奥尔文化最初受到法国文化的影响,但其现实情况已与法国本土和欧洲文化不同。对身份认同的寻找起始于黑人性运动,在安地列斯性(Antillanité)和留尼汪性(Reunionniteé)中得到了延续。克里奥利特运动排斥独特性、普遍性、纯粹性和透明性,相反,它主张多样性、不透明性和多语言主义。克里奥利特运动摆脱了封闭式的,有稳定、清晰轮廓的身份认同概念。克里奥利特运动一开始是一种文学思潮,然后转向了文化和政治空间。克里奥利特运动是一种对身份认同的主张,是对克里奥尔语、克里奥尔存在和克里奥尔文化的承认。因此,克里奥尔化被视为一个过程,在这个过程中,因为互相接触而产生了新的共享文化形式和新的交流可能性。它强调文化过程的开放、灵活和没有边界的特性,而不是将文化视为一个有界、稳定的交流系统。[59]

这场运动的根源在于克里奥尔语,在于奴隶贸易、流亡和奴隶制期间人们经受的痛苦经历。法国的海外省构成了一个空间,让克里奥利特运动可以不断壮大。不同的文化和宗教相互交融,建立起了一种"关系",并得以改变。通过克里奥利特运动,"一种混合体产生了,但它没有统一性,是多个文化的并置"。[60]海外省化阻碍了这些海外省融入他们的原籍——如加勒比地区、印度洋或美洲的某个国家。在奴隶制和契约劳工的情况中,移民祖先的文化并没有通过祖父母和长辈亲属传承。因此,尽管这种文化是移民身份认同中不可缺少的一部分,但也会被逐渐遗忘。因此,克里奥尔化可以看作是文化身份认同混合并产生出一种新的身份认同的过程,可以被称为跨文化过程。Marimoutou将克里奥尔化视为一种语言和/或文化融合,其产物构成了主体的身份认同。[61]

克里奥利特运动曾被认为是退步的:它在理论上具有前瞻性和进步性,但在实践中常常是回顾性的甚至具有倒退性的特点,最终为了对抗去克里奥尔化甚至会绝望地依靠于真实或想象中的马提尼克岛和瓜德罗普岛上克里奥尔的富饶性,就像在海外省化的衰落和19世纪60年代的大规模动乱之前一样。简短地说就是有一种危险情况存在,即克里奥利特自身可能会落入其在《赞美克里奥利特》(*Eloge de la Créolité*)中强烈批判过的普遍主义和本质主义的陷阱。[62]

但是克里奥利特运动也曾被认为是进步的,因为它预示了人们现在所称的后现代性。融合文化相当于"后现代文化",新的克里奥尔社会,更具体地说是种植园社会,"预示了当代世界现在正在经历的情形"。[63]克里奥尔化将多样性作为其基本原则,所以"克里奥利特运动将多语言主义或多民族主义设立为它的一种教条或模式。"[64]随着克里奥尔化的环境辐射到各个不同的领域,克里奥尔化带来的新的身份认同呈现出了不可预见和不断变化的形式,包括语言、音乐舞蹈、社会关系、宗教、医学、魔术、口头文学、建筑、时尚和生活方式。烹饪也许是日常生活中最能体现出克里奥尔化的例子，因为它往往是流亡中的人们从"失落的文化"中唯一"继承"的东西。

1.2.5 种族融合和克里奥尔化

法语单词"métissage"，西班牙语中的"mestizaje"，葡萄牙语单词"mestisge"和英语单词"miscegenation"——最初是一个生物学术语，描述两种动物或植物物种的杂交。如果将其扩展到人类，种族融合（métissage）是指一对不同种族的父母生育子女。种族融合源于港口文化，有许多不稳定的社群相遇并进行沟通交流，如今主要是指一种城市现象。种族融合代表着一种无限的、未结束的、持续的转变过程。一般来说，种族融合的形式是来自占统治地位的社群的男方（白人）和来自被统治社群的女方（黑人）之间的一种非正式关系——是一种基于统治和剥削的关系。他们生育的混血或非婚生的子女几乎是自动归入统治群体中。非殖民化导致了种族融合的西化，混血人受到的是西方模式的抚养和教育。在这种情况下，身份认同的过程是西方强权强加于人的一种模仿行为：混血的个体寻找自己的身份认同，以包含两种民族传统，发现自己处于两者之间。混血人的身份认同总是在建构和形成中，因为它不是基于一个"纯正"或"正宗"的民族血统。在留尼汪的种植园和家庭农场中也出现了种族融合现象，有的是在不同种族的奴隶间发生，有的是在不同种族的奴隶与契约劳工之间，还有的是在不同种族的契约劳工之间发生。

克里奥尔化不同于种族融合：它是一个持续的过程，既包括种族融合，也包括从人口流动中产生的各种文化产物。它是"一个群体在其所在的地方发展出一种与原籍地不同的适当的生活方式的过程"。[65] 克里奥尔化有两种类型：一种是"分段式克里奥尔化"，指的是克里奥尔化社会中的群体或个体成员试图在新的环境中保留自己文化的过程；第二种是"合成式克里奥尔化"，指的是群体试图用构成克里奥尔化社会的不同部分中的所有文化资源来创造一个新的当地文化。虽然在留尼汪这两种类型的克里奥尔化都存在，但合成式更占主导地位。分段式克里奥尔化和合成式克里奥尔化之间的区别也适用于原属英国的岛屿（如毛里求斯），以及原属法国的岛屿。英国模式是以社区为基础的，而法国模式是以同化为基础的。[66]

克里奥尔化是加勒比地区所特有的，是一种"为实现……单一的结果的……结合的过程"[67]，或者说是"一个不适用于加勒比以外地区的文化混合过程"。[68] 在果阿邦、斐济和南非的纳塔尔省（现为夸祖鲁-纳塔尔省），也曾经存在种植园社会及其由种植园社会衍生出的环境。在所有这些地方，种植园制度的历史背景导致了一种特殊形式的克里奥尔化过程。在加勒比地区，这个过程主要是基于非洲文化和欧洲文化之间的相互作用，而土著居民基本上已经消失，他们死于疾病和军队的侵略占领。[69]在巴西，这个过程是建立在非洲文化、欧洲文化和美洲印第安人文化之间的接触上的。[70]在印度洋，它是非洲尤其是马达加斯加、欧洲及亚洲文化接触的结果。[71]因此，克里奥尔化并不限于奴隶制时期加勒比地区的地缘历史背景。它是一个动态的过程，之后时期的移民也可以参与其中，牙买加[72]和留尼汪的情况就是如此。在这两个地方，契约劳工与奴隶的生活条件相似。这一点同样适用于圭亚那的契约劳工[73]。在19世纪末印度泰米尔人、中国人和印度穆斯林大量涌入圭亚那后，克里奥尔化仍持续推进，它不仅是一个文化过程，也是一个社会过程。在废除奴隶制后，欧洲人的殖民主义势力对契约劳工施加了新的压力，要求他们皈依基督教并学习克里奥尔语；学习克里奥尔语是融入社会的必要条件，而皈依基督教则不同，宗教信仰自由是被容忍的：语言自由不是。

从奴隶被关到塞内加尔的格雷岛和坦桑尼亚的桑给巴尔等地的堡垒开始，克里奥尔化就开始了。这些从离海岸几百公里的地方被抓来的人们被关在这些堡垒里数月之久，一直关到奴隶的价格上涨，且为欧洲买家准备的奴隶数量已经足够多的时候。因此，甚至在奴隶们被用船运到最终目的地之前，在可能要花费数月的旅程中，不同种族群体之间的互动就已经发生了。在这些奴隶中并不存在单一的非洲身份认同，存在的是来自西非和东非不同文化的种族群体的混合体；这些群体在种植园和奴隶制时期又与欧洲文化混合在了一起。因此，种植园经济中的情形很复杂，包含着背井离乡、社会化和克里奥尔化。

1.2.6 全球文化的克里奥尔化

由于身份认同首先是"对他者的归因"[74]，身份认同的形成也是对成员资格的主张："有观点认为身份认同就是关乎一群外表相同、内心相同、自称同名的人，这种观点是荒谬的。身份认同作为一种过程，作为一种叙事方式，作为一种话语，常常是以他者的立场讲述的。"[75]话语性行为是个体和群体身份认同的核心。同样，"对身份的表现的争夺……采取的形式是提供一种完整、独立和独特的身份认同来代替另一种身份认同"[76]因此，身份认同一直是一项进行中的工作，总是在接触的情境中，永远不是僵化的，永远是不稳定的，而且受环境的影响："如果说现代的'身份认同问题'是如何建构身份并保持其稳固和稳定，那么后现代的'身份认同问题'则主要是如何避免固定化和保持选择的开放性。"[77]但现代性还没有触及那些后现代世界还不存在的地方。在这种情况下，人们仍然需要从现代身份认同的角度来思考，而不是从后现代身份认同的角度。后现代性作为一种理论是否有帮助，是否会帮助人们对身份认同问题有更多的理解，这一点值得怀疑。"后现代性"已经成为一种诉诸模糊而不解决问题的方式，或只是通过改变术语的使用在表面上解决问题。如果跳出"后现代性"这一术语，人们就会发现，多重身份认同中的独立身份认同需要有独立的解释。后现代性最佳的总结也不过是对多重身份认同的模糊性的表面理解。通过不同身份认同对留尼汪社会结构的解构部分回答了后现代主义的观点。

"克里奥尔化"这个词让人联想到"杂糅性"（hybridity）或"杂交"（hybridisation）——霍米·巴巴（Homi Bhabha）提出的第三空间。[78]这种混合空间出现在不同文化个体之间的互动中。它是"一个主体'内部'的差异，栖息在'中间'现实的边缘"[79]。"第三空间的相互作用使意义结构成为一个矛盾的过程……它破坏了这种表象的镜像，在这种镜像中，文化知识通常是作为一种综合的、开放的、扩张的代码被揭示出来"[80]。这适用于殖民主义时期的契约劳工阶段，也是克里奥尔化进程中的一个关键时期。在当代移民导致的多元文化社会出现的时候，杂糅性的概念在美国和欧洲的话语中开始流行起来。多元文化社会于20世纪70年代在公共领域中占据了重要地位。多元文化主义"可以指一种对人口特征的描述、一种广泛的政治意识形态、一系列具体的公共政策、一个制度改革的目标、一种向文化表达提供资源的模式、一种普遍的道德挑战、一套新的政治斗争和一种后现代主义"[81]。它"真正承认了'多样性'，不仅包括文化差异或社区归属这种简单的概念，也包括围绕多重或混合化身份认同的更复杂的概念，还包括依附和归属的多样性……其中一些概念关于国家居住地范围之外的人民、地区和传统"[82]。

这解释了西方社会，或者说西方大都市的克里奥尔化是怎么开始的。当人们在社会交往中逐渐理解和扩展他们所处的社会边界时，克里奥尔化就可能在有不同历史的地区发生。"边界"暗示了一个社会空间，而这个社会空间很少与地理空间重合。因此，居于国外的人们对可能远在千里之外的家有一种归属感，而克里奥尔化"可以被理解为该地区思想功能上的转换，在意识形态和生活方式上适应想象中的地方"[83]。在留尼汪，这包括留尼汪文学、戏剧和其他艺术形式的适应。联系的形成也遵循这一路线，涉及"想象的神话与原创神话"的转化，其中该"联系的关系致使了融合—排除—转化的辩证关系"的形成[84]。因此，克里奥尔化是接触区中不断的、创造性的形成和建构过程的一部分。正是从这个意义上说，整个世界的克里奥尔化会继续下去。在世界各地的主要文化和身份认同的合成过程中，克里奥尔化会不断发生。在一些社会中，主体群体会在承认文化的多样性和多元性，以及承认他者群体的文化认同的前提下，寻求政治上的一致："克里奥尔化这个概念很符合全世界的情况，它是一个能够既产生相似性也产生差异性的连续过程。"[85]全球化在这里失去了它与所谓的"西方"文明的惯常联系：虽然全球文明的制度、技术和法律形式尤其迎合西方的个人需要，但其他文化也正在越来越多地参与到全球化中,并在挑战西方的观点和标准。这些努力得到了西方的积极回应——"反思性反应",[86]使其与霸权主义的西方化拉开了距离。在那种西方化中,"全球"和"地区"是通过意识形态衡量的,"全球"代表西方的发达文化,"地区"代表世界其他地区。在文化层面上,巴黎的克里奥尔化现象和达喀尔、伦敦和拉各斯一样明显。在关于全球化的讨论中,很少有人关注到种族融合、思想融合和克里奥尔化的现象,然而,克里奥尔化并不局限于它起源的地理区域。相反,它进入了格里桑(Glissant)所说的"世界空间"。在这里,"杂种性"通过"接触区"和"边境口岸"发挥作用。大西洋"可以从跨国家和跨文化的角度被视为一个分析的单位,(其中)克里奥尔化和思想融合这两个术语意指各种文化如何在民族和政治层面上创造一个新的实体,这个实体(可以被称为)'黑色大西洋的文化'"。[87]

地球村的概念暗示着整个世界都在向着克里奥尔化的方向发展。在不同民族、不同文化之间的激烈碰撞中,格里桑看到了构建一种新的存在方式的潜在"条件"或"关系"。这种存在方式是一种身份认同,植根于某一特定土壤,又能在所有土壤中生长。这种"关系"是他的现代性概念的基石,与"文化和政治上的他者统治或多样性的多元文化主义的减少"完全对立。[88]在格里桑看来,文化有两种对立的形式,一种是"原始的",在这种形式中克里奥尔化在很早以前就发生了。另一种是"合成的",在这种形式中克里奥尔化几乎就发生在我们眼前。现在在全世界发生的克里奥尔化属于第二类。在这两者之间,社会文化的克里奥尔化是在城市文化与反文化的混合区及发生新的持续接触的"见面区"中通过文化在异质空间中的地域化来实现的。[89]全球化本身就在文化上被克里奥尔化了。留尼汪的社会构成是原始全球化的逻辑节点,而原始全球化在今天对克里奥尔文化的出现提出了挑战。罗伯逊(Robertson)的"全球本土化"[90]和格里桑的"世界克里奥尔化"[91],可以合并成"克里奥尔全球化"——一种全球化所导致的演变,使全球本土化现象在克里奥尔化的背景下在留尼汪或其他跨文化地区发生,并干预克里奥尔化现象。

1.2.7 克里奥尔语言与文化的去克里奥尔化

在毛里求斯,在英国殖民之后的新民族国家结构中,身份认同成为新的自由民主主义和经济体制下的一种选择:在后殖民时期,全国都在寻找一个新的身份认同。在留尼汪,身份认同不是后殖民主义的,而是新殖民主义的。克里奥尔语是这个岛屿和以前"移民"们"民族身份认同"的有力标志。这与巴黎、伦敦和纽约等西方大都市的多元文化主义背道而驰,在那些大都市当代移民说的是移民到的新国家的语言。留尼汪的新殖民主义身份认同是一个双面性的复合体,一方面拥抱法国本土的价值观和规范，另一方面又脱离和挑战法国人的身份认同，拥护留尼汪人的身份认同。留尼汪政府试图建立一个基于想象的种族融合的社会，在公共领域和私人领域都无法代表社会阶层的真实情况。毛里求斯与留尼汪的身份认同对比如图1-2所示。

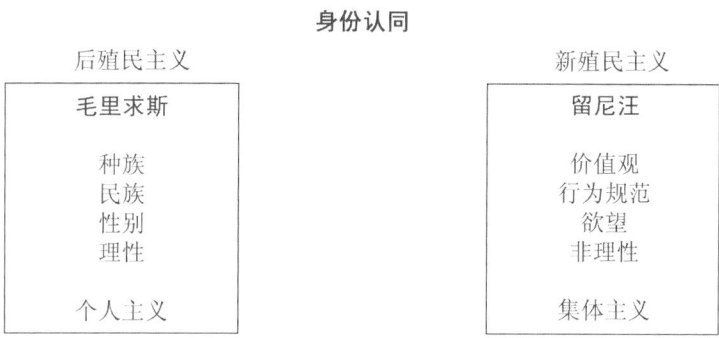

图1-2 毛里求斯和留尼汪的身份认同对比

今天，作为全球人口流动的一部分，当今世界的移民流向与奴隶制和殖民时期一样。非洲人和亚洲人可称为"再移民"，离开自己的出身国前往欧洲和美国寻找工作机会。这个"不断流动和混合的世界，就是一个充满克里奥尔化的世界；（而且）克里奥尔文化及其同源者的概念可能是我们最有希望的对根源的隐喻"[92]。"现在，世界上没有截然不同的文化，只有彼此系统间相互联系的正在克里奥尔化的文化"[93]。现在看来，克里奥尔化的形成是一些群体的基因群组和文化群组的共生。在特定的社会和阶级空间中，以殖民统治下的种植园制度为起点的文化克里奥尔化的形成可以称为社会克里奥尔化，并具有社会性的互动。文化克里奥尔化为主体提供了社会地位。它还涉及在所处群体的影响下，个人对身份认同的选择。这些环境中的社会条件和种植园的环境类似，人们可以与处于同一社会阶层的其他人混在一起。因此，克里奥尔化的社会形态源于文化克里奥尔化。在种植园制度的背景之外，也可以出现社会的克里奥尔化和文化的克里奥尔化，而且并不局限于加勒比海岛地区。这一过程可以发生在不同的地方，如乡镇、议会驻地、大城市的郊区、港口城市和过渡区域。在毛里求斯，凡是有混杂性的地方就有可能发生克里奥尔化。当一个社会能接受其他社群和个人主义的进入，价值观、行为规范和生活方式的糅合就会发生。[94]

图1-3展示了文化话语中的各个维度，将埃里克森（Eriksen）对克里奥尔化和种族民族主义的对比及西方化与多元文化主义的对比做了进一步深化。[95]

图1-3 文化话语中的维度

如今,要理解世界各地的社会,就必须理解克里奥尔社会的概念。克里奥尔化不是一个传统,因为它不是一个成品,而是一个不断变化的过程。如前文所述,如果将克里奥尔社会认同为一种标准文化,就会导致克里奥尔文化的"去克里奥尔化"。然而,尽管因为"标准文化"没有实证意义,以致我们不能讨论文化上的去克里奥尔化,[96]但我们可以讨论社会上的去克里奥尔化。社会上的去克里奥尔化意味着进入较上层的社会阶级。在社会顶层发生的是克里奥尔化的变形过程,去克里奥尔化在社会"顶层"的高收入群体中被描述为自由的多元文化。克里奥尔化的过程发生在社会的"底层",发生在低收入群体中,涉及工人阶级和中产阶级的一部分,被称为超文化过程。

1.3 小结

显然,给人贴上的标签和他们的真实身份认同之间的联系是脆弱的。强制贴标签的行为对新移民、前奴隶或契约劳工造成了不良的影响:标签使他们丧失了对自己身份认同的掌控,甚至使他们完全丧失了身份认同。因此,我们必须明白,虽然一个人的生活和工作是在"标签化"的背景下进行的,但标签不一定要定义一个人。集体认同是十分重要的,但社会认同的构建却涉及偏见。社会认同的构建可能是一个被压迫群体为正义而斗争的结果。在这种情况下,社会认同的构建体现了这个群体对强权征服做出的反应,如公共话语中所展现的一样。文化表达和实践确实是一种表现形式,而身份认同既是"成为"的问题,也是

"存在"的问题。[97]这两者都是历史的结果,也是不断转变的主体。身份认同是多变的,会随着与他者的交流而变化。一个主体正是通过与他者群体的接触才会意识到自己的民族身份认同。

在留尼汪,奴隶制和殖民主义时期在身份认同的形成过程中发挥了至关重要的作用,克里奥尔语也是如此。除了原籍国,种族关联、语言关联或性取向也与身份认同的形成相关。在个体层面,个人在自我定义过程中做出的选择比群体定义所决定的选择影响更大。

克里奥尔化最初是语言学中被提出的概念,后来被引申为人类学和社会学的概念,在其他学科中可能也是有用武之地的。它似乎在"新世界"中有很特别的意义,现在可以作为社会科学研究的一种范式。在岛屿国家文化中清楚可见的克里奥尔化的概念可能有助于理解当代世界各地的克里奥尔化进程。在留尼汪岛形成的社会实际上是早期全球化或"原始"全球化的结果。海港文化、贸易站和货品仓库是经由探险家、殖民者、传教士、风险投资者和国际移民们的艰苦努力发展起来的。如果没有某种形式的全球化,留尼汪、毛里求斯、牙买加和特立尼达的社会就不可能存在。在当前阶段,资本的跨国主义以及货物、商品、影像和人员的深入流动所导致的全球化,已经深刻地影响到了当代的各个地区。当今的全球化,对可被克里奥尔化的文化的出现提出了挑战,也对本土宗主国倡导的"身份认同问题的解决"提出了挑战。因此,要理解克里奥尔化,就必须了解当代和历史上世界交流和殖民的大背景。当"我们能够充分理解殖民进程中的地方性和全球性的交织,以及当代地缘政治格局的形成",我们就能理解克里奥尔化。[98]

第2章
语言和社会文化中的克里奥尔身份认同的形成

身份认同涉及生活的各个方面——语言、艺术、文学、着装风格、饮食、宗教以及政治和经济结构。在危机和冲突发生时，身份认同问题就显得尤为突出。留尼汪社会是一个由不同背景的居民组成的社会，目前正经历着这样的危机。为了了解留尼汪当前的社会结构，有必要关注留尼汪在最初被开拓时期和当今的社会历史条件。与移民相关的种族、民族主义、身份认同、语言和忠诚度的社会互动都需要被纳入考量。本章将重点放在身份认同的社会语言学方面，尤为关注在留尼汪克里奥尔语的形成问题。这将有助于理解克里奥尔文化和克里奥尔身份认同的形成。

2.1 克里奥尔语的形成

2.1.1 留尼汪克里奥尔语的形成

留尼汪的克里奥尔语形成于1675—1730年，当时法国的所有殖民社会，特别是殖民岛屿的社会历史条件都是相似的，都是奴隶制种植园的制度形式。留尼汪的克里奥尔语是在岛屿环境中因为语言的接触而诞生的，可以分为以下几个发展阶段：居住阶段（该阶段的社会组织形式是以农业为基本经济活动，包含欧洲和非欧洲的小型殖民社群）；种植园阶段；契约劳工阶段；海外省化阶段。当时在留尼汪有一个特定的地方（该地方指"一个来源地被遗忘了的无人空间——奴隶主的土地除外——一个创始者的空间"[99]）和一个特定的联系（"奴役的联系把人变成商品，否定了他们的人性"[100]）。以下是乔登森（Chaudenson）[101]用图片说明的欧洲人和奴隶在留尼汪进行社会历史互动的各个阶段，以及相应的解释。

阶段1：居住阶段，1665—1715年

克里奥尔语的形成始于居住社会阶段。居住社会是由1665—1715年间建立的农庄构成的。在图2-1中方框A代表（群体）欧洲奴隶主；方框B代表（群体）马达加斯加和果阿奴隶。A 代表参考模型和主导文化——来自旺代、布列塔尼和诺曼底的法国白人殖民者，他们说的语言是法语的一种地区性变体。A 所代表的语言是奴隶的目标语言，而 1715—1725 年是该语言出现的关键时期。B 所代表的语言是奴隶说的法语。这种语言是由 A 和 B 之间的相互作用形成的。

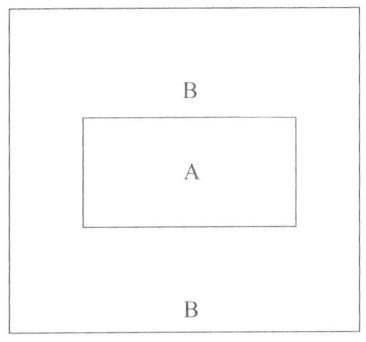

图 2-1　居住阶段

阶段 2：种植园阶段，1715—1848 年

1715—1790 年种植园社会模式下的留尼汪主要进行咖啡种植，在 1790—1848 年间进行甘蔗种植。在这一时期，大量奴隶来到留尼汪。在图 2-2 中，A_1 群体的语言为目标语言，即法国殖民者带来的语言。B_1 代表奴仆、奴隶和监工，他们说的是法语变体。[102] C_1 代表说基于 B_1 而非 A_1 的法语变体的奴隶。虽然在甘蔗种植园期间监工的数量有所增加，[103] 但是 A_1 所说的目标语言在那时已经和 A 所说的语言有区别了。殖民者说的是法国不同地区的法语变体，而且法国本土大陆说的法语也发生了变化。克里奥尔语的变体在 B_1 语言群体和 C_1 语言群体中得到了发展，特别是随着奴隶的大量涌入，克里奥尔语受到了非洲马达加斯加语的强烈影响。

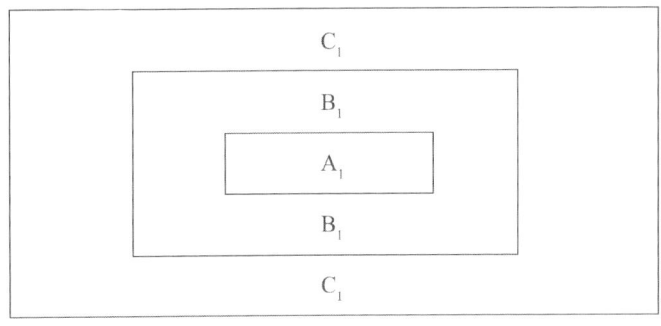

图 2-2　种植园阶段

阶段 3：契约劳工阶段，1848—1946 年

契约劳工从印度和非洲来到留尼汪是留尼汪契约劳工阶段开始的标志。[104] 图 2-3 中的 C_2（图 2-2 中的 C_1）表示的契约劳工和阶段 2 的奴隶一样。A_2 和 B_2 代表的群体与图 2-1 和图 2-2 相同（在图 2-1 和图 2-2 中分别标记为 A 和 A_1，B 和 B_1）。在 1848 年废除奴隶制之后，官方的说法是奴隶主消失了。但 1848 年后，前奴隶主经营的甘蔗种植园中的工作关系仍和奴隶制废除之前相似。

乔登森的分析并未延伸到克里奥尔语形成的第 4 阶段，在该阶段中克里奥尔语受到了法国和西方消费社会的极大影响。1946 年留尼汪被设为海外省，20 世纪 60 年代米歇尔·德勃雷（Michel Debré）的政策被采用后，留尼汪与巴黎在教育、行政和传播领域的联系日益紧密。这个进行中的过程可以表示如图 2-3：

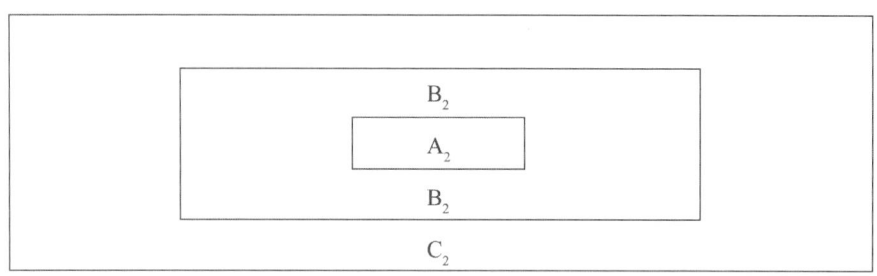

图 2-3 契约劳工阶段

阶段 4：海外省化阶段，1946—2003 年

图 2-4 中 A_3 表示前殖民者，前奴隶主和留尼汪的上层阶级或高收入群体；B_3 表示所有族裔后代中的中产阶级；C_3 表示工人阶级和低收入群体、失业群体、前契约劳工、前奴隶和后来成为了小白人的前殖民者；D 代表法国本土群体。D 所说的语言是佐里人的目标语言。由于法国政府施行的政治文化规定，D 对 C_3 的语言产生了特殊的影响。在这个阶段，A_3 和 D 不说克里奥尔语，他们代表公共领域——行政、教育、媒体和法国文化。C_3 在个人领域总是说克里奥尔语。最后，B_3 是正在经历语言和文化去克里奥尔化的中产阶级。尽管在居住和种植园阶段克里奥尔语受到的重视程度降低了，但低收入群体仍在继续使用克里奥尔语。然而在这个新阶段，留尼汪社会变得更接近西方文化了（尤其在个人领域）。[105] A_3 和 D 表示媒体。媒体推广了法国本土的语言。这在 20 世纪 80 年代对年轻人产生了重大影响。

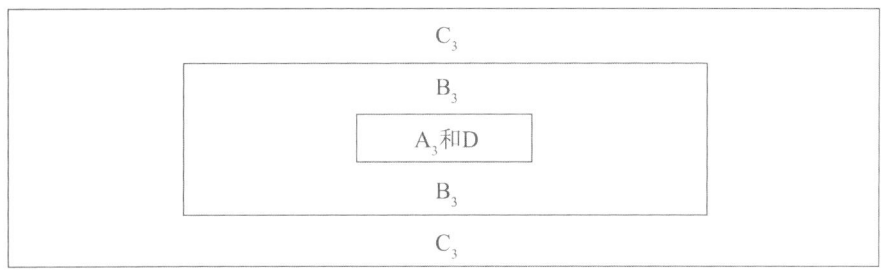

图 2-4　海外省化阶段

贝克（Baker）在备择事件假设中阐释了人口因素对克里奥尔化的重要性。事件 1 是指黑人和白人人口数量达到均等的时期。在上一个阶段，即从殖民化开始到事件 1 之间的时期，奴隶被不断引入留尼汪，而白人人口没有相应增加，这使得二语使用者越来越难与母语者接触并向他们学习语言。虽然差异化的接触肯定产生语言上的影响，但这一假设尚不能被证实。事件 2 指当本地出生的黑人或称克里奥尔人的数量达到与白人总数均等的时期。在事件 2 发生前，黑人要么已经被克里奥尔化了，要么已经达到了实现克里奥尔化所必需的"临界质量"：情况是有利的，但克里奥尔化是否真的会发生取决于其他人口因素，如事件 2 后奴隶的引入速度和白人人口的发展情况。贝克进一步假设，除非在事件 2 之后的几年里有大量外地出生的奴隶进入，否则不会出现同质化的克里奥尔语。如果没有奴隶进入，在事件 1 和事件 2 之间形成的统一的语言形式就不会被打破，继而形成如今留尼汪仍在使用的语言统一体。

2.1.2　语言和文化互动

留尼汪身份认同的形成始于岛上的第一批移民，语言的发展变化是身份认同形成中的一个重要部分。留尼汪的第一批居民由来自布列塔尼和诺曼底的移民组成，他们说的当地的法语变体和巴黎印度公司说的法语不同。殖民者说的法语中混合了马达加斯加和果阿文化，1663—1700 年期间又混入了非洲、爱尔兰和荷兰文化。[106]与此同时，马龙人（Maroon，即第一批从种植园逃到高原的奴隶）的原始文化也成型了。1685 年，基于欧洲大陆政策的《黑人法典》（*Code Noir*, *Black Code*）正式禁止了黑人和白人接触。1663—1730 年期间，奴隶中发展出了一种克里奥尔语作为他们必要的交流工具，因为他们来自非洲大陆和马达加斯加，本身的母语差异很大。女性在这一时期发挥了重要作用。在这个时期法国殖民者娶了很多马达加斯加和果阿妇女为妻子、小妾。[107]他们生育的混血儿女成为父母不同文化之间的纽带。这表明，乔登森高估了 B_2 在契约劳工阶段的作用。C_2 似乎是接近 A_2 的。奴隶妇女主理家务育儿，她们与她们子女和奴隶主家的混血和白人孩子之间的交流在语言和身份认同的形成中发挥了重要作用，因此也在克里奥尔化的过程中起了重要作用。[108]

严格地说，留尼汪的克里奥尔语最终成形的时间尚有争议。乔登森倾向于认为在1715—1720年间，[109]而阿芒德（Armand）和肖皮内（Chopinet）则认为，"在波旁地区（留尼汪的旧称）居住的法国人、非洲人、印度人和果阿裔的混血人种需要多于半个世纪的时间才能构建这种'克里奥尔语言'。"[110]在这里我们将留尼汪的情况与圣多明戈[111]（伊斯帕尼奥拉岛东部，后更名为多米尼加共和国）、古巴和毛里求斯的情况进行比较，可能会有所帮助。

1789年，圣多明戈居住着15 000名奴隶（其中有8500人被解放了）和3万白人。1792年在古巴有76 180名黑奴（其中31 000人被解放了）和96 440个白人。[112]在这种背景下乔登森[113]认定在两个多世纪的居住社会时期（即阶段1）中没有形成克里奥尔语的主要原因是白人占据了大多数。西班牙人与法国人和英国人不同的是，他们对当地的土著人口和奴隶人口进行西班牙化（Hispanicisation），以此作为殖民的基础。例如，在16世纪和17世纪，他们在西印度群岛和拉丁美洲建立了23所大学。[114-115]在留尼汪，奴隶的人数超过了白人奴隶主，却没有一所为奴隶设立的学校。[116]在奴隶制和殖民主义时期，留尼汪的大多数白人是文盲。[117]如今，大多数的小白人，即"贫穷的白人"，会说克里奥尔语。大约在1838年奴隶制废除后，"大白人"和"小白人"之间的区别出现了。当小白人搬迁到高原，便成了"高原小白人"。贫困的白人最早出现于1725年。他们的数量在1800—1810年的咖啡危机期间以及1865年的甘蔗危机期间都有显著增加。在前欧洲殖民地中，留尼汪的独特之处在于白人群体十分贫困。而在大多数国家中，白人多数都属于上层统治阶级。历史上只有南非和巴巴多斯是例外。在南非出现了南非荷兰语（Afrikaans），它理论上可被称作一种"克里奥尔语言"。

在1490—1890年之间，古巴接收了43万非洲移民。1862年，古巴80%的人口是黑人，一半的黑人已被解放，一半仍被奴役，[118]所以最终没有发展出西班牙克里奥尔语。被奴役的黑人比被解放的黑人更多，而且由于后者说的是西班牙语的变体，不是克里奥尔语，新来的奴隶将西班牙语作为第二语言。

毛里求斯废除奴隶制后，在1834—1912年间，453 063名印度契约劳工移民到了该岛，[119]占据了毛里求斯人口的三分之二。这并没有对毛里求斯的克里奥尔语产生影响，因为印度劳工最初是将已有的克里奥尔语作为第二语言学习的。在奴隶制废除的当天，毛里求斯有61 045名黑人奴隶和29 000名白人。乔登森总结说："当这种大规模的移民发生在一个交流媒介稳定并为所有当地人所使用的时代时，即使移民数量庞大，也不会对这门语言的结构造成重大改变。"[120]留尼汪在相同的时期发生了类似的大规模移民。

对印度语言的作用及其对克里奥尔语的影响进行考量是很有助益的。[121]毛里求斯曾处在英国统治下，发生了语言和文化的部分克里奥尔化。[122]然而，留尼汪被法国统治时期，印度人被要求学习法语，而不是他们原本的语言。由于印度人和身边一起生活工作的解放奴隶之间没有一门通用语作为沟通工具，所以印度人也学习了克里奥尔语。这导致了一种合成式克里奥尔化，与宗教领域很多印度教徒改信基督教的情形相似。毛里求斯的情况并非如此，在毛里求斯所有印度人都说一种或两种他们原本的印度语言，如印地语、乌尔都语、博杰普尔语以及一些泰米尔语和孟加拉语。那里的宗教和着装风格也保持稳定。如今在留尼汪，印度语言已经被根除，印度契约劳工的后代都不会说父母的母语。他们已经接受了欧洲式的着装风格，且卡非人有时会信仰两三种宗教。[123]"新"非洲契约劳工、前奴隶、印度契约劳工和白人也是同样的情况。[124]

因此，曾被西班牙殖民的多米尼加共和国和古巴、曾被英国殖民的毛里求斯和曾被法国殖民的留尼汪分别出现了三种不同的语言形成案例，并产生了三种不同的结果。每个岛屿上的文化克里奥尔化的过程也各不相同。白人和黑人人口之间的平衡虽然有一定的重要性，但并不是决定性因素。更重要的是殖民国对广大民众实施法律管束的政治意愿。但是，儿童作为优秀的语言学习者，在结交朋友上习惯于无视政治法律的约束，或至少相对不受政治法律约束的影响。所以，正是殖民主义的类型决定了语言、文化和社会克里奥尔化的模式。

2.1.3　种族群体的发展与交流

对英国和法国殖民地的对比揭示了许多有关印度契约劳工的事实（西班牙殖民地没有印度契约劳工，因为劳工的供应是由英国的征召者控制的）。在契约劳工时期，印度契约劳工在车间和甘蔗厂里担任技术员，非洲劳工在甘蔗田里劳作。因此，印度人与白人技术员和将甘蔗带到工厂里的非洲人都有来往。[125]印度人和非洲人晚上居住在一起，正是在这种环境下跨文化交流才有了发生的可能。

表2-1显示了世界各地的印度移民人口。这些关于印度契约劳工的数据来自官方。但是，没有可靠的非洲裔奴隶的相关数据。

表2-1　契约劳工时期和1980年的印度移民人口[126]

殖民地/国家	契约劳工时期/年	印度契约劳工人数/人	印度移民人口（1980年）/人
纳塔尔（南非）	1860—1911	152 184	750 000
毛里求斯	1834—1912	453 063	623 000
英属圭亚那	1838—1917	238 909	424 400
特立尼达	1845—1917	143 939	421 000
斐济	1879—1916	60 969	300 700
留尼汪	1829—1924	118 000	125 000

续上表

殖民地/国家	契约劳工时期/年	印度契约劳工人数/人	印度移民人口（1980年）/人
荷兰圭亚那（苏里南）	1873—1916	34 000	124 900
肯尼亚和乌干达	1895—1901	39 771	79 000
牙买加	1854—1885	36 420	50 300
瓜德罗普岛	1854—1885	42 326	23 165
马提尼克岛	1854—1889	25 509	16 450
圣文森特	1861—1880	2472	5000
格林纳达	1856—1885	3200	3900
圣卢西亚	1858—1895	4350	3700
塞舌尔	1899—1916	6319	—
合计		1 361 431	2 950 515

表2-2显示了从契约劳工时期到1980年印度移民人口的增长或下降情况。

表2-2 从契约劳工时期到1980年印度移民人口的增长或下降情况

殖民地/国家	实际增长或下降量/人	增长率/%
斐济	239 731	393.20
纳塔尔（南非）	597 816	392.82
荷兰圭亚那（苏里南）	90 900	267.35
特立尼达	277 061	192.48
圣文森特	2528	100.26
肯尼亚和乌干达	39 229	98.63
英属圭亚那	185 491	77.64
牙买加	13 880	38.11
毛里求斯	169 937	37.50
格林纳达	700	21.87
留尼汪	7000	5.93
圣卢西亚	-650	-14.94
马提尼克岛	-9059	-35.51
瓜德罗普岛	-19 161	-45.36
塞舌尔	—	—
合计	1 595 403	1529.98

表 2-2 显示，法国和英国殖民势力各自的政治意图影响了印度人身份认同的保留，进而影响了克里奥尔化的发生。从该表还可以看出，在所述期内，法国各省没能维持印度人口的数量。圣卢西亚位于马提尼克岛和瓜德罗普岛之间，和二岛在语言系统方面都有所不同：它在 1659—1814 年间为法国殖民地，从 1814 年开始到 1979 年获得独立之前为英国殖民地。其官方语言和教育媒体用语都是英语，但民间说一种基于 19 世纪法语的克里奥尔语。毛里求斯从 1710—1814 年是法国殖民地，从 1814—1968 年获得独立之前是英国殖民地。毛里求斯有一个强有力的、基于法国价值观和行为规范的白人社群，但是毛里求斯人一直说一种基于法语的克里奥尔语。[127] 尽管有印度人的迁移，但在法国殖民地发生的混合似乎比英国殖民地还多。可能法国殖民地的殖民化比英国殖民地的更为激烈。由于印度传统的种姓制度难以改变，因此印度劳工可能在与其他族裔融合上有过困难。

看上去在人口截然不同的环境中，文化和身份认同似乎是抗拒变化的。而在另一些环境中，由于族内通婚等因素，文化身份认同的地位被削弱了，有时甚至被消除了。移民的迁出和迁入可能是印度人口增加和减少的原因。在印度契约劳工中，合同期满后返回印度的人数因殖民地而异。举个例子，离开圭亚那的印度人比离开特立尼达的要多。[128] 在另一个繁荣的国家南非，黄金和钻石的发现、港口城市的发展以及纳塔尔甘蔗产业的发展，造就了另一波自由移民潮。这些晚来的移民不仅有契约劳工，也有商贩或做贸易的人。移民的不同阶段并不能解释表上所示的巨大差异。

1877 年，一个专家委员会的调查显示留尼汪的印度人后裔处在奴隶状态。五年后，英国禁止了（本国内）印度人移民到法国殖民地。[129] 这可能部分解释了法国殖民地中印度人口数量中断增长的原因。印度人口在这些殖民地增长缓慢还可能是因为即使在废除奴隶制后，法国殖民者仍然对移民施加暴力。留下来的前奴隶和前契约劳工们必须要接受法国的文化、语言和生活方式。今天，在印度洋附近的前殖民地中（例如南非，那里的印度人口增长了 392.8%）这些人口仍保留了他们的种族背景，不同种族之间没有社会交际。毛里求斯的印度人口也有增长，但增长率要小得多，为 37.5%。这表明有一定程度的混合发生：各种族群体之间发生了交流，但跨民族文化的婚姻很稀有。留尼汪的印度人口增长率很小，仅为 5.9%，这表明印度人经常与其他社群混合在一起。总之我们可以得出结论，如今原始语言和文化的复制衍生发生在前英国殖民地，而不是在前法国殖民地。

2.1.4 克里奥尔语和本土化

假设居住阶段延长，在留尼汪和后来的毛里求斯及法属西印度群岛很可能不会形成克里奥尔语，而是形成一个法语的地区性变体。一些民族语言很可能会在整个殖民时期被使用，新移民会说，他们的孩子能听懂。但这是发生在个人领域的事。从 1946 年左右到 20 世纪 90 年代中期这段时间是一个例外，正是在这一时期，文化激进分子开始学习他们的"祖传语言"，如普通话、粤语、印地语、乌尔都语和马达加斯加语，并努力在学校里使用这些语言。[130] 今天，只有新移民常说他们的母语，如科摩罗、马达加斯加或马约特的语言。

在大概 1800 年，法国将塞舌尔、毛里求斯、海地、圣卢西亚和圣多明戈割让给了英国。这些岛屿的克里奥尔语非常相似，一些游记显示当时这些岛屿的语言结构和今天非常相像。当时这些语言被贬低为奴隶说的土语，但在结构上已经很复杂了。从乔登森所说的"关键时期"（1715—1725 年）直到 19 世纪中叶（此时新的法国殖民者大量到来，英国人统治了五年，契约劳工被引入），留尼汪的克里奥尔语可能与这些岛屿的克里奥尔语非常相似。随着 20 世纪中叶学校教育开始普及，一个去克里奥尔化和"法语化"的过程开始了。

去克里奥尔化，或者说本土化，与法国的影响力相关。留尼汪正面临着一个语言和民族的过渡阶段，这个阶段被称为"后克里奥尔时期"。在一些案例中，如巴布亚新几内亚使用的托克皮辛语（Tok Pisin）的个案中，后克里奥尔时期发生在城市地区。[131] 在其他情况下，如一些因居民迁往城市而人口减少的岛屿上，去克里奥尔化是社会经济流动的结果。[132] 在留尼汪人口稠密的地区，克里奥尔语的存在感依然很强。

2.1.5　留尼汪的克里奥尔语：来自非洲还是法国？

乔登森认为，1715—1725 年是居住制度的关键期。1800—1815 年、1860—1880 年和 1980—2000 年这三个时期同样是克里奥尔语言和文化在留尼汪形成的关键时期。

在留尼汪，克里奥尔语形成之前，法语与非洲、印度和马达加斯加的语言都有人使用。随着法语和克里奥尔语地位的提高，其他语言的使用范围越来越小。从废除奴隶制到海外省化开始之前，岛上所有居民都说克里奥尔语，不说法语。随着 1946 年留尼汪并入法国，克里奥尔语的使用范围越来越小，其他的原始语言几乎消失了。

然而今天留尼汪似乎有再克里奥尔化（recreolisation）的趋势，而且泰米尔人、中国人和扎拉布人的原始语言也再次成为研究对象。语言学家们发现，随着每次移民，从印度和马达加斯加语言中借用的新词都会被纳入留尼汪克里奥尔语的现有词汇中。同样，每次移民都会产生新的文化，并融入留尼汪的现有文化中。因此，文化和语言层面上的克里奥尔化进程还在继续。

克里奥尔语的拼写系统直到 20 世纪 70 年代中期都与法语相似，海外省化的支持者和右翼人士对此很满意。1977 年，左翼文化激进分子建立了一套克里奥尔语的语音书写系统，被称为"lékritir 1977"。这套系统用不同的字符来显示克里奥尔语的特殊性和复杂性。结果"问题"一词从"question"变成了"kestion",字母"k"代替了"qu"。1983年,字母"w"和"z"开始变得重要:"mois"变成了"mwa","journal"变成了"zournal"。2001年另一种书写系统出现,称为"lékritir Tangol",其中 Tangol 是上述文化激进分子组织的名称。lékritir 1977 系统更偏向住在留尼汪低地势地区的底层人民说的克里奥尔语变体,而 lékritir Tangol 系统更倾向于上层人士。不过 lékritir Tangol 系统确实可以标注出低地和高地克里奥尔语的口音。例如,在 lékritir 1977 系统中,"culture"中的"u"被标注为"i"("kiltir"),而在 lékritir Tangol 系统中"ï"可以表示"i"或"u"("kïltür")。在南部和高原地区的居民更常发在小白人说的话中有很典型的"u"和"j"的音,而在低地和东部地区的卡非人和马拉巴人说的话中"i"和"z"的发音更加普遍。

2003年9月,留尼汪的教育部门在一些学校中引入了 lékritir Tangol 书写系统作为实验。下面是在留尼汪使用的不同拼写系统的例子:

Il dit que le paille-en-queue est un joli oiseau de La Réunion(标准法语)(他说,鹟是留尼汪的一种美丽的鸟类)

Li (lu) di que le paillé-en-queue lé un joli oiseau de la Réunion(词源学的克里奥尔语拼写系统)

Li (lu) di ke le paille-en-queue lé un joli zoizo de la Rénion(lékritir 1977 系统)

Li (lu) di ke lo payanké lé in zoli zoizo dla Reynion(lékritir 1983 系统)

Lï di ke lo payankë lé in zoli zoizo la Reynion(lékritir Tangol 系统,2001年)

19世纪后期的作家如福嘉第(Focard)和维森(Vinson)等人对克里奥尔语的起源有过争论。[133]福嘉第认为,语言使用者的种族血统决定了他说克里奥尔语的方式,"真正的波旁(留尼汪旧称)土语是在土著的黑人(那些在这个岛上出生的黑奴后代)中发现的"。[134]

福嘉第和维森创作的小说和故事"不是只用一种方言写成的,还同时采用了卡非人、马达加斯加人、克里奥尔黑人和小白人的方言"。[135]留尼汪的克里奥尔语不仅受到了法语和马达加斯加语的影响,还受到了非洲语言的影响:尽管奴隶制时期的人口普查显示,大部分非洲奴隶是在18世纪末之后来到留尼汪,但实际上大多数非洲奴隶是在殖民化的初期被引入的。然而,在20世纪初,克里奥尔语的形成仍被归因于留尼汪的白人,即大白人和小白人。[136]

另外一个相似的争论是关于留尼汪克里奥尔语的去克里奥尔化和留尼汪克里奥尔语同法国语言的关系。乔登森认为:在1721年荷兰人放弃法兰西岛(即毛里求斯)后,法国殖民者从波旁岛(即留尼汪)来到法兰西岛,于是毛里求斯的克里奥尔语是在留尼汪的克里奥尔语、新奴隶从马达加斯加引入的语言和白人从欧洲带来的语言的基础上形成的。从那以后，毛里求斯和留尼汪的克里奥尔语就有了不同的发展。在留尼汪讲法语的白人人口比毛里求斯讲法语的白人人口要多，而在留尼汪克里奥尔语的底层退化（使克里奥尔语与法语变得相似的去克里奥尔化）也更严重。[137]但必须指出的是，这两种克里奥尔语在结构上是相似的，两者在和法语的相似度上也没有区别。同样，这两个岛屿上的人口分布也惊人地相似（表2-3）。

表2-3 1834年毛里求斯和留尼汪的奴隶和白人人口数量[138]

国家	人口数量/人		百分比/%		总人口/人
	奴隶	白人	奴隶	白人	
毛里求斯	61 045	29 612	67.34	32.66	90 657
留尼汪	69 000	22 000	75.82	24.18	91 000

必须指出的是，上述的总人口不包括被解放的有色人种（通常是克里奥尔人），因为1830年的一项殖民法律禁止将被解放的有色人种奴隶和白人分开计算。被解放的有色人种构成了"混血人种"（Métis），一般他们的父亲是欧洲人，母亲是奴隶。[139]留尼汪的黑人人口占比为75.82%，相对于毛里求斯的67.34%稍多；而白人人口占比为24.2%，相对于毛里求斯的32%略少。1834年，毛里求斯处在英国的殖民统治下，从那时起直到2004年，克里奥尔语在毛里求斯公共领域的地位比在留尼汪岛更加重要。在殖民历史上，法国的政治制度像今天一样要求语言的集中化和标准化从而造成了在留尼汪每个人都说法语的假象。

这两个岛屿的情形非常相似，1834年前后在种植园中讲的克里奥尔语也很相像。这就像在其他法属殖民岛屿，如法属西印度群岛、圣卢西亚、塞舌尔和海地（至少在奴隶中是如此）一样，人们所讲的克里奥尔语相似，今天的差异主要体现在公共领域。在毛里求斯和塞舌尔，公共领域和私人领域的官方语言都是克里奥尔语。而在留尼汪，公共领域的官方语言是法语，而私人领域的语言是克里奥尔语。[140]

2.1.6 克里奥尔语和海外省化

15世纪和16世纪，在古巴和圣多明哥发生了"西班牙化"和以"西方化"为标志的身份认同构建。这二者与始于20世纪60年代的去克里奥尔化和克里奥尔语的边缘化进程相似，后二者的目的是将留尼汪"法国化"。留尼汪克里奥尔语被定义为"半克里奥尔语"，这个定义是正确的。与完全发展成型的毛里求斯克里奥尔语相比，留尼汪克里奥尔语更接近于法语[142]，尽管毛里求斯的白人比留尼汪人多。这种差异是关于语言克里奥尔化和去克里奥尔化的不同殖民政策的结果。这使得类似的文化克里奥尔化和去克里奥尔化具备了可能性,也使得语言和文化的再克里奥尔化有了可能性和可行性(图 2-5)。[143]

图 2-5 语言的克里奥尔化和去克里奥尔化过程

在留尼汪,去克里奥尔化在更大程度上发生在社会的上层阶级,而且不一定局限于城市地区。然而研究表明,克里奥尔语也可能在种植园以外的环境中产生,可能在奴隶制废除后产生、在采矿环境中产生〔如南非的矿场中说的凡那伽罗语(Fanakalo)〕[144]以及在城市环境[145]中产生。这种伴随而来的"文化克里奥尔化"理论可以表示如图 2-6:

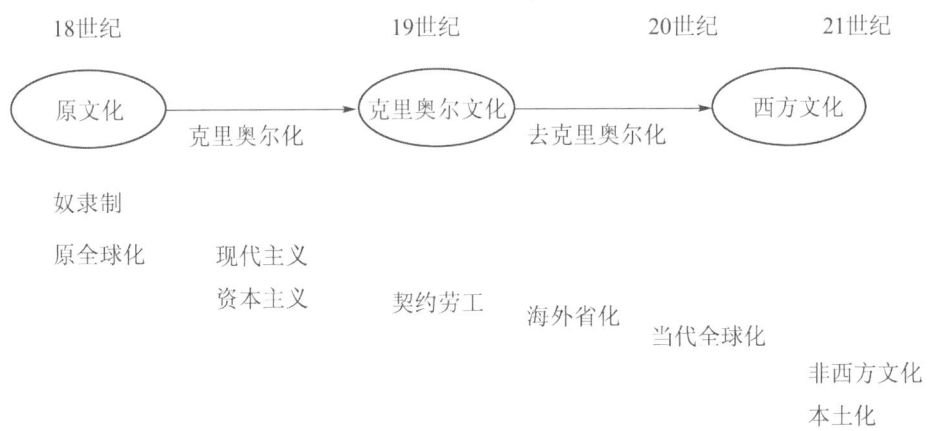

图 2-6 文化克里奥尔化的过程

对于废除奴隶制后的牙买加,理论上"前奴隶和他们的后代本可以有更大的社会经济流动性和更多的接受大众教育的机会"。[146]牙买加克里奥尔语的情况与留尼汪的情况非常相似,大众传媒和教育领域中的海外省化政策推动了两地语言和文化的去克里奥尔化。

2.1.7 殖民与奴隶语言的关系

指挥官(commandeur),即工头,在奴隶制废除前的社会组织中有重要的作用。这些工头通常是克里奥尔人(即混血人种),在被解放或仅仅是被释放后担任监工的工作。要在种植园里安排一个工头,奴隶主必须财力雄厚,至少拥有10个奴隶。这在居住时期是很少见的,大多数地主一般只有 1~3 个奴隶。1710年,安东尼·鲍彻(Antoine Boucher)估计奴隶主平均拥有的奴隶人数为 4 人。[147]

乔登森强调了工头的重要性，认为 1725 年在留尼汪的欧洲白人的数量为 1402 人，奴隶的数量为 1775 人，如图 2-7 和表 2-4 所示。

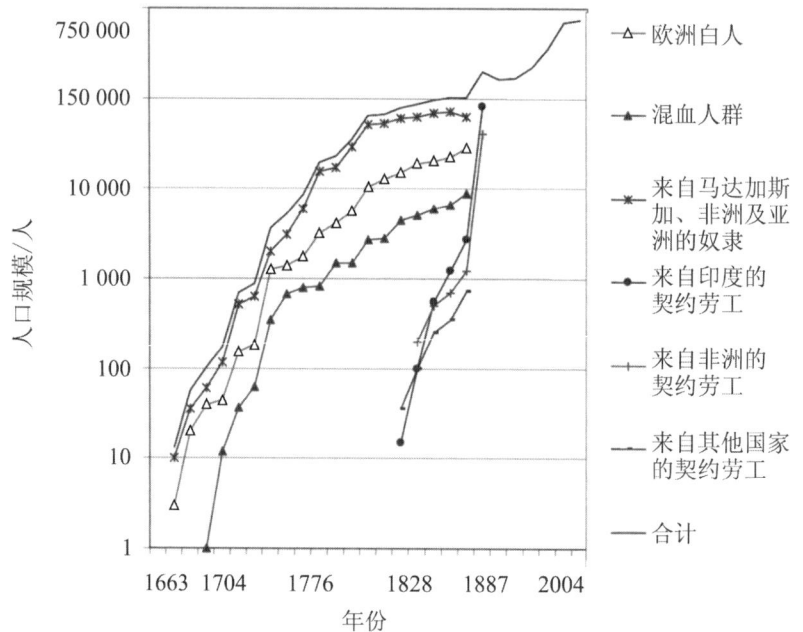

图 2-7 1663—2004 年留尼汪各种族的人口增长折线图

表 2-4 1663—2004 年留尼汪各种族的人口增长情况[148]

单位：人

时间	白种[149]欧洲人数量	混血人数量	来自马达加斯加、非洲[150]和亚洲[151]的奴隶数量	契约劳工数量			合计
				来自印度	来自非洲[152]	来自其他国家[153]	
1663 年	3	—	10	—	—	—	13
1665 年	20	—	36	—	—	56	—
1671 年	39	—	1	61	—	—	101
1675 年	45	—	12	115	—	—	160
1700 年	151	—	37	512	—	—	700
1704 年	187	—	62	635	—	—	884
1721 年	1249	—	351	2000	—	—	3600
1725 年	1402	—	673	3125	—	—	5200
1735 年	1779	—	781	6013	—	—	8573
1761 年	3183	—	817	15 300	—	—	19 300
1776 年	4194	—	1465	17 106	—	—	22 765
1778 年	5500	—	1500	29 000	—	—	36 000
1804 年	10 500	—	2700	50 350	—	—	67 000

续上表

时间	白种[149]欧洲人数量	混血人数量	来自马达加斯加、非洲[150]和亚洲[151]的奴隶数量	契约劳工数量			合计
				来自印度	来自非洲[152]	来自其他国家[153]	
1807 年	12 700	—	2800	52 000	—	—	67 500
1818 年	15 200	—	4450	60 000	15	35	79 800
1828 年	19 000	5000	63 000	100	200	100	87 400
1832 年	20 100	5998	69 000	550	500	250	96 398
1835 年	22 500	6500	70 406	1200	700	350	101 656
1848 年	28 033	8779	62 000	2723	1232	957	103 490
1848—1882 年	80 000	40 000	—	—	2578	—	159 190
1887 年	—	—	—	—	—	—	164 000
1900 年	—	—	—	—	—	—	170 000
1941 年	—	—	—	—	—	—	220 000
1962 年	—	—	—	—	—	—	354 294
2004 年	—	—	—	—	—	—	750 000

从图 2-7 和表 2-4 中可以看出，在种植园时期，奴隶在公共领域与白人奴隶主的接触比乔登森认为的要多。母语的繁衍很可能是通过移民的奴隶子女来实现的，这也解释了为什么在留尼汪克里奥尔语中会出现许多马达加斯加语的词汇和印地语的词汇。迄今为止，还没有人研究过留尼汪克里奥尔语中的西非语和班图语（如斯瓦希里语）的痕迹。而在毛里求斯的克里奥尔语中，源于马达加斯加语、塞内加尔语、马里语、坦桑尼亚语和莫桑比克语的词汇很容易识别。[154]由于缺乏这样的研究，目前人们对克里奥尔语结构的认识出现了偏差：社会语言学家的分析往往是基于作家和旅行者的记叙，这些作家和旅行者几乎都是法国本土人。这些记叙的准确性值得商榷，因为当时还没有正式的克里奥尔语语法或书写系统。法国奴隶主说的克里奥尔语和种植园里说的不一样，他们用克里奥尔语的表达方式很可能受到了他们自身法语的影响。此外，留尼汪的白人殖民者大多是文盲，是没有受过正规教育的海盗、船员或坐过牢的人。[155]因此，社会语言学家和历史学家对留尼汪克里奥尔语特征的描述似乎往往受到他们自身的法国本土背景的影响。

2.1.8 语言与欧洲中心主义

在居住阶段和种植园阶段，非洲语言肯定是被禁止使用的[156]，但这个禁令在夜晚并不起作用，因为人们经过一天的辛苦劳作，回到相对隐私的住处后，会自然地用回非洲语言。第一代奴隶很可能会和妻儿们说克里奥尔语或他们的母语。我们也可以想象在当时为了让每个人都听懂，人们在讲故事、唱歌时母语和克里奥尔语是混合在一起使用的。人们在白天说官方语言，在晚上说禁语。虽然奴隶主和奴隶之间的关系使得奴隶对身份认同的表达降到了奴隶主所能容忍的最低点，奴隶们仍会暗中保持他们自己的文化传统，如马洛亚（Maloya，留尼汪的一种音乐形式）、莫林格（Moringue，一种杂技舞蹈形式）、泛灵论信仰、马达加斯加服务（*servis malgas*）——用供品祭祀祖先的宗教仪式［供品包括他们自己的特色美食，其中最突出的特色是咖喱和鲁吉（rougay，一种以番茄酱为主要调料，并用辣椒和香菜调味的菜肴）］。

正如乔登森所说，毫无疑问，克里奥尔语来源于"法国丈夫"和他们"马达加斯加妻子"的结合。但是当法国男人和他们的果阿人妻子说话时、当妻子是马达加斯加人的欧洲男人和孩子说话时，他们会用什么语言呢？夫妻都是马达加斯加人的情况下又会怎么样呢？人们一直被禁止在公开场合表达自己非本土、非官方的克里奥尔文化。克里奥尔文化的表达因为传递了奴隶和契约劳工文化一直被限制在私人领域中。[157]这种在家说克里奥尔语，在外说法语的对立现象，在殖民中很典型，是一种一方处于对另一方的统治地位时的不公平现象。这种情况从16世纪以来就有，作为一种后殖民现象一直存在着。[158]这种语言的分隔现象，或者叫双语现象，是一种与文化认同形成相伴的语言表达。这种现象在19世纪末的印度契约劳工和来自科摩罗、马约特、马达加斯加和毛里求斯的新移民的关系中得到了延续。这些新移民为了融入留尼汪社会，必须说克里奥尔语。他们和佐里人不一样，佐里人是法国的代表，不需要说克里奥尔语。

2.1.9 克里奥尔语和身份认同的发展

因为海外省化，留尼汪正在进入一个新时期，现在克里奥尔语和克里奥尔文化之间的相互影响和它们的演化过程都值得重视。图2-8所示为留尼汪的语言发展情况。

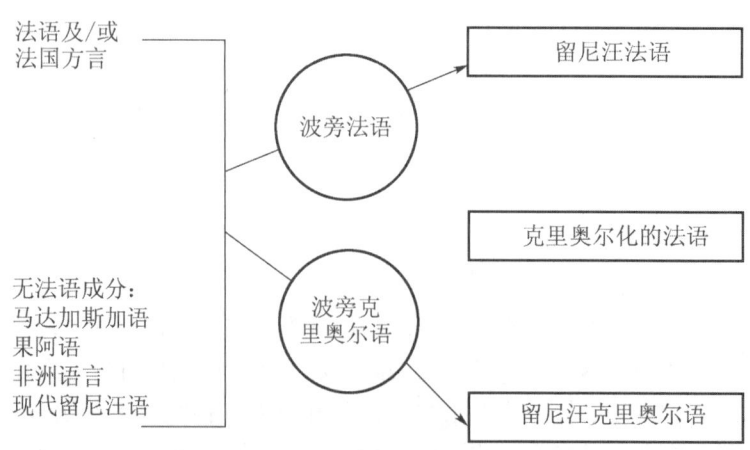

图2-8 留尼汪的语言发展情况

混血的非洲裔马达加斯加人的文化是留尼汪文化的支柱，起源于奴隶制和殖民主义时期中的移民时期。克里奥尔语是岛上移民和新来者文化融合的一个重要因素，特别是对那些不是来自欧洲的移民更是如此。就像今天的马约特岛和科摩罗的移民一样，后者居住在主要是工人阶级和低收入者住的"公共住房"里。这种住房主要住的是卡非人和混血人群，也有一些马拉巴人和小白人。如果马约特岛人属于上层阶级，甚至是中产阶级，他们都几乎不可能说克里奥尔语。[160] 留尼汪的身份认同是不同种族元素和文化元素的混合体，但不是自发无限制地形成的，而是殖民国的强权和自身经济状况造成的……尽管热带社会的身份认同有一些和在经济力量下形成的多元社会截然不同的多元化特点。[161] 弗尼华尔（Furnivall）提出"多元社会"，正如他自己所说，不是只存在于热带地区的。由奴隶制导致的留尼汪社会正是一个典型的多元社会案例。正如弗尼华尔在谈到缅甸时所说的，一个多元社会是一个人与人之间"混合但不结合的社会"。每个群体都有自己的宗教信仰、自己的文化和语言、自己的思想和习俗……人们作为个体互相碰面，但这种碰面只在市场里做买卖的时候发生……社会的不同阶层在同一个政治组织中共同生活，但又是彼此分隔的。[162] 归根到底，一个多元社会就是一个多元文化社会。

2.2 克里奥尔文化和身份认同的形成

2.2.1 多元文化社会

多元文化主义是克里奥尔化的首个阶段，自从1663年留尼汪拥有第一批定居者就存在了。由于跨文化交流的缺失，克里奥尔化的进程非常缓慢。又由于留尼汪的殖民化过程困难很大，克里奥尔化被进一步减缓了。与毛里求斯不同的是，留尼汪岛没有什么海湾，也没有天然港口，所以不容易进入。由于火山活动和地形的原因，留尼汪岛的殖民时间较晚，经济发展也比其姊妹岛毛里求斯缓慢。

1663年，十名来自马达加斯加的男女和两名法国男子来到留尼汪，开启了奴隶制和流放（奴隶逃亡）时期。留尼汪的人口开始逐渐增长。早在1700年，留尼汪就已经做好了准备，参与到国际上被称为"竞争性资本主义"的时代[163]，这个时期一直持续到1860年。在这个"重商主义"时期开始时，非洲人、马达加斯加人、欧洲人和少数果阿人沟通密切，开始创造一种新的语言：克里奥尔语。不同种族的奴隶因为共同反对白人奴隶主，形成了团结和容忍的意识。正是在这个时候，一种新的文化认同形成了，在这个多元社会中，留尼汪社会诞生了。

"克里奥尔"这个词最早是描述出生在岛屿殖民地的非洲裔马达加斯加奴隶的。由于他们比那些出生在殖民地以外的奴隶更加"西方化"，更加"基督教化"，他们的主人认为他们比出生在非洲和马达加斯加的奴隶好很多。这导致卡非人开始失去了他们原本的身份认同和文化。留尼汪建立后，经过两代人的努力，形成不同的民族共存，但没有文化交流；只有马达加斯加人和非洲奴隶以及一些印第安人形成了一定的融合。在留尼汪最早的两代人中，不同的种族共存却没有进行文化交流；只有马达加斯加和非洲的奴隶还有一些印度人之间形成了混合关系。由黑人和白人组成的夫妻很罕见，因为《黑人法典》禁止种族融合，黑人和白人之间的伴侣关系被认为是非法的。

1764 年第一次世界经济危机后，印度公司失去了对留尼汪岛的所有权，此后留尼汪被法国买下。那场危机影响了留尼汪的咖啡产业。当 19 世纪初，糖业危机爆发的时候，大部分白人成为贫困人口，从此被冠上了"小白人"的贬称。随着岛上经济和司法状况的变化，白人和黑人的种族融合实现了民主化。种族融合给已有的奴隶和奴隶主空间增加了一个"第三空间"。[164]这种群体共存但不互相渗透的"多元化"局面是殖民性的，但不是克里奥尔性的："多元社会的概念更像是一个殖民概念而非克里奥尔概念……奴隶制时期的克里奥尔社会并不将自己视为多元的，而是由一高一低的两种独立的文化构成。"[165]然而，阿兰-图兰提出文化之间存在着一种中间状态，文化间的交流就是在这种状态中发生的，不能简单地将其归结为两个实体之间的随机共存。[166]

在 1820—1840 年期间，留尼汪与美国、加拿大、南非和今天的欧洲大都市等相似，多种文化并存，同时保留了各自的价值观和规范（图 2 - 9）。多元文化主义取决于民族性：当一个少数群体重新评价其在肤色、宗教和语言方面的特殊性时，就会产生民族归属感。民族群体由于不同的历史原因而分割，一个群体的人不会和另一个群体的人交谈，各群体分开生活。因此，当时的留尼汪社会是一个具有多元特征的社会，但不属于多元社会。[167]南非和印度、缅甸等亚洲国家，以及美国、加拿大和英国的许多大城市，都是当今多元文化社会的例子。[168]在这些地方，人口仍然按照种族背景划分为不同的群体，不同社区之间的交流仍然存在障碍。

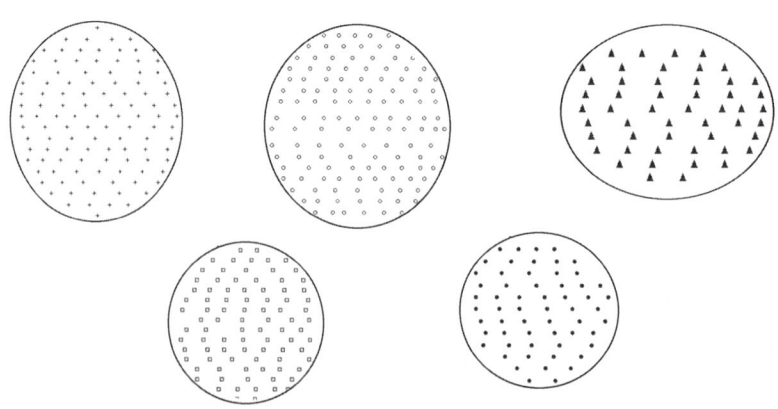

图 2 - 9　多元文化社会的图示（各群体被分隔成不同的部分）

2.2.2 跨文化社会

在工业革命带来的技术进步的推动下，欧洲开始用军事手段征服尚未被开发的地区。然而，工业革命带来的经济和社会变化也导致了意识形态的变化。在英国，早在19世纪30年代就出现了废奴主义者，而在法国，人道主义的冲击导致法国殖民地在1848年废除了奴隶制。在仍由法国控制的留尼汪，代表国王的新任总督萨尔达-加里加宣布了奴隶解放的好消息。从某种意义上说，废除奴隶制是支持奴隶制国家犯下的最后罪行之一，因为它"偷走了奴隶们的非洲身份认同"[169]，但却使得前马达加斯加的非洲裔奴隶得以融入留尼汪社会。

1860—1945年间，"帝国主义时代"[170]恰逢全球殖民主义和跨文化交互的开始。在此前的十年间，大约是1850—1860年间，契约劳工从南印度抵达，后来又有来自中国的移民，最后是来自孟买和古吉拉特的印度穆斯林。这些移民在奴隶制废除后不久就开始失去了原有的非洲、马达加斯加、印度和欧洲身份认同和文化，变成了留尼汪人。在留尼汪身份认同的形成过程中，宗教也发挥了重要作用。天主教很早就传入了留尼汪岛，大多数人是被强制信仰的。不过，神职人员确实是在与亲奴制度做斗争，从而团结了岛上的各民族，同时也否定了人们原来的身份认同。归属一个共同的宗教，标志着在意识形态融合中文化交流的第一步。这就导致了文化的多元性，其定义是"一个社会中的人口有两种或两种以上的文化传统"[171]。而在"多民族、多元化的现代社会中，不同的种族往往在文化上也是不同的"[172]。

布罗尼斯拉夫-马林诺夫斯基谈到非洲的文化混合时[173]，认为非洲有三种不同形式的社会关系和文化互动，它们是通过群体之间的"文化接触和变化过程"产生的。

A代表"白人政策下欧洲的影响、利益和意图"，即白人奴隶主的文化；B是"文化接触和变化的过程……白人和黑人相遇、合作，并直接互相影响"，即克里奥尔人的文化；C代表所有"传统制度、记忆和传说，包含了未被白人政府正式承认的非洲生活的元素……内部的抵抗元素仍然存在，例如祖先的信仰、习俗和影响"[174]——换句话说，就是被殖民的黑人的文化。B绝不是"机械的混合物，也不是A和C混合的直接产物。这一点对理解克里奥尔文化认同非常重要。留尼汪文化认同的形成，就是以'B'身份认同为特征的。契约劳工之间的社交直接导致了一种'无法定义的种族融合'"[175]。

因此，跨文化社会是建立在共享和交融的基础上的，以融合不同文化的跨文化关系为特征（图2-10）。从社会学的角度来看，留尼汪克里奥尔人和留尼汪文化认同的巩固可以追溯到1900—1940年间，这一时期标志着文化互动的开始。

文化互动是克里奥尔化的标志:"凡是具有文化同质性的地方,社会都是同质的单位。"[176]毛里求斯、某些加勒比海岛屿和亚洲国家[177]以及大城市都是跨文化社会的例子:不同民族之间有交流,但没有通婚。

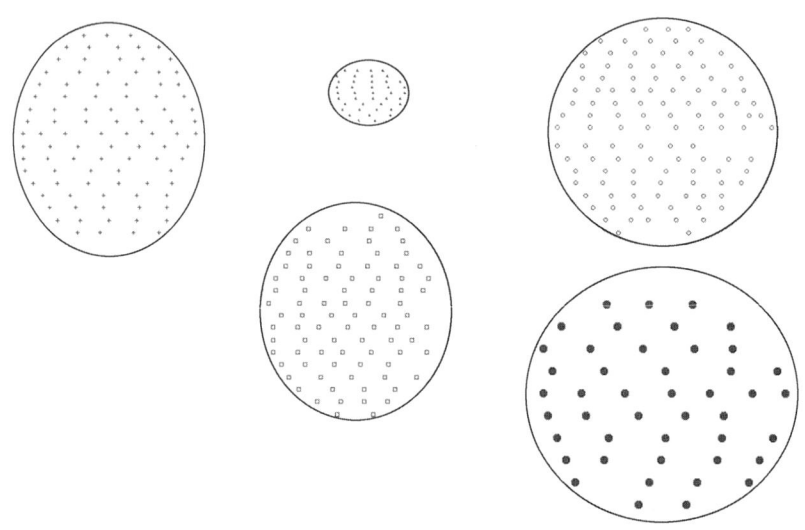

图2-10 跨文化社会的表现形式图示

2.2.3 超文化社会

从1945年至今,即资本主义后期[178],留尼汪经历了超文化主义。在第二次世界大战结束后的几天内,留尼汪就变成了法国的一个省,留尼汪人也获得了正式的法国公民身份。西印度群岛和留尼汪的进步人士希望获得省的地位,以实现社会平等,但右翼的海外省派人士支持将留尼汪划为海外省的计划,以使留尼汪被法国同化。随着米歇尔-德勃雷的当选,同化政策迅速得到了实施。德勃雷,法国白人,是第五共和国的缔造者之一,前总理,前外交和内政部长,曾担任留尼汪议员长达25年(1962—1987年)。随着19世纪50年代第一批法国本土公务员的到来,一个提供新的商品和服务业基础设施的平行社会开始发展起来,将法国的价值观融入留尼汪克里奥尔化和种族融合的进程中。这种文化之间的接触形式涉及"习俗的流通,在不同的互动文化之间产生了象征形式和经验活动的不断交织"。[179]这种形式被称为超文化过程[180],这个词是最早被用来形容种族融合的。[181]当各种文化发生冲突和交流时,结果并不完全是文化消亡(deculturation)或文化适应(acculturation),而是创造了文化产物:次要文化产生了自己的主流文化版本,而交流是相互的、不完全的,从而导致了基本的混合文化的形成。在这种情况下,被统治的人群会决定他们将吸纳主流文化的哪些方面。超文化的概念是"理解'奴隶制岛屿'历史不可或缺的基础,这段历史是一个激烈、复杂、不间断的人类群体的超文化进程,是一个过渡阶段"。[182]

超文化过程不局限于几种文化相遇的社会空间,因为它是在个人和个体层面上发生的,影响主体的社会认同。主体因为文化互动和接触,在情感上产生了超文化的发展。[183] 由此产生的接触地带是几种文化相遇、冲突、斗争的社会空间。"超文化是一种与接触地带有关的现象……宗主国往往认为自己影响了周边地区,但通常看不到周边地区是如何影响自己的……这可能始于宗主国对永久担当周边地区代表的执着"。[184]

在超文化时期和海外省化期间,人人都可以接受世俗教育。这是不同族裔和文化围绕第二个统一原则,即共和主义的规则聚集到一起的结果。当时留尼汪的例子说明"文化多元主义并不局限于多元社会,尽管它是多元社会的基础"[185];也说明了"当经济力量不受社会意志控制时,多元社会就会形成。它之所以在现代热带地区普遍出现,是因为在所有情况下社会秩序似乎都具有多元化特征"[186]。

弗尼华尔因此解释说,多元社会可以有多种形式,这些形式可能取决于某个特定的现代热带经济体所具有的特征。史密斯指出:"现代经济力量可能是殖民多元性的原因。"[187] 弗朗索瓦-拉普兰蒂(François Laplantine)进一步提出,种族融合是"一个不确定的时刻,它不是关乎知识本身的问题,而是知识演化的问题"。[188] 拉普兰蒂将"不断演化的知识"定性为"黑暗的知识",是一种潜在的、无意识的知识:"种族融合指的是在身份认同固化之前发生非常罕见的运动"[189]。图 2-11 表示的是一个超文化社会。

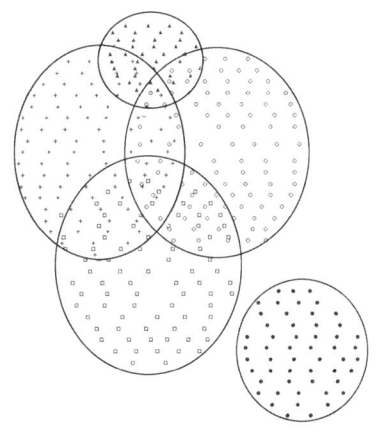

2-11 超文化社会的表现形式图示

在留尼汪、巴西、古巴、佛得角和其他类似的社会中[190],族群的繁衍是有限的。族外婚姻率高,各族群能自由交流。在中低收入群体中,种族融合更加频繁。这些社会基于超文化社会架构。

超文化过程是一个可以形成多族裔和多样性社会的文化进程。这个过程从语言开始，并且语言随着时间推移转变为特定社会认同的一部分。当各族裔的互动性和交易性文化元素在一个较小区域的接触地带中累积时，我们就会在克里奥尔化过程中发现超文化元素。目前，通过文化克里奥尔化实现的超文化过程对留尼汪的身份认同具有重要的影响。在当代的留尼汪，个体对超文化社会有归属感，会采取特定的行为来表达自己的社会认同。留尼汪的社会认同不是与生俱来的，而是人口社会化的结果。这也是一个动态的过程，是由不同元素的相互作用而产生的，如社会角色和个体对同一或对立群体的归属意识。因此，个体的社会认同首先是通过社会关系塑造的。

2.2.4　对身份认同的寻找运动

在1979—1981年间，留尼汪人变成了欧洲人，同时左翼在法国掌权。1981年，即1848年奴隶制废除133年后，12月20日终于被认定为公共假日。一些族裔开始主张他们有与众不同的权利。他们通过众多的文化和宗教组织庆祝自己的差异，这些组织的建立得益于教育和通信手段的进步，它们重建了在留尼汪社会形成过程中被低等化了的身份认同。同时，他们也希望与其他群体分享这一共同的历史。然而，这些群体想要获得的身份认同太过理想化，而且由于这些群体与各自的原籍国缺乏联系，也并不切合实际。这种理想化的身份认同是一种来自集体幻想中的"碎片化身份认同"。泰米尔复兴运动组织，以及小白人、卡非人、扎拉布人和华人等身份认同团体就是这样在过去15～20年里被捏造出来。这个过程是文化再利用、全球本土性和身份认同觉醒的一种形式。

在留尼汪，社群的压力确保了个人不会离开自己的社会阶层和宗教，例如在选择配偶时，可以防止这些族裔上层阶级和中层阶级的克里奥尔化。大白人与大多数扎拉布人和华人的规则是族内通婚，但是选择佐里人作为配偶也是可以接受的，可能是因为岛上的经济财富掌握在这三个种族以及少数马拉巴人的手中。佐里人的情况很特殊，因为他们存在于各个阶层，体现了弗朗兹-法农所说的后殖民异化。另一方面，在大多数中产阶级和工人阶级的社群中，克里奥尔化仍在发挥作用，这些社群的成员来自各个族裔背景，但大多数是卡非人、马拉巴人、小白人和混血人种。社会经济地位最低的人主要居住在社会住房计划的房屋里，住在岛上的高地。使用克里奥尔语是身份认同的标志，"社会认同被简化为阶级认同"。因此在留尼汪，克里奥尔化和种族融合在中低收入群体中最为明显。

从1663年至19世纪70年代，留尼汪文化认同的形成时期，岛上许多族裔和原籍国没有明显的接触。从奴隶制时期开始，西方模式在经济、文化、社会等方面就一直是占据主导地位的官方模式，海外省化强化了这种模式。这就提出了身份认同和文化是否可能是周期性的问题。因为目前的全球化环境在某种程度上复制了殖民时期存在的统治经济结构,尽管当代移民保留了他们原有的宗教和文化认同,他们并不愿意参与到殖民化的进程中。全球本土性——全球化导致的极端自由资本主义,将与身份认同和文化相关的行为变成了身份认同战略。因此我们在表述身份认同的有关概念时,最好说身份认同的形成,而不是身份认同的构建。留尼汪的文化和阶级体系的形成是殖民的结果;是由一小部分占统治地位的资产阶级的利益决定的,他们的政策导致了发展落后和依赖性的问题。

2.2.5 克里奥尔社会认同

社会关系是经济与文化,特别是与语言相联系的历史进程的一个组成部分。克里奥尔语作为文化接触的一个要素,自第一批抵达者定居以来,就在维系岛上所有族裔之间的联系。话语中的社会标记在族裔和族群之间的关系中起着重要的作用,这一点对留尼汪那些失去了参照点的个体的社会认同有重要影响和意义。因为"种族的话语标志是种族认同的重要维度,在几个种族群体中都是这种情况……根据泰菲尔的论述,我们可以预计一个群体的成员(在文化互动和接触的空间中)会突出自己和其他群体的语言差异来获得积极的社会认同"。从这个角度看,克里奥尔语是一种民族话语,因为它是留尼汪所有族裔都在使用的语言,不像法语只是本土白人的语言。对留尼汪人来说,克里奥尔语和宗教倾向是他们身份认同合法化的基本标志。"这种合法化需要一种构成性的象征体系,它是社群认同和团结所依据的基础,同时也需要信仰、仪式和其他体现这种象征体系的相关文化成分"以介入族裔间的关系。如果没有这些因素,留尼汪人的社会认同就可能解体,或被更大的社会组织吞并。

在多元社会中,社会认同的需求与各种形式的群体间活动密切相关:"在分析群体间关系中的社会认同时,必须明确考虑到群体活动的更广泛的社会背景"。在这样一个多元的社会里,所有人都会从与其他民族的接触中汲取额外的力量。人们的社会认同具有强烈的社会对比的特征。社会对比将群体内的人士与群体外的重要人士区分开来,而对外部人群的承认确认了其对未知群体的行为,从而防止了种族主义和歧视的发生。留尼汪历史上不同文化之间的交融,使岛上形成了充满活力的克里奥尔社会认同。

2.2.6 留尼汪的社会分层

表2-5显示了2004年留尼汪的社会分层情况,并将社会经济地位和相应的族裔、文化特征/表现、表现型特征进行了对照。这种社会结构是185年的奴隶

制、98 年的殖民主义和 57 年的海外省化的结果。

表 2-5 2004 年留尼汪的社会分层情况

社会经济地位	族裔	文化特征/表现	表现型特征
+	白人		+
	大白人：97% 为商人、高级公务员、医生等 佐里人：60% 为高级公务员、医生、商人等 扎拉布人：60% 为公务员、医生、商界人士等	法国文化和语言 同族结婚 无克里奥尔化 听塞卡音乐	白人 佐里人
高收入人群	华人：50% 为公务员、医生、商界人士等 马拉巴人：在所有行业中占 15% 小白人：在所有行业中占 10% 混血人群：在所有行业中占 10% 卡非人：1% 为自雇	白领犯罪 单一宗教 华人和马拉巴人回归原始宗教 听塞卡音乐、吃克里奥尔菜	大白人
	卡拉人：99.9% 为商界人士，经营加油站和酒店	法国文化和语言 住在富人区	低地小白人
−	黑人		

续上表

社会经济地位	族裔	文化特征/表现	表现型特征
+	白人		
	佐里人：40%为普通公务员、职员、自雇等	无克里奥尔化 法国文化和语言 听塞卡音乐	混血人群
	大白人：3%为普通公务员、职员、自雇等		
	华人：30%为普通公务员、职员、自雇等	听塞卡和马洛亚音乐、吃克里奥尔菜	华人
中等收入人群	扎拉布人：30%为普通公务员、职员、自雇等	有跨种族文化婚姻 有克里奥尔化 法国和克里奥尔文化和语言 种族融合 异族通婚 住在自有住宅中	扎拉布人
	小白人：30%为普通公务员、职员、自雇等		高地小白人
	混血人群：30%为普通公务员、职员、自雇等		
	马拉巴人：35%为普通公务员、职员、自雇等		马拉巴人
	卡非人：20%为普通公务员、职员、自雇等		
	科摩罗人与马达加斯加人：1%为普通公务员、职员、自雇等		
−	黑人		卡非人

续上表

社会经济地位	族裔	文化特征/表现	表现型特征
+	**白人**		
低收入人群	混血人群：60%为职员、担任低级职位或无业	克里奥尔文化和语言 异族通婚 克里奥尔化 异族通婚和种族融合显著	马达加斯加人
	小白人：60%为职员、担任低级职位或无业		
	华人：20%为职员、担任低级职位或无业	听马洛亚音乐、吃克里奥尔菜	卡拉人
	扎拉布人：20%为职员、担任低级职位或无业	多种宗教和信仰 嘻哈文化	
	马拉巴人：50%为职员、担任低级职位或无业	几乎所有囚犯都来自该群体	科摩罗人
	卡非人：79%为职员、担任低级职位或无业 科摩罗人和马尔加人：99%为职员、担任低级职位或无业	住处为公租房、公寓、社会住房、棚屋和高地	黑人
−	**黑人**		−

显然，"种族差异在社会分化中起着重要作用"。社会分化也可称社会分层。帕森斯将社会分层体系看作一个标准系统，其中一个社会系统单位会被赋予一个等级，这个等级会超越该单位的独有特征，如它的功能或地位。上表清楚地显示了卡非人和马拉巴人之间的关系比他们和小白人的关系要更紧密。华人群体和扎拉布人群体是两个孤立的群体。大白人和佐里人群体关系很紧密。第一批同时拥有法国和马达加斯加血统或者同时拥有法国和印度血统的混血人种被认为属于白人族群。直到今天，由于殖民主义的种族偏见依然普遍存在，殖民时期的白人后代很少和印度人及非洲人的后代通婚。

留尼汪的社会经济结构一直是被"殖民化"的：白人处于社会经济等级的顶层，黑人处于底层。曾经有人提出说"直到20世纪上半叶末，人们的意识中仍然存在着奴隶制的痕迹"。这个说法在21世纪的初期依然成立。多元社会中的这种社会分层"不是自发形成的，而是在殖民国强权和经济状况的驱使下形成的。"在1868年，也就是奴隶制废除的20年后，留尼汪首都发生了血腥的暴动，这是从奴隶制时期遗留下来的殖民制度长期留存的后果。殖民制度中，在私企中担任领导的前奴隶主占统治地位。殖民制度的管理者是大白人和少数法国公务员，他们往往缺乏管理能力。埃尔维（Hervé）在1869年分析过这些事件，并提出了这个问题："我们应该如何改革我们的殖民制度？"

海外省化后，从第一到第三产业的过渡被强制推行并迅速得到了实现。由此产生的社会分层使一些社会职业群体——各类专业人士、商人、公务员，在经济中占据统治地位，也使一些族裔群体的生活水平得到了提高，从而增强了他们的身份认同，如印度人和华人群体。这种新的族裔分层与流行文化中种族融合的趋势是相违背的：研究表明，年长的群体很重视他们的出身来源，而年轻人会把自己视作克里奥尔人或留尼汪人。

2.3 小结

文化身份认同的形成和克里奥尔化都是正在发生的过程。地理位置、教育程度和社交圈等因素是很重要的，而目前关于留尼汪身份认同的争论主要集中在这些因素之间的关系上，这些关系因群体而异，因个体而异。

尽管克里奥尔语和克里奥尔文化在留尼汪得到了较好展现，但它们不如法语和法国文化受重视，即便法语和法国文化在统计数字上体现得较少。占统治地位的法国政府承认并被动地容忍了少数群体的身份认同，但是这种对当地人的让步只是在民俗等浅层领域，不涉及深层的价值观和信仰。卡非人和小白人等多数民族群体构成了一个经济、文化和身份认同的"少数群体"，同时也是农村和城市低收入人群的主要部分。这些群体，尤其是卡非人群体，也是克里奥尔文化和语言的重要宝库。

过去，多种形式的克里奥尔语和不同的文化在该岛上共存，形成了一种超文化模式。超文化是一种文化过程，它形成了一个多族裔和多样的社会；在留尼汪，它的元素体现在克里奥尔化中，因为不同种族群体的交互性和传递性的文化元素在一个狭小的区域中相遇接触。克里奥尔语言、文化和身份认同的形成过程是通过超文化过程进行的：这个过程始于语言，特别是在克里奥尔语的历史形成中，这个过程是语言随着时间的推移而转变为特定社会认同的一部分的方式之一。在当代的留尼汪，个体对这样的社会群体有一种归属感，他们会采取特定的行为来表达自己的社会认同。留尼汪的社会认同不是天生的，而是人口社会化的结果。它也是一个动态的过程，是由不同元素相互作用而产生的，如社会角色和归属同一或对立群体的个体意识等。因此，人们的社会认同首先是通过社会关系来承载的。

第3章
留尼汪身份认同的语言、社会和文化背景的调查研究

2002年，在本书中关于留尼汪文化认同调查开展期间，留尼汪身份认同仍是一个极其敏感的政治话题（现在同样敏感）。本书撰写的时候，留尼汪正处于历史的转折点，它的宪法地位正受到质疑：这是自1946年以来最重大的政治争议。留尼汪人明白，在他们的跨文化和多宗教的社会中，所有的群体身份认同都处在过渡阶段，他们关心的是自己的"民族"身份认同。他们知道，如果要避免种族主义和歧视，并在跨种族和跨文化的社会中维持一种微妙的社会平衡，就要让人有权利与众不同。

本调查试图以科学的方式、从文化的角度衡量留尼汪的民族主义程度、留尼汪身份认同和文化之于大众的意义、克里奥尔语的使用情况以及自我定义。总体上，本调查希望回答以下问题：面对同化政策的实施，克里奥尔化在多大程度上能成为一种留尼汪身份认同的形成方式？克里奥尔化是如何被定义为一种地区身份认同的形成现象的？留尼汪文化和身份认同发展的可能性还有多少？

本调查既是定量也是定性的，但主要采用的是定量方法。概括来说，定性方法在制度、女权和话语研究中更受青睐，定量方法更常用于行为研究和理性选择理论。如果调查研究过程得当，通过定量方法得到的统计数据就能具备较高的确定性，能适用于数量较大的总体。在西方国家，十多年来，这种调查研究方法已成为了解文化认同、民族间关系和语言实践的重要工具。在大多数西方国家，尤其是英国美国，每年有公共资金定期资助这类调查，特别是在发生冲突后。这些定期的民意调查为决策者提供了重要的原始实证数据，让他们了解公民对政治措施和制度改革的反馈意见。留尼汪由于缺少社会科学（尤其是社会学）领域的专业人才，近期才开始用涉及定量方法的调查研究来进行民意调查。现有的对文化和身份认同的研究主要是定性的，卢赛特·拉巴什（Lucette Labache）从1994—1995年对留尼汪族裔的研究就是一个典型案例。

3.1 定量调查

本调查是全国性的抽样调查研究。研究基于罗南·勒·科阿迪奇（Ronan Le

Coadic）的问卷调查理论和方法。罗南在1996—1998年间对布列塔尼身份认同进行了研究。本研究的样本是留尼汪人口的典型代表，样本中亚群体的分布和留尼汪社会高度一致。本研究使用了多阶段、分层、区域整群抽样的方法，根据人口普查数据从总人口中抽取了具有代表性的样本。样本年龄在15～49岁之间。本问卷向受访者提了45个问题，大部分是封闭式问题，部分问题包含多个部分。问题共涉及7个主要的关注领域。问卷分为几个部分，其中一部分关注受访者的社会背景，包含一般性的问题，如性别、年龄、居住地和收入水平。调查的每个阶段都是随机的。

我们在留尼汪的各个地区通过面对面访谈的方式共完成了699份问卷调查。其中347份的问卷是在公共场所、购物中心和步行街上完成的，另外352份是在中学、大学教室、青年俱乐部、体育俱乐部和其他俱乐部、体育协会场所，以及地区议会、省议会、市议会和其他行政机构的食堂中进行的。为保证准确性，所有问卷都进行了反复检查。699次访谈分别在75个地点完成，包括岛上的东、南、西、北地区，涵盖高地乡村区域和低地城市区域。调查依据1999年人口普查结果，使每个地区的访谈次数与该地区的人口数量成正比。调查对访谈的次数进行了加权，以反映24个行政区的相对人口数量。为了确保调查充分反映女性的意见，每两次访谈中有一次的受访者是女性。数据于2002年2月进行处理，使用的软件是SPSS 10.0。

虽然成本较高，但调查还是采用了面对面访谈的方式。因为访谈者在场，这样可确保数据获取的方式更灵活、访谈时间更长、访谈更细致深入、数据的准确性更高。访谈还采用了各种视觉辅助工具来帮助受访者回答问题。调查中特别注意了语言的使用，因为不同的人对同一个词语的理解可能不同。问卷使用的语言为法语。法语是留尼汪的官方语言，大部分受过教育的留尼汪人都会说，且所有留尼汪居民都能听懂。访谈的语言则由受访者决定用克里奥尔语还是法语。问卷使用了较简单的语言形式，没有过多的限定从句或短语，最大程度上降低了读者误解的可能。其他辅助手段包括：对实地考察用笔记本进行书面记录，以避免信息的丢失；访谈前制定观察计划，以便准备和协调下一次的行为观察；以及进行其他信息来源，如学术著作、地方出版物、各种政府文件和媒体的准备工作。

调查共有7名采访者：本书作者（被人们称为卡非－马拉巴人——印度裔和非洲马尔加什裔的混血黑人），3名男性（1位24岁的马拉巴人、1位17岁的卡非和小白人混血、1位28岁的穆斯林），3名女性（1位22岁的华裔马拉巴混血、1位22岁的卡非人、1位25岁的卡非小白人混血）。

3.2 受访者的社会背景

3.2.1 年龄和性别

699 名受访者被分为三个年龄组。最年轻的是 15～29 岁年龄组。该组共有 333 名受访者,占总人数的 47.6%。这些受访者成长于 1975 年石油危机时期,也是大规模失业的初期。他们的青少年时期恰逢巴黎开始实施权力下放政策,留尼汪欧洲化和当代全球化的兴起,也正好是支持分离主义和留尼汪独立的政党衰落的时期。另外两组是 30～39 岁年龄组(212 人,占总人数的 30.3%)和 40～49 岁年龄组(154 人,约占总人数的 22.1%)。这两组受访者成长于"黄金三十年"期间(二战后 1946—1976 年间,法国在这个阶段就业率高,经济增长迅速)。他们见证了留尼汪卫生、教育、城市化、住房、道路交通、福利等方面的巨大变化。他们也是留尼汪婴儿潮的一代,经历了被法国同化和疏远的过程。

调查样本抽取自所有社会职业和族裔。受访者占 2001—2002 年总人口(735 000)中的 0.095%。由于潜在的受访者人数为 390 000 左右,受访者占目标人数的 0.18%。抽样误差约为 2.5%,即在 20 次抽样中有 19 次抽样报告的数字与所有 15～49 岁的留尼汪居民接受调查所得到的结果相差不超过 2.5 个百分点。

表 3-1 和 3-2 列出了法国国家统计与经济研究所(INSEE)提供的留尼汪人口的年龄和性别比例,以及受访者性别和年龄的交叉统计表:343 名男性(49.1%)比 356 名女性(50.9%)的抽样比例符合 1999 年的人口普查结果。在 333 名 15～29 岁受访者中有男性 164 人,女性 169 人;212 名 30～39 岁受访者中有男性 104 人,女性 108 人;154 名 40～49 岁受访者中有男性 75 人,女性 79 人。

表 3-1 1999 年留尼汪人口的年龄分布和性别比例

年龄	男性	占比/%	女性	占比/%	总数	占比/%
15～19	33 090	51.1	31 630	48.9	64 720	17.2
20～24	28 527	50.4	28 090	49.6	56 617	15.1
25～29	27 055	47.1	30 442	52.9	57 497	15.3
30～34	30 014	49.1	31 163	50.9	61 177	16.3
35～39	25 741	48.5	27 324	51.5	53 065	14.2
40～44	22 269	48.1	24 076	51.9	46 345	12.3
45～49	17 560	48.6	18 560	51.4	36 120	9.6
合计	184 256	49.1	191 285	50.9	375 541	100

表 3-2 调查对象性别和年龄的交叉统计表

年龄	男性	占比/%	女性	占比/%	总数	占比/%
15~19	62	51.2	59	48.8	121	17.3
20~24	53	50.0	53	50.0	106	15.2
25~29	49	46.3	57	53.7	106	15.2
30~34	56	49.1	58	50.9	114	16.3
35~39	48	48.9	50	51.1	98	14.0
40~44	42	48.9	44	51.1	86	12.3
45~49	33	48.5	35	51.5	68	9.7
合计	343	49.1	356	50.9	699	100

3.2.2 居住地区

人们普遍认为生活在留尼汪不同的地理位置会影响人的观点。据称留尼汪的传统习俗在高地和南部地区最为盛行。由于问卷调查在所有地区和城市都得以开展，因此验证不同目标群体之间是否确实存在差异是有可能的。基于调查目的，我们把留尼汪分为四个区域：北部、南部、东部和西部。调查在南北分布上较平衡。22.5%的被调查者住在北部，34.5%住在南部。东西之间的分布较不平衡，所有被调查者中25.3%住在西部，17.7%住在东部。84.7%的受访者住在低地，15.3%住在高地，这个比例接近 INSEE（86.8%：13.2%）的统计数据。基于调查目的，马法特地区的人口（占被调查者的1.3%）被计入了高地人口，尽管从行政角度看马法特属于低地。

3.2.3 收入

收入按 2002 年 1 月 1 日的汇率，以欧元计算。在某些情况下，被调查者可能会故意低估自己的收入。截至 2002 年 1 月 1 日，调查对象的家庭月收入如表 3-3 所示。

表 3-3 截至 2002 年 1 月 1 日调查对象的家庭月收入情况

收入/欧元	有效百分比/%
<750	11.7
751~1500	26.8
1501~2300	16.2
2301~3050	13.2

续上表

收入/欧元	有效百分比/%
3051～4580	9.3
4581～6100	4.5
>6100	2.4
未作出答复	15.9
合计	100

3.2.4 族裔群体的定义

在法国的社会科学研究中，民族和种族的概念化和研究，特别是与留尼汪有关的跨文化关系中的族裔研究，面临很多困难。共和制的传统原则是消解民族归属感和身份认同。法律禁止以收集数据的目的将人口认定并划分为不同族裔群体。法兰西共和国没有关于种族的官方统计数据，留尼汪也没有特定种族群体的人口普查数据。因此，这里的数据不是由 INSEE 提供的，而是通过三年的私人调查获得的。其中包括多个机构代表提供的非官方信息，这些机构包括诸如 INSEE、社会保障局、省政府、留尼汪大学、文化俱乐部和协会，还有巴黎的海外事务部、巴黎的留尼汪人就业行动国家委员会（CNARM，这是一个旨在帮助留尼汪的年轻人在法国本土或其他国家就业的组织）、巴黎的国家劳动局（ANT）等。

表 3-4 受访者的种族自我定义

你认为自己属于哪个种族？	频数	有效百分比/%
卡非人	158	23.5
扎拉布人	28	4.3
佐里人	74	11.0
科摩罗人	7	1.0
马拉巴人	99	14.7
小白人	96	14.3
混血人群	135	20.1
马达加斯加人	5	0.7
华人	28	4.2
大白人	17	2.5
马约特人	7	1.0
其他	19	2.7
合计	673	100

这里（表3-4）用来定义种族和族裔群体的术语不代表官方观点。种族的概念完全基于生物和生理因素以及来自共同祖先的共同表型特征。族裔认同是社会建构的，包括理性和非理性元素，例如传统、遗产及文化元素，包括语言和象征符号。这种认同还可能涉及出生地和血统。最近关于族裔认同的研究表明，由于社会化或仅仅是因为人类的创造力，族裔群体和个人往往会重新定义自己的族裔归属，并重新构建自己的身份认同和背景。本研究为了定义留尼汪的族裔群体，使用了种族和族裔的分类，并将该分类置于历史、社会和政治背景之下。此外，研究还包括了宗教元素、过往文化的留存和主观性的自我认同。

留尼汪人都经历过咖啡和甘蔗种植园经济时期，这段共同经历是留尼汪整体人口的构成根基。这个说法适用于来自科摩罗群岛、印度、马达加斯加的非洲亚洲的奴隶和契约劳工的后代，以及来自欧洲的种植园主、前奴隶主和法国政府官员。留尼汪社会是按族裔划分的，各民族术语经常出现在留尼汪人的日常对话中。研究以2003年底官方统计的人口数——75万居民为基准。表3-5中的百分比是使用了知情人提供的数字计算的。此处给出了2003年居住在留尼汪岛的所有（共11个）族裔群体人口的估计值。

表3-5　留尼汪人的族裔分布的估计数值（2003年12月）[223]

族裔	估计百分比/%	估计人口/人
卡非人	23.0	172 500
混血人群	21.0	157 500
马拉巴人和/或泰米尔人	18.0	135 000
小白人和/或亚布人	14.5	108 750
佐里人	10.6	79 500
华人	4.5	33 750
扎拉布人	4.3	32 250
大白人	1.0	7500
马达加斯加人	0.3	2250
卡拉人	0.2	1500
其他	0.2	1500
合计	100	750 000
在法国的移民	96.0	192 000
在欧洲（除法国）的移民	2.9	5700
在世界其他地区的移民	1.1	2300
合计	100	200 000

先前的研究对扎拉布人口和华人人口有不同的估计数值,低估了佐里人的人口,合并了混血和卡非人口,且没有准确报告科摩罗人和其他种群的数量。

3.3 留尼汪身份认同概况

在向 699 名受访者发放的调查问卷中,有 12 个开放性问题用于检验人们普遍接受的观点"留尼汪有独特的,异于本土的身份认同"是否具备有效性。表 3-6 按照性别和年龄分组给出了受访者对问题"作为留尼汪人对你的意义是什么"下的 7 个标志选项的选择百分比。

表 3-6 按照受访者反馈的重要性排序的留尼汪身份认同标志及各分组占比

单位:%

作为留尼汪人对你的意义是什么?	平均	男性	女性	15~29 岁	30~39 岁	40~49 岁
1. 在留尼汪出生	78.3	76.7	79.8	79.3	75.5	79.9
2. 父母在留尼汪出生	54.1	52.2	55.8	52.6	57.1	53.2
3. 居住在留尼汪	44.6	45.2	44.1	48.0	41.0	42.2
4. 有留尼汪的文化认同	34.9	34.4	35.4	33.3	37.8	34.4
5. 沿袭留尼汪的传统	33.6	32.9	34.2	35.1	33.5	30.5
6. 说克里奥尔语	22.2	24.5	19.9	25.2	19.8	18.9
7. 拥有法国国籍或生活在留尼汪	19.2	17.8	20.5	17.4	18.4	26.6

如表 3-6 中前两行所示,所有年龄组的受访者都最重视地区和地理空间的概念,认为这是留尼汪人身份的决定因素。地区或地理概念涉及留尼汪岛的"自然"特征,如火山、山脉和海滩。如果一个人自己或父母出生在留尼汪,他和这座岛之间就如同有"脐带"相连。选择"居住在留尼汪"的人数排第三,更加证实了身份认同和地区之间的等同性。15~29 岁年龄组对这一项敏感度最高。"有留尼汪的文化认同"居于中间的位置:后续表格将讨论留尼汪文化认同的定义。"沿袭留尼汪的传统"和"说克里奥尔语"分别排在第五和第六,这可能是因为克里奥尔语被污名化了。选择"拥有法国国籍或生活在留尼汪"的人最少。所有留尼汪人都拥有法国国籍,因此要分清国籍、身份认同和文化的概念。

男性中认为"说克里奥尔语"是重要标志的比例高于女性。15~29 岁年龄组眼中"说克里奥尔语"的重要性比 30~39 岁和 40~49 岁组要高。

表 3-7 展示了问卷中的法国文化认同标志,并按照受访者选择的百分比进行排序。

表 3-7 法国文化认同的标志

作为法国人对你的意义是什么？	选择该项的受访者占比/%
1. 拥有法国国籍	67
2. 出生在法国本土	60.1
3. 拥有法国文化认同	45.1
4. 说法语	44.5
5. 沿袭法国传统	43.1
6. 父母出生在法国本土	42.6
7. 居住在法国本土	34.5
8. 出生或居住在法国本土	29.3

表 3-7 的结果似乎与前表是矛盾的。选择"拥有法国国籍"的人最多，"出生在法国本土"排第二——似乎受访者和本土的法国人同样希望成为法国人。他们的回答可能意味着本土的法国人比留尼汪人"更像法国人"，且生活在留尼汪和生活在本土的法国人的身份认同是不一样的。这可能体现了一种观念——认为不在法国本土出生的人不是真正的法国人，或者说是二等法国人。"说法语"排在第四可能是因为法语是法国和留尼汪的官方语言，而克里奥尔语不是。会说法语就意味着能进入学校、政府和军队等机构，更意味着能和外界产生联系。不过调查结果可能也表明了法语不是留尼汪人的母语，可能在留尼汪人看来会说法语或身为法国人是一个缺点。"拥有法国文化认同"和"沿袭法国传统"排在第三和第四表明受访者很重视文化价值。

"父母出生在法国本土""居住在法国本土""出生或居住在法国本土"排在最后，又一次和先前的结果相反。在留尼汪人对法国人身份的定义中，地区和地理空间的概念似乎不那么重要。这可能是因为留尼汪是一个离法国首都巴黎 1 万公里的"法属岛"。30～39 岁和 40～49 岁年龄段的受访者认为"居住在法国本土"是法国人身份的最重要标志。这可能显示受访者并不觉得自己完全是法国人，而是更注重自己的留尼汪人身份。有趣的是，地区和传统似乎对留尼汪人非常重要。对领土权和血缘权的同等重视，源于法国身份认同概念和德国公民概念的结合，也与非洲和马达加斯加的领土概念及印度和中国的血缘概念有密切关系。根据法国属地主义的概念，一个出生在留尼汪岛的马达加斯加人、科摩罗人或佐里人能否被视为一个留尼汪人？这里我们又遇到了法国和德国概念融合的情况：如果一个人自己或父母是在留尼汪岛出生的，那他就是留尼汪人。有趣的是，跨代分析的结果显示 40～49 岁的人更重视出生地，30～39 岁的人更重视父母出生在留尼汪，15～29 岁的人群更重视居住在留尼汪。这是否意味着年轻人接纳留尼汪的科摩罗人、马约特人、马达加斯加人和佐里人，并把他们视为留尼汪人的可能性更高呢？

在受访者对法国人的定义中，公民身份有着重要作用。这可以理解为要求与本土大陆拥有平等的地位，与他们对留尼汪人的定义不同（土地第一，文化第二）。排名证明了海外省化对留尼汪人的文化同化和异化。留尼汪与法国本土之间的地理距离使留尼汪人无法享受法国的文化价值。留尼汪岛是法属的，因此留尼汪的民众对法兰西民族有归属感；他们把自己定义为留尼汪人，因为事实如此。如果将来能做一个居于法国的留尼汪人的对比研究，一定会很有意思。

我们可以得出的最合理的结论是，留尼汪人的身份认同需要结合出生地和文化认同的概念。法国公民身份肯定是第一位的。最终必须承认的是，留尼汪不是法国，法国也不是留尼汪。留尼汪人可能是法国人，但不是所有法国人（和非法国人）都是留尼汪人。换句话说，留尼汪居民从个人角度和实际角度来说是留尼汪人，在公众角度和虚构意义上是法国人。

表3-8展示了问卷中的留尼汪文化认同标志，并按照受访者选择的百分比排序。

表3-8 留尼汪文化认同的标志

对你来说，留尼汪的文化认同是……	选择该项的受访者占比/%
1. 它的传统	81.8
2. 它的克里奥尔语	74.1
3. 它的历史	72.7
4. 种族融合	64.1
5. 它的价值观	56.2
6. 美食烹饪	34.8
7. 它的音乐	32.3
8. 它的信仰	26.6
9. 它的教育	17
10. 它的文学	11.3

对家庭传统价值的尊重是所有群体都把传统习俗排在第一位的原因。40～49岁群体中95.2%的人认为这是文化认同最重要的方面。留尼汪人非常重视自己的民族起源，坚信留尼汪传统和文化认同的存在。

除40～49岁组外，所有年龄组都将克里奥尔语排第二，40～49岁组将其排第三。最年轻的15～29岁人群对克里奥尔语的重视程度高于总体平均水平。30～40岁的受访者给留尼汪历史的排序高于30岁以下群体。这个结果有些让人感到意外，因为学校开始教授留尼汪历史仅有 5 年时间。种族融合是留尼汪文化传统密不可分的一部分，排在第四位。年轻人认为种族融合是留尼汪文化和身份认同的自然组成部分。

受访者将价值观排在种族融合之后。年轻人，特别是 15～20 岁的受访者，比其他年龄段的人更不重视留尼汪的价值观，这也许是"青春期危机"的征兆。

美食烹饪排在第六，年轻和年老群体都很看重。

年轻人是最重视音乐的群体，也许是在本书写作的前几年，媒体报道了巴斯特、达涅尔·瓦罗等音乐人的缘故。留尼汪的音乐在留尼汪年轻人心目中绝对是最重要的。而在老一辈的留尼汪人成长阶段，法国政府正在打压当地音乐并将其污名化。

信仰和教育分别排在第八和第九位。受访者似乎并不认为作家能代表留尼汪的文化认同。然而新一代的作家正在出现，他们在创作留尼汪文学。

在表 3-9 中最后四个留尼汪文化认同标志的选择上，东部和其他地区略有不同。事实上，许多大白人和佐里人都生活在留尼汪西部沿海地区，这可能解释了为什么西部的受访者把历史排在了克里奥尔语之上。东部的受访者把信仰排在音乐前面，和总体平均结果相反。

表 3-9　留尼汪文化认同和调查地区的交叉统计表

单位:%

留尼汪的文化认同标志	选择了该项的各调查地区受访者占比			
	北部	东部	南部	西部
1. 传统	82.2	85.5	83.7	87.2
2. 克里奥尔语	79.6	75.8	77.2	68.9
3. 历史	72.6	70.2	73.1	75.1
4. 种族融合	66.2	70.2	67.5	64.2
5. 价值观	54.8	54.8	66.1	61.9
6. 美食烹饪	36.3	37.9	30.1	40.1
7. 音乐	35.7	32.3	31.0	28.3
8. 信仰	26.1	33.9	22.1	24.3
9. 教育	15.9	11.3	21.4	18.9
10. 文学	11.5	13.7	12.0	11.1

在留尼汪人文化认同上，低地和高地的调查结果没有实质性差异。

在表 3-10 中，男性和女性的回答以及各年龄组的回答之间存在明显的差异：30~39 岁和 40~49 岁年龄组的女性受访者将历史放在克里奥尔语之前，40~49 岁年龄组的受访者认为价值观比种族融合更重要，而 30~39 岁和 40~49 岁的女性受访者认为种族融合更重要。与 30~39 岁和 40~49 岁年龄段的受访者不同，15~29 岁年龄段的受访者更看重留尼汪的音乐而不是留尼汪的美食。

表 3-10 留尼汪文化认同、性别和各年龄分组占比的交叉统计表

单位：%

留尼汪文化认同标志	男性	女性	15~29 岁	30~39 岁	40~49 岁
1. 传统	82.2	81.5	83.8	77.8	83.1
2. 克里奥尔语	75.8	72.5	76.9	70.8	72.7
3. 历史	68.8	76.4	70.6	83.1	76.6
4. 种族融合	61.8	66.3	65.8	63.7	61.0
5. 价值观	56.9	55.6	55.3	56.6	57.8
6. 美食烹饪	34.7	34.8	36.0	28.8	36.4
7. 音乐	32.4	32.3	38.4	27.4	25.9
8. 信仰	25.4	27.8	26.4	28.3	24.7
9. 教育	17.8	16.3	13.2	21.2	19.5
10. 文学	13.7	9.0	10.8	13.2	9.7

表 3-11 展示了问卷调查表中的法国文化认同的标志，依据调查回答中的重要性进行排序，以及按选择每种标志的受访者的百分比进行排序。

表 3-11 法国文化认同的标志

法国的文化认同对你来说意味着什么？	选择该项的受访者占比/%
1. 法语	74.1
2. 历史	73.4
3. 传统	68.0
4. 价值观	57.9
5. 族裔	36.2
6. 文学	34.0
7. 教育	30.9
8. 美食烹饪	25.0
9. 音乐	25.0
10. 信仰	18.9

选择"法语"的受访者最多，占据首位，甚至超过了法国历史。法语是留尼汪行政和政治活动中使用的语言，也是媒体和所有官方讲话中使用的语言；法

语还是留尼汪三个白人群体（小白人、大白人和佐里人）的语言。后者通过法语表达自己的文化认同。26～40 岁的受访者最看重法语，46～50 岁的受访者对法语的重视程度也高于平均水平。历史也受到了受访者的高度重视，法语和历史这两个标志之间仅有 0.7% 的差距。

传统在表中排第三位。41 岁以上的受访者更看重传统，但在留尼汪文化认同标记的调查中情况不是这样。这并不奇怪，因为留尼汪人远离大陆，对法国传统不熟悉。40～49 岁群体将传统置于价值观之上，15～29 岁的群体反之；这一结果与留尼汪价值观的结果很相似。然而，这种对法国文化认同的看法可能与世界其他地区的看法相似。法国一直试图通过法语来表达和输出自己的文化。

族裔在表里排第五。30 岁以下的受访者显然比 30 岁以上的更重视族裔。在前一个表中，种族融合也同样在 30 岁以下的受访者中更受重视。由此可推断 15～29 岁的受访者认为族裔是身份认同中更重要的组成部分。

此处文学的排名比表 3-10 中要靠前，很可能是因为法国的哲学和科学世界闻名。另一方面，教育仅排第七：法国教育系统中的暴力和种族主义问题是众所周知的。

美食烹饪排第八：尽管法国菜名声在外，留尼汪人仍然喜欢他们自己的辛辣菜式，甚至认为留尼汪菜比法国菜更好。

信仰排在最后，因为不是法国身份认同的决定性标志：宗教信仰在法国的受众很少，留尼汪的法国文化代表佐里人也很少信教。但是留尼汪人自己却非常信教。

什么人或物最能代表法国？表 3-12 是对这个问题的回答，并按照重要性排列。

表 3-12 对问题"在留尼汪，什么人或物最能代表法国"的回答

在留尼汪，什么人或物最能代表法国	选择了该项的受访者/%
1. 法国国旗	82.7
2. 政府	75.0
3. 省政府	68.1
4. 地位和法律	57.7
5. 法语	55.4
6. 学校	46.4
7. 宪兵/警察	43.5
8. 公务员	37.5
9. 佐里人	24.3
10. 军队	24.2
11. 媒体	15.2

国旗排在首位，显示了留尼汪完全效忠法国。法国国旗在留尼汪随处可见，标志着该岛归属法国。

排在国旗之后的两个标志"政府和省政府"代表法国的制度。所有留尼汪人都必须和税收、就业以及社保等政府部门打交道。省政府代表了法国政权。警察部门和法国驻该岛的代表，即留尼汪省长，是省政府权力行使的保证。留尼汪所有示威游行都在省政府所在的那栋殖民建筑前进行。

地位和法律是日常生活的一部分，排在第四位。这个标志涵盖了法国的司法系统，包括法官和其他法律机制，如公路法规。

法语是所有公共领域（媒体、学校等）的官方语言。"学校"紧跟"法语"之后位列第六并不是偶然的。学校作为知识的载体，是学习和介绍法国文化历史，进行公民教育的最佳渠道。

排在表格后半部分的主要是各政府部门和工作人员。排第七位的是宪兵/警察。宪兵在农村地区执勤，隶属国防部；警察隶属市级政府或法国内政部。留尼汪的公务员排第八位。留尼汪公务员的主要代表人群是19世纪50年代从法国来到留尼汪维护岛上法国制度运行的佐里人。

军队排在第十，关注度比较低。在7月14日巴士底日（法国国庆日），和其他省长及其他法国或留尼汪政府官员出席的官方仪式上，都有军队的身影。就像在东非或吉布提一样，军队唯一真正的目的是通过卫星中继控制印度洋和中东。

受访者将媒体放在最后，因为媒体只报道当地新闻。

表3-13按照性别和年龄列出了对问题"在留尼汪，什么人或物最能代表法国"的回答。

表3-13 按受访者的性别和各年龄组占比交叉统计"在留尼汪，什么人或物最能代表法国"

单位:%

代表法国的人或物	性别		年龄		
	男性	女性	15～29岁	30～39岁	40～49岁
1. 法国国旗	80.2	81.1	79.9	81.9	82.5
2. 政府	74.9	75.0	77.5	67.3	79.9
3. 省政府	69.7	66.6	65.2	65.7	71.4
4. 地位和法律	57.1	58.1	57.1	49.1	59.7
5. 法语	51.1	59.6	54.3	44.6	56.5
6. 学校	46.1	46.6	43.4	36.0	52.3
7. 宪兵/警察	48.7	38.5	41.8	35.9	43.5
8. 公务员	37.3	37.6	37.7	31.0	34.4
9. 佐里人	24.0	24.7	28.9	20.2	16.2
10. 军队	27.4	21.1	25.3	22.7	19.5
11. 媒体	13.4	16.9	17.0	11.6	11.7

受访者将军队排在第十位。考虑到在留尼汪代表法国的是军队而不是佐里人，这个结果很意外。男性受访者比女性更重视执法机构。女性受访者更重视语言，把语言排在地位和法律之前。各年龄组的结果相差不大。30～39岁和40～49岁的受访者认为军队比佐里人更能代表法国。在1998年之前，服兵役是强制的。而且对于40～49岁这代男性来说，服兵役在当时被认为是男人必须履行的责任。

大部分受访者很少参与政治辩论。当被问及是否参与过留尼汪的政治讨论时，41%的受访者回答每年只参与1～2次，这个数字略低于选举期间的弃权人数。政治似乎是一个禁忌话题。调查受访者的投票意向并不容易，因为大部分受访者都不愿意透露他们给谁投票了。选举是留尼汪的重大事件，民众往往情绪高涨。人们不愿意公开讨论，有的人甚至不愿意在家人之间讨论他们的政治倾向。当然，很多人只是对政治不感兴趣，或者觉得自己不了解情况，无法讨论这个问题。受访者表示谈论政治话题一般是在俱乐部和协会内部或者朋友之间（72.8%）、在家中（75.5%）或在工作场合中（71.1%）。这种话题的讨论仅限于封闭的环境中，在人和人信任度较高的情况下进行（仅有17.6%的人会和游客谈论，15.9%的人会在咖啡厅或酒吧谈论，10.7%的人仅在法国国内谈论）。

调查显示，人们谈论留尼汪的文化认同稍多于政治，男性多于女性，年长者多于年轻人。另外，高地比低地的人更常谈论文化认同。如同预期的那样，常收听或观看克里奥尔语的广播/电视节目的受访者对留尼汪的文化认同概念最为关注。

年轻人的回答可以看出文化协会和文化激进分子的影响。在国家放宽对电台广播的管控（包括宣布奴隶制废除日为公共假日、承认马洛亚音乐）后，很明显年轻人的认识水平突然提高了。叛逆是青少年常见的特征，因为青少年希望维护自己的独立，希望引发变革，所以留尼汪式的道德和思想价值观对他们往往不那么重要。40～49岁群体再次体现了海外省化和同化政策的影响：他们很难接受克里奥尔语或克里奥尔音乐进入公共领域。

3.4 留尼汪克里奥尔语概况

与早期曾被法国人污名化一样，克里奥尔语今天也在被精英阶级和资产阶级污名化。多年来，政府一直试图通过强制推行法语来消除克里奥尔语。从19世纪60年代起，根据共和党与雅各宾派的传统，学校里是禁止讲克里奥尔语的。不过，在2003新学年，大多数学校包括大学都接受了克里奥尔语。现在最高至本科阶段都设有克里奥尔语课程并设置文学学士学位。这是文化协会从19世纪70年代末至80年代初开始努力活动以来的第一个确凿的成果。

3.4.1 克里奥尔语的使用

在对问题"你说克里奥尔语吗"的回答中，82.9%的受访者回答"是"，14.8%回答"否"，另外2.3%的人选择不回答。结果如图3-1所示。在说克里奥尔语的人中，43.6%的人声称克里奥尔语是他们唯一使用的语言；17.6%的人表示使用非常频繁，26.5%的人使用比较频繁。在不说的人中，44.3%的人表示他们愿意说，22.6%的人不愿意，33.1%的受访者不愿意回答这个问题。

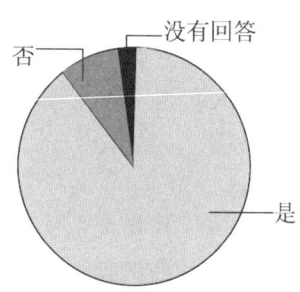

图3-1 对"你说克里奥尔语吗"的回答

克里奥尔语已被归入私人领域：留尼汪人在公共领域不说克里奥尔语。表3-14展示了更多细节。

表3-14 关于克里奥尔语的使用场合和对象的调查结果

你在什么地方，和谁说克里奥尔语	频数	有效百分比/%
家人	573	82.2
朋友	493	70.5
工作中	221	31.7
所有地方	212	30.4
学校	72	10.3
未回答	6	0.9

讲克里奥尔语的男性受访者（84.6%）略多于女性（81.1%）。和一般人预想的不一样的是，讲克里奥尔语的主要是15～29岁的受访者（86.8%），其次是30～39岁组（84.8%），最后是40～49岁组（71.7%）。

卡非人比其他族裔群体的受访者更常说克里奥尔语（表3-15，表3-16），且几乎所有卡非受访者都声称几乎只讲克里奥尔语。最少说克里奥尔语的受访者是佐里人，华人和大白人说克里奥尔语的频率也比预想的低。更令人惊讶的是，马约特和科摩罗受访者与扎拉布人说克里奥尔语的人数一样。这证实了两点：①克里奥尔语是在甘蔗种植园工作过或有过相关过往的人的语言；②克里奥尔语是留尼汪社会融合程度的一个指标。

表 3-15 问题"你如何定义自己"和"你说克里奥尔语吗"的各选项占比的交叉统计表

单位:%

族裔	你说克里奥尔语吗			合计
	是	否	未回答	
卡非人	97.5	1.7	0.8	100
马拉巴人	92.9	5.3	1.8	100
小白人	91.6	5.3	3.1	100
混血人群	86.7	9.7	3.6	100
科摩罗人	85.7	14.3	—	100
马约特人	85.7	14.3	—	100
其他	78.9	10.5	10.6	100
华人	78.6	13.6	7.8	100
扎拉布人	75.0	17.1	7.9	100
马达加斯加人	60.0	20.0	20.0	100
大白人	52.4	35.3	5.9	93.6*
佐里人	24.3	62.9	12.8	100

*统计过程中有部分数据丢失。

表 3-16 族裔和克里奥尔语使用频率的交叉统计表

单位:%

族裔	你说克里奥尔语的频率						合计
	总是	很多	有时	很少	从不	未回答	
卡非人	59.9	17.8	19.1	2.5	—	0.6	100
马拉巴人	50.0	20.4	22.4	3.1	0.9	2.2	100
马达加斯加人	50.0	—	25.0	25.0			100
科摩罗人	50.0	16.7	33.3	—		—	100
马约特人	50.0	50.0	—	—			100
混血人群	44.4	18.8	26.3	7.5		3.0	100
小白人	44.1	18.3	30.1	5.4		2.2	100
扎拉布人	30.8	11.5	46.2	7.7	3.8	—	100
华人	25.9	18.5	37.0	14.8	3.7		100
其他	22.2	16.7	27.8	16.7	5.6	11.1	100
大白人	20.0	6.7	46.7	26.6	—	—	100
佐里人	3.8	11.5	34.6	44.2	1.9	3.8	100

在留尼汪，月收入和族裔之间存在相关性。卡非人、小白人和混血人群大多是中低收入者（还包括科摩罗人、马约特人和马达加斯加人）。高收入群体主要是扎拉布人、华人、佐里人和大白人。

高收入群体中说克里奥尔语的人数比低收入群体少，如表3-17所示。

表3-17 月收入和对问题"你说克里奥尔语吗"的回答的各选项占比交叉统计表

单位:%

月收入/欧元	你说克里奥尔语吗			合计
	是	否	未回答	
<750	96.2	1.3	2.5	100
751~1500	96.0	2.3	1.7	100
1501~2300	88.0	11.1	0.9	100
2301~3050	73.3	24.4	2.3	100
3051~4580	49.2	49.2	1.6	100
4581~6100	43.3	56.7	—	100
>6100	50.0	50.0	—	100
未回答	87.4	6.8	5.8	100

受访者中，卡非人、小白人、马拉巴人和混血人群主要属于中低收入群体（还包括科摩罗、马约特和马尔加移民）。调查结果证实了留尼汪的高收入群体主要由扎拉布人、华人、佐里人和大白人构成（表3-18）。

表3-18 族裔背景和月收入分组占比的交叉统计表

单位:%

族裔	月收入/欧元							
	<750	751~1500	1501~2300	2301~3050	3051~4580	4581~6100	>6100	未回答
科摩罗人	57.1	14.3	14.3	—	—	—	—	14.3
马约特人	14.3	42.9	—	—	—	—	—	42.9
马达加斯加人	1.3	0.6	—	1.2	—	—	—	1.0
卡非人	22.7	36.7	12.7	6.0	2.7	—	—	19.3
小白人	13.3	31.1	20.0	12.2	3.3	3.3	—	16.7
混血人群	12.0	35.2	14.4	11.2	14.4	4.0	0.8	8.0
马拉巴人	10.8	31.2	18.3	17.2	2.2	3.2	1.1	16.1

续上表

族裔	月收入/欧元							
	<750	751~1500	1501~2300	2301~3050	3051~4580	4581~6100	>6100	未回答
其他	—	15.8	15.8	21.1	5.3	15.8	—	26.3
佐里人	—	4.1	20.3	21.6	23.0	9.5	6.8	14.9
华人	10.7	10.7	17.9	21.4	10.7	10.7	10.7	17.9
扎拉布人	—	—	35.7	17.9	10.7	17.9	3.6	14.3
大白人	—	—	11.8	23.5	23.5	5.9	23.5	11.8
合计	100	100	100	100	100	100	100	

克里奥尔语在东部地区使用得最多，南部地区最少，但这种地区间的差异很小。部分母语不是克里奥尔语的群体（如科摩罗人和佐里人）集中在南部，这一点稍后还会谈到。

在克里奥尔语的使用上，高地和低地之间存在着意想不到的差异：高地有87.4%的受访者说克里奥尔语，低地为82.1%。

当不会说克里奥尔语的受访者被问及是否想说时，不到一半的人回答"是"，四分之一的人答"否"。年轻的受访者比30~39岁和40~49岁组更有兴趣学习克里奥尔语。不会说克里奥尔语的受访者中，男性比女性更希望学习这种语言（53.4%：36.6%）。61.5%的卡非人和66.7%的大白人愿意学克里奥尔语；科摩罗受访者中无人愿意；其他受访者中有意愿的少于半数。

调查显示72%的受访者和孩子既说法语也说克里奥尔语，14.8%的受访者和孩子只说法语，6.2%的受访者和孩子只说克里奥尔语。很多父母相互交谈时说克里奥尔语，但和孩子说法语，认为这样可以让孩子的学习成绩和未来就业前景更好。

表3-19反映的结果与表3-16反映的结果几乎相同，但调查显示，讲克里奥尔语的高地受访者（7%）略多于低地（6.1%）。低地使用双语的受访者略多于高地。低地和孩子说法语的受访者多于高地（15.3%：12%）。

西部地区18.1%的受访者通常和孩子只说法语，东部为10.9%。而和孩子只说克里奥尔语的比例，西部为4.1%，东部为9.2%。在父母和孩子交谈的语言使用上，北部似乎是使用双语比例最高的（75.5%），不过各地区这方面差别不大（东部的双语比例为73.1%，南部为69.4%，西部为71.9%）。

与普遍猜测相反的是，和子女只说法语的男性比女性要多（18.2%：11.6%）。同样，男性和子女只说克里奥尔语的比例比女性更高（7%：5.5%）。在和孩子交谈中女性比男性更多使用双语（与孩子说双语的女性：男性为76.8%：67.6%）。

表 3-19 问题"你和你的孩子交谈时说（或愿意说）哪种语言"的
各选项占比和月收入的交叉统计表

单位:%

月收入/欧元	你和孩子交谈时说（或愿意说）哪种语言				合计
	只说法语	法语和克里奥尔语	只说克里奥尔语	未回答	
<750	10.5	68.4	15.8	5.3	100
751~1500	7.7	78.7	7.7	5.9	100
1501~2300	12.5	78.8	3.8	4.8	100
2301~3050	21.2	74.1	—	4.7	100
3051~4580	22.0	67.8	5.1	5.1	100
4581~6100	33.3	60.0	—	6.7	100
>6100	31.3	62.5	—	6.3	100
未回答	14.6	66.0	5.8	13.6	100
合计	14.8	72.0	6.2	7.0	100

40~49 岁组在只和孩子说法语上排第一，他们也比 30~39 岁组和 15~29 岁组更常和孩子说克里奥尔语。30~39 岁组最常使用双语，15~29 岁组次之。40~49 岁组低于前两者。

佐里人、科摩罗人和扎拉布人更常和子女说法语。而马拉巴人和卡非人最有可能和孩子只克里奥尔语。小白人、大白人、华人、混血人群和卡非人最常和子女用双语交谈。

高收入受访者更常和子女说法语，低收入受访者更常和子女说克里奥尔语。中等收入者通常两种语言都和子女说。但总的来说，所有收入水平的受访者在和子女交谈中都既说克里奥尔语也说法语。

在受访者中，有 2.9% 的人希望孩子只讲法语，1.0% 的人希望孩子只讲克里奥尔语；6.8% 的人希望孩子讲法语和一门外语；2.8% 的人希望孩子讲克里奥尔语和一门外语；22.9% 的人表示希望孩子学习法语和克里奥尔语，62.9% 的人表示希望孩子讲法语、克里奥尔语和一门外语。因此，虽然克里奥尔语在留尼汪已经被污名化了，但更多的受访者希望自己的孩子将来除了说法语和其他语言外，还能说克里奥尔语，大多数人希望自己的孩子能说多种语言。

在这方面，男性和女性受访者的回答没有显著差异，但希望子女学习法语、克里奥尔语和一门外语的女性多于男性（65.7%:60.1%）。

15~29 岁和 30~39 岁的受访者最希望他们的孩子能说三门语言，其中包括克里奥尔语。40~49 岁的人群支持保持对法语的接触（表 3-20）。

表3-20 对问题"你希望你的孩子说什么语言"的回答与
受访者各年龄分组占比的交叉统计表

单位:%

语言	受访者年龄		
	15~29	30~39	40~49
只说法语	2.8	3.9	2.9
法语和一门外语	5.5	4.3	6.8
法语和克里奥尔语	20.6	24.6	23.5
只说克里奥尔语	2.2	—	1.0
克里奥尔语和一门外语	3.1	1.9	2.8
法语、克里奥尔语和一门外语	65.8	65.2	62.9
合计	100	100	100

东部地区的受访者最赞成让子女讲法语,也最赞成实行三语制和让子女讲克里奥尔语。南部的受访者最喜欢法语。

表3-21 "你希望你的孩子说什么语言"与地区分组占比的交叉统计表

单位:%

语言	地区			
	北部	东部	南部	西部
只说法语	4.5	—	3.1	3.4
法语和一门外语	6.5	5.7	8.7	5.1
法语和克里奥尔语	25.3	20.5	24.9	22.3
只说克里奥尔语	1.3	3.3	—	0.6
克里奥尔语和一门外语	3.2	1.6	1.7	4.6
法语、克里奥尔语和一门外语	59.1	68.5	61.6	64.0
总数	100	100	100	100

表3-21显示,高地和低地的受访者回答差别不大,结果与前面各表所反映的情况相似。高地和低地的受访者大部分都支持三语制,高地支持的比例最高,为67.3%。

卡非人、马拉巴人、小白人和混血群体最赞成让孩子说克里奥尔语。大白人中只有不到一半赞成让子女讲三种语言,而其他族裔的大部分受访者都赞成孩子讲三语。华人、科摩罗人和佐里人赞成子女说法语和另外一门外语(表3-22)。

表 3-22 对"你希望你的孩子说什么语言"和"如何定义自己"问题回答的各选项占比交叉统计表

单位:%

族裔	你希望你的孩子说什么语言						合计
	只说法语	法语和外语	法语和克里奥尔语	只说克里奥尔语	克里奥尔语和一门外语	法语、克里奥尔语和一门外语	
卡非人	3.8	3.8	27.7	0.8	4.6	59.2	100
扎拉布人	14.3	7.1	17.9	—	—	60.7	100
佐里人	1.4	13.7	13.7	—	1.4	69.9	100
科摩罗人	—	28.6	14.3	—	—	57.1	100
马拉巴人	4.5	4.5	27.3	2.7	1.8	59.1	100
小白人	2.1	3.2	26.3	1.1	2.1	65.3	100
混血人群	1.4	4.2	23.6	1.4	3.5	66.0	100
马达加斯加人	—	—	40.0	—	20.0	40.0	100
华人	—	11.5	11.5	—	—	76.9	100
大白人	5.9	17.6	29.4	—	5.9	41.2	100
马约特人	—	—	—	14.3	—	85.7	100
其他	—	26.3	21.1	—	—	52.6	100

几乎所有社会经济背景的受访者都赞成让其子女讲法语、克里奥尔语和一门外语。不过,高收入群体的受访者比低收入群体更赞成让子女掌握三语(表3-23)。

表 3-23 对问题"你希望你的孩子说什么语言"的各选项占比与月收入的交叉统计表

单位:%

月收入/欧元	偏好的语言						合计
	只说法语	法语和外语	法语和克里奥尔语	只说克里奥尔语	克里奥尔语和一门外语	法语、克里奥尔语和一门外语	
<750	3.9	6.5	29.9	1.3	—	54.5	100
751~1500	2.4	5.3	22.5	1.8	3.9	65.1	100
1501~2300	2.8	3.7	23.1	—	3.0	67.6	100
2301~3050	1.2	5.8	17.4	—	2.8	70.9	100
3051~4580	3.4	8.5	25.4	—	4.7	62.7	100
4581~6100	3.3	13.3	16.7	—	—	66.7	100
>6100	—	18.8	6.3	—	—	68.8	93.9*
未回答	2.0	8.8	28.4	2.9	6.3	55.9	100
合计	2.9	6.8	23.3	1.0	2.0	62.9	

*统计过程中有部分数据缺失。

和子女说两种语言的受访者中大部分希望子女说法语、克里奥尔语和一门外语（表3-24）。和子女只说法语的受访者偏向于子女说法语和一门外语。和子女只说克里奥尔语的受访者更希望子女说法语和克里奥尔语。不出意料，双语的受访者更愿意接受新语言。

表3-24 问题"你希望你的孩子说什么语言"的不同选项，
问题"你和你的孩子交谈说什么语言"的各选项占比的交叉统计表

单位:%

你希望你的孩子说的语言	你和你的孩子交谈使用的语言			
	只说法语	法语和克里奥尔语	只说克里奥尔语	否
只说法语	12.1	1.7	—	—
法语和一门外语	20.2	3.5	4.8	15.2
法语和克里奥尔语	14.1	24.1	42.9	21.7
只说克里奥尔语	2.0	0.8	2.3	
克里奥尔语和一门外语	2.0	2.7		4.3
法语、克里奥尔语和一门外语	49.6	67.2	50.0	58.8
合计	100	100	100	

47.1%的受访者认为克里奥尔语应该在公共领域得到官方承认，31.1%的受访者反对，11.9%的受访者表示不知道，10.0%的受访者没有回答。显然，留尼汪人希望看到克里奥尔语在媒体和政府中占据更重要的位置，但不一定包括在学校中。

3.4.2 克里奥尔语的广播电视节目

对于问题"你是否收听/收看克里奥尔语广播电视节目"，54.8%的受访者回答每天或每周定期收听/收看（22.2%每天1次，32.6%每周1～2次）。19.7%的人每月至少收听/收看1次，11.5%的人每年收听/收看1～2次，14.0%的人从来没收听/收看过。即使那些经常在电视或电台上收看或收听克里奥尔语节目的人也依然喜欢法语节目。男性收听/收看克里奥尔语节目的比例比女性高（33.1%：32.2%），大部分人为每周一到两次。15～29岁和30～39岁组收听/收看克里奥尔语节目的频率比40～49岁组高。大部分人每周收听/收看两次以上。一半的讲克里奥尔语的受访者最常收听/收看克里奥尔语节目。

高地的受访者比低地的受访者更常收听/收看克里奥尔语节目。东部是克里奥尔语使用最频繁的地区，同样也是收听/收看克里奥尔语节目最频繁的地区。

马拉巴人、卡非人、小白人和混血人群受访者比其他群体更常收听/收看克里奥尔语节目。"其他"群组比佐里人、华人、大白人、科摩罗人和扎拉布人更常关注克里奥尔语节目。这种分化是社会经济层面的：收听/收看克里奥尔语节目的人群通常是失业问题最严重的群体，而那些不了解或选择不收听克里奥尔语节目的人（除了母语不是克里奥尔语的科摩罗人）大多在经济领域或政府中担任高层领导职务。虽然高收入群体显示对克里奥尔语节目的兴趣略高于中高收入群体，但整体上收入水平和对克里奥尔语节目的兴趣呈负相关。

26.4%的受访者经常阅读克里奥尔语读物，19.9%的受访者每月阅读一到两次，27.7%的受访者每年阅读一到两次。26.0%的受访者不熟悉克里奥尔文学。阅读克里奥尔语读物的受访者比例低于收听/收看克里奥尔语节目的受访者比例。阅读克里奥尔语读物的机会较少，因为克里奥尔语的出版物不多，现有的也往往难以找到。克里奥尔语更多地被认为是口头用语而不是书面语。

3.4.3 克里奥尔语的阅读情况

受访者阅读克里奥尔语读物的情况如表3-25所示。

表3-25 受访者阅读克里奥尔语读物的频数及占比

你阅读克里奥尔语读物吗	频数	有效百分比/%
每天一次	67	10.0
每周一次或两次	110	16.4
每月一次	133	19.9
每年一次或两次	185	27.7
不熟悉克里奥尔语文学作品	174	26.0
合计	669	100

最常阅读克里奥尔语读物的受访者也往往最常收听/收看克里奥尔语节目（表3-26）。

表3-26 收听/收看克里奥尔语节目的不同频率下，
阅读克里奥尔语读物频率的占比的交叉统计表

单位：%

你是否收听/收看克里奥尔语的节目	你是否阅读克里奥尔语读物				
	每天一次	每周一次或两次	每月一次	每年一次或两次	不知道
每天一次	72.8	26.4	21.2	13.7	10.4
每周一次或两次	12.3	49.1	40.9	34.6	21.4
每月一次	10.8	13.6	29.5	23.1	15.6

续上表

你是否收听/收看克里奥尔语的节目	你是否阅读克里奥尔语读物				
	每天一次	每周一次或两次	每月一次	每年一次或两次	不知道
每年一次或两次	—	6.4	3.8	20.9	15.6
不熟悉克里奥尔语节目	4.6	4.5	4.5	7.7	37.0
合计	100	100	100	100	100

收听/收看克里奥尔语节目的受访者不一定会阅读克里奥尔语读物（表3-27），因为听和看比阅读要容易得多。要谨记的是不存在标准的书面克里奥尔语，且许多人不习惯阅读克里奥尔语读物。

表3-27 阅读克里奥尔语读物的不同频率下，
收听/收看克里奥尔语节目频率的占比的交叉统计表

单位：%

你是否阅读克里奥尔语读物	您是否收听/收看克里奥尔语的节目				
	每天一次	每周一次或两次	每月一次	每年一次或两次	不知道
每天一次	32.0	3.7	5.4	—	3.3
每周一次或两次	19.7	25.0	11.5	9.1	5.4
每月一次	19.0	25.0	30.0	6.5	6.5
每年一次或两次	17.0	29.2	32.3	49.4	15.7
不熟悉克里奥尔语文学作品	12.2	17.1	20.8	35.1	69.6
合计	100	100	100	100	100

阅读克里奥尔语读物的受访者也讲克里奥尔语（表3-28）。不熟悉克里奥尔语文学作品或每年仅阅读克里奥尔语读物一到两次的人通常较少说克里奥尔语。

表3-28 对问题"你说克里奥尔语吗"的不同回答下，
"你阅读克里奥尔语读物吗"的各选项占比交叉统计表

单位：%

你阅读克里奥尔语读物吗	你说克里奥尔语吗				
	每天一次	每周一次或两次	每月一次	每年一次或两次	不知道
是	92.5	88.1	86.4	82.6	74.1
否	6.0	11.0	11.4	15.8	21.3
未回答	1.5	0.9	2.3	1.6	4.6
合计	100	100	100	100	100

说克里奥尔语的受访者不一定会阅读克里奥尔语文学作品或报刊（表3-29）。很明显，说克里奥尔语较少的人也较少阅读克里奥尔语读物。留尼汪的大部分书面材料都是法语的，克里奥尔语的读物很少。

表3-29 不同的"阅读克里奥尔语读物"的频率下，
问题"你说克里奥尔语吗"的各选项占比交叉统计表

单位:%

你阅读克里奥尔语读物吗	你说克里奥尔语吗	
	是	否
每天一次	11.2	4.1
每周一次或两次	17.4	12.4
每月一次	20.6	15.5
每年一次或两次	27.5	29.9
不熟悉克里奥尔语文学作品	23.3	38.1
合计	100	100

与克里奥尔语广播和电视节目的情况一样，15~29岁和30~39岁年龄组的受访者比40~49岁年龄组的受访者更多阅读克里奥尔语文学作品（表3-30）。15~29岁组的受访者中每周阅读克里奥尔语读物的人比另外两个组多；可能这一代人比其他年龄层的人更容易获得克里奥尔语文学作品。这可能是文化协会积极努力的首批正面成效之一。还有不到三分之一的人每周阅读克里奥尔语读物超过两次。

表3-30 "阅读克里奥尔语读物"的不同频率下，各年龄分组占比的交叉统计表

单位:%

你阅读克里奥尔语读物吗	年龄		
	15~29	30~39	40~49
每天一次	10.1	12.2	6.8
每周一次或两次	18.9	14.1	14.4
每月一次	19.2	24.0	15.1
每年一次或两次	27.0	27.3	29.5
不熟悉克里奥尔语文学作品	24.8	22.4	34.2
合计	100	100	100

男性受访者比女性更常阅读克里奥尔语读物（表3-31）。不到四分之一的女性受访者每周阅读克里奥尔语读物超过两次，而每周阅读多于两次的男性比例超过三分之一。

表 3-31 "阅读克里奥尔语读物"的不同频率下,性别占比交叉统计表

单位:%

你阅读克里奥尔语读物吗	性别	
	男性	女性
每天一次	14.1	6.1
每周一次或两次	18.0	14.9
每月一次	19.3	20.5
每年一次或两次	23.9	31.3
不熟悉克里奥尔语文学作品	24.7	27.2
合计	100	100

留尼汪南部的受访者每天阅读克里奥尔语读物的比例比其他地区高,东部的受访者每周阅读克里奥尔语读物的比例最高(表3-32)。调查显示说克里奥尔语的受访者支持官方承认克里奥尔语,不说的不支持。

表 3-32 "阅读克里奥尔语读物"的不同频率下,各地区占比的交叉统计表

单位:%

你阅读克里奥尔语读物吗	地区			
	北部	东部	南部	西部
每天一次	8.8	11.5	13.1	5.8
每周一次或两次	12.2	24.6	14.4	17.0
每月一次	23.1	15.6	18.3	22.2
每年一次或两次	26.5	29.5	25.3	30.4
不熟悉克里奥尔语文学作品	29.4	18.8	28.9	24.6
合计	100	100	100	100

同样,高地的受访者比低地的更常阅读克里奥尔语读物(表3-33)。

表 3-33 "阅读克里奥尔语读物"的不同频率下,高地/低地的占比交叉统计表

单位:%

你阅读克里奥尔语读物吗	地区	
	低地	高地
每天一次	9.3	13.7
每周一次或两次	16.4	16.7
每月一次	19.9	19.6
每年一次或两次	27.5	28.4
不熟悉克里奥尔语文学作品	26.9	21.6
合计	100	100

卡非人、小白人和混血受访者最常阅读克里奥尔语读物（表3-34）。意料之中的是，佐里人、扎拉布人和华人的频率最低。

表3-34 "你阅读克里奥尔语读物吗"的选项和族裔的交叉统计表

单位:%

族裔	你阅读克里奥尔语读物吗					合计
	每天一次	每周一次	每月一次	每年一次	不知道	
卡非人	15.0	19.7	21.3	22.8	21.3	100
马拉巴人	13.0	13.0	27.8	25.9	20.4	100
混血人群	12.5	19.4	18.1	28.5	21.5	100
小白人	10.4	17.7	13.5	31.3	27.1	100
其他	5.3	5.3	15.8	36.8	36.8	100
佐里人	2.9	20.0	18.6	22.9	35.7	100
华人	—	20.0	12.0	28.0	40.0	100
马约特人	—	14.3	14.3	28.6	42.9	100
扎拉布人	—	7.4	25.9	48.1	18.5	100
马达加斯加人	—	—	50.0	—	50.0	100
大白人	—	—	40.0	20.0	40.0	100
科摩罗人	—	—	—	42.9	57.1	100

大部分阅读克里奥尔语作品的受访者喜欢留尼汪音乐——不过所有人都喜欢留尼汪音乐，即使不读克里奥尔语读物的人也喜欢（表3-35）。调查显示，人们对留尼汪音乐的喜爱和对留尼汪文学的热爱成正比。

表3-35 "你喜欢留尼汪音乐吗"的各选项下，
"阅读克里奥尔语读物"各频率占比的交叉统计表

单位:%

你喜欢留尼汪音乐吗	你阅读克里奥尔语读物吗				
	每天一次	每周一次或两次	每月一次	每年一次或两次	不知道
是	94.0	96.3	90.8	83.1	73.6
否	1.5	—	—	2.2	5.1
很少	3.0	0.9	6.2	8.3	15.6
未回答	1.5	2.8	3.0	6.4	5.7
合计	100	100	100	100	100

低收入的受访者比中等收入的更常阅读克里奥尔语读物（表3-36）。高收入受访者阅读克里奥尔语读物的频率最低。

表3-36 "阅读克里奥尔语读物"的不同频率的占比和月收入的交叉统计表

单位:%

月收入/欧元	阅读频率					合计
	每天一次	每周一次	每月一次	每年一次	不知道	
<750	15.6	16.9	20.8	22.1	24.6	100
751~1500	11.8	14.9	24.4	24.4	24.4	100
1501~2300	7.7	21.2	18.3	34.6	18.2	100
2301~3050	7.3	12.2	22.0	31.7	26.8	100
3051~4580	5.1	11.9	22.0	27.1	33.9	100
4581~6100	3.3	20.0	20.0	26.7	30.0	100
>6100	—	—	20.0	40.0	40.0	100

3.4.4 克里奥尔语的官方承认

对问题"你是否支持官方承认克里奥尔语"，大部分受访者（47.1%）回答"是"，31.1%回答"否"，10%没有回答，11.8%表示不知道。

东部和北部支持官方承认克里奥尔语的受访者比南部和西部多（表3-37）。这和之前显示克里奥尔语在东部更流行的表格是一致的。这个结果也再次提醒我们西部和南部有更多佐里人和不说克里奥尔语的人。

表3-37 "是否支持官方承认克里奥尔语"各选项下和各地区占比的交叉统计表

单位:%

是否支持	地区			
	北部	东部	南部	西部
是	53.9	52.8	46.3	38.0
否	26.3	30.1	30.0	37.4
未回答	5.9	9.8	11.5	11.7
不知道	13.9	7.3	12.2	12.9
合计	100	100	100	100

高地的受访者（46.1%）比低地的受访者（29.4%）更支持在公共领域承认克里奥尔语。

男性受访者比女性受访者更支持在公共领域承认克里奥尔语（53.8%：40.6%）。超过四分之一（27.1%）的女性受访者和18.5%的男性受访者没有回答或表示不知道。

卡非受访者普遍支持在公共领域承认克里奥尔语（64.3%支持），大多数马拉巴受访者也支持（59%支持）。大白人、华人和佐里人受访者总体上不支持承认克里奥尔语（分别只有11.8%、25%和31%支持）。

低收入受访者最支持官方承认克里奥尔语（约70%），高收入受访者明确不支持官方承认克里奥尔语（表3-38）。

表3-38 不同月收入情况下，"你是否支持官方承认克里奥尔语"的各选项占比的交叉统计表

单位：%

月收入/欧元	是否支持				合计
	是	否	未回答	不知道	
<750	68.8	9.1	9.1	13	100
751~1500	71.3	13.2	8.4	7.1	100
1501~2300	73.1	12.5	4.8	9.6	100
2301~3050	68.6	15.1	9.3	7.0	100
3051~4580	56.7	20.0	16.7	6.6	100
4581~6100	62.1	20.7	13.8	3.4	100
>6100	37.5	25.0	31.3	6.2	100

正如预期的那样，40~49岁组的受访者最不支持在公共领域使用克里奥尔语（只有45%的受访者支持），而15~29岁组中有53.9%的受访者支持，30~39岁组中有48%的受访者支持。15~29岁组的受访者对这个问题的回答最为犹豫（13.4%回答"不知道"，10.6%完全没有回答）。

不说克里奥尔语的受访者不支持在公共领域承认克里奥尔语，他们在回答这个问题时也是最犹豫的。说克里奥尔语的受访者中只有一半希望克里奥尔语在公共领域被承认。不愿意透露自己是否讲克里奥尔语的受访者在这个问题上同样选择不发表意见。

从这些数据中可以得出结论，克里奥尔语在克里奥尔社会中被广泛使用。但在留尼汪以外的地区只有留尼汪的移民使用克里奥尔语。因此克里奥尔语和法语的竞争是不平等的。但是，这次调查的结果表明有必要重新探讨克里奥尔语在公共空间的使用。语言是一个社群最重要最基本的特征；没有留尼汪克里奥尔语，就没有留尼汪身份认同。作为一门真实存在的、完全成熟的语言，克里奥尔语理应被特别关注。

这次调查表明整个留尼汪岛的克里奥尔语使用程度是一样的，否定了克里奥

尔语主要在南部和北部被使用的假设。可以说这里对克里奥尔语的使用不存在显著的社会分层：所有社会经济群体的人都会说并听得懂克里奥尔语，甚至贵族阶层、统治阶级和留尼汪的资产阶级也说克里奥尔语，但他们一般更优先使用法语。克里奥尔语一直是这个国家的语言，是属于广大民众和甘蔗种植园的语言。

3.5 留尼汪文化概况

克里奥尔身份认同可能有多种表现形式，包括汽车保险杠贴纸、旗帜、音乐、宗教仪式、宗教派系和宗教信仰等多方面。以下是受访者对一系列与文化有关的问题的回答的汇总。

3.5.1 （汽车）保险杠贴纸

对于"你是否在车上贴过支持留尼汪的贴纸"这一问题，11%的受访者回答"是"，79.4%回答"否"。在车上贴支持留尼汪贴纸的人很少的原因可能是当地协会并不发行贴纸。至于其他种类的保险杠贴纸，699名受访者中有8人在车上贴过留尼汪地图，9人贴过写着"Mi Koz Kreol（我说克里奥尔语）"的贴纸。另有9人回答"车辆登记"，即指贴过留尼汪的省邮政编码。总体上看，很少人用这种方式表达身份认同和自治独立主义的意愿，因为仅有不超过79人表示曾经在车上贴过贴纸。对于"你是否在车上贴过支持克里奥尔语的贴纸"这一问题，6.1%的受访者回答"是"，88.6%的人回答"否"，5.3%的人没有回答。这个结果同样可能是因为没有协会或议会提供贴纸。另外，当局不推广克里奥尔语，很多人没有信心在公共场合说克里奥尔语。

3.5.2 旗帜

对于"你是否支持在留尼汪保持为法国海外省的同时，设立代表留尼汪的旗帜"这一问题，64.6%的受访者回答"是"，15.8%回答"否"，10.2%没有回答，9.4%没有决定。该问题的调查结果与汽车贴纸问题的结果相反。令人惊讶的是，只有15.8%的受访者持激进观点，拒绝为留尼汪岛设立旗帜的提议。右翼成员支持设立旗帜，因为旗帜可能是公共领域文化认同构建的有力元素。

从调查结果来看，留尼汪人认为他们需要一个身份认同的象征将留尼汪与法国的其他省份区分开来，并在法国实体中给予留尼汪自己一个身份认同。这样的一个象征符号也将标志着对留尼汪在印度洋世界的归属的承认，并将使留尼汪与法国其他海外和加勒比海地区省份并驾齐驱——科西嘉岛、布列塔尼、巴斯克地区、奥克西塔尼、马提尼克岛、瓜德罗普岛、法属圭亚那——这些地区都有自己的旗帜。可能是旗帜和"独立"的联系让争论变得混乱了。

男性和女性受访者在这个问题上意见一致：64.5%的男性受访者和64.6%的女性受访者回答"是"；17.6%的男性受访者和14%的女性受访者回答"否"；6.7%的男性受访者和12%的女性受访者回答"不知道"。各个年龄组的受访者意见一致：15~29岁年龄段的受访者最支持这个提议（67.6%的人回答"是"，12.1%的人回答"否"，9.7%的人回答"不知道"），而40~49岁组的支持度较低（58.7%的人回答"是"，18.7%的人回答"否"，8%的人回答"不知道"）。30~39岁组中64.2%回答"是"，19.4%回答"否"，10%回答"不知道"。

各个地区的受访者都支持设立旗帜。但令人惊讶的是，北部和东部地区的受访者支持设立旗帜的百分比更高（北部有68.5%的受访者支持设立旗帜，东部有68%的人支持；南部为61.4%，西部为63%）。与预期相反的是，低地支持设立旗帜的受访者比高地稍多（65%∶62%）。高地受访者也是不确定性最强的，他们给出了最多"不知道"和"否"的回答。另一个出乎意料的发现是小白人和华人受访者是最支持留尼汪设立旗帜的族裔。扎拉布受访者比卡非受访者更支持设立旗帜。似乎受访者越常收看或收听克里奥尔语电视和广播节目，他们就越支持设立留尼汪旗帜的想法（在每天收听或收看克里奥尔语节目的人中，72.6%回答"是"，8.9%答"否"，8.2%答"不知道"）。即使在那些较少观看或收听克里奥尔语节目的受访者中，也有多数人支持设立留尼汪旗帜（59.7%的人回答"是"，13.9%的人回答"否"，11.1%的人未决定）。低收入和中等收入的受访者比高收入受访者更支持设立旗帜（在每月小于750欧元的收入范围中，68.8%的人回答"是"，9.1%的人答"否"，13%答"不知道"；在最高收入群体（每月大于6100欧元）中，37.5%的人回答"是"，25%答"否"，6.3%答"不知道"）。毫不意外的是，那些对留尼汪音乐最支持的人也最支持设立旗帜（69.9%的人答"是"，13.2%答"否"，8.7%答"不知道"）；反之亦然（在很少听或看克里奥尔语节目的人中，53.3%回答"是"，21.7%回答"否"，13.3%回答"不知道"）。同样，说克里奥尔语的受访者最支持设立旗帜（67.7%），而不说克里奥尔语的受访者也支持设立留尼汪旗帜，只不过他们对设立一面独特的旗帜的兴趣相对较低（56.8%）。总的来说，整个社会中有近三分之二的受访者支持设立留尼汪旗帜。

3.5.3 公众人物和特征

我们向受访者提问"哪些公众人物最能代表留尼汪"，表3-39按照得票的百分比排序列出了45个备选项中排名前12的公众人物。

表 3-39 被认为最能代表留尼汪的公众人物

公众人物	选择了该项的受访者占比/%
1. 杰克逊·理查德森（Jackson Richardson）	79.5
2. 保罗·维尔吉斯（Paul Vergès）	43.8
3. 丹尼尔·瓦罗（Danyel Waro）	34.8
4. 洛朗·罗贝尔（Laurent Robert）	24.6
5. 巴斯特乐队（Baster）	22.2
6. 玛尔吉·苏德尔（Margie Sudre）	19.5
7. 让·保罗·维拉普雷	14.7
8. 雷蒙·巴尔	12.6
8. 罗兰·加洛斯（Roland Garros）	12.6
8. Zizkakan 乐队	12.6
11. Gran Mer Kal（Kal 奶奶）	11.7
12. 雅克·德·夏托维耶	9.0

前五中有两位运动员（杰克逊·理查德森和洛朗·罗贝尔）和两位音乐人（丹尼尔·瓦罗和巴斯特乐队）。排名最高的政治人物是排在第二的留尼汪共产党总书记、议员、地区议会主席保罗·维尔吉斯。其余上榜的政客排第六、七、八，且全都来自右翼政党。罗兰·加洛斯和雷蒙·巴尔并列第八。罗兰·加洛斯死于 1918 年，每年在巴黎举行的法国网球公开赛以他的名字命名。玛尔吉·苏德尔来自越南，在本书撰写时代表留尼汪任欧洲议会议员。她是上榜的 12 位公众人物中为数不多的女性。尽管雷蒙·巴尔内心仍是留尼汪人，但在本书写作时这位大白人已经在法国生活了 60 年。他是首个担任法国总理的留尼汪人，在任时间为 1976—1981 年。作为著名经济学家，他还曾任欧盟委员会副主席，参与建立了欧洲货币体系。让·保罗·维拉普雷是留尼汪最伟大的政治人物之一，他是马拉巴人。排第十一位的 Gran Mer Kal（Kal 奶奶）是一个很受欢迎的民间故事人物。雅克·德·夏托维耶在本书写作时是留尼汪最有名的商人，他排第十二。在这个投票中，媒体报道很可能起了一定作用。

列表中的十二个公众人物中，四个是或曾是大白人，四个是卡非人，两个是马拉巴人，一个是越南人，还有一个是民间故事人物。没有知识分子或作家进入榜单。留尼汪人常说在留尼汪以外地区没有东西能象征留尼汪。尽管这样，本调查还是显示了在公众心中仍有一些人士是具有代表性的，可以对本岛起到推广作用。

表 3-40 列出了受访者选择的最能在本土和世界范围代表留尼汪的现象，以及选择每项的受访者的百分比。

表3-40 最能在留尼汪以外地区代表留尼汪的现象

现象	选择了该项的受访者占比/%
1. 火山	86.5
2. 美食烹饪	64.5
3. 山川	64.4
4. 音乐人	56.2
5. 运动员	55.0
6. 海滩	51.8
7. 作家	13.3
8. 知识分子	9.9

受访者最重视岛上的自然特征,但是低估了海滩,将其排在音乐人和运动员之后。作家和知识分子排在榜单最后,很显然人们不认为这二者能很好地代表留尼汪,可能是因为该岛的知识和文学作品产出太少。

3.5.4 音乐

我们让受访者选出最能代表留尼汪的歌手或乐队,表3-41列出了受访者选择的前12名歌手或乐队的名单以及选择每项的受访者的百分比。

表3-41 最能代表留尼汪的歌手或乐队

歌手/乐队	选择了该项的受访者占比/%	音乐类型
1. Baster 乐队	63.9	现代马洛亚
2. 丹尼尔·瓦罗(Danyel Waro)	55.1	传统马洛亚
3. Oussanousava 组合	37.9	现代马洛亚
4. Zizkakan 乐队	36.7	混合
5. 格拉慕·雷雷(Gramoun Lélé)	32.9	传统马洛亚
6. 雅克林·法瑞罗(Jacqueline Fareyrol)	14.9	塞卡
7. 马克西姆·劳珀(Maxime Laope)	13.9	塞卡
8. Ti Sours 组合	11.7	马洛亚混合
9. Ti Fock 组合	11.3	马洛亚混合
10. 米歇尔·阿德梅特(Michel Admette)	9.2	塞卡
11. Analyse	8.4	传统马洛亚
12. 菲尔曼·维里(Firmin Viry)	5.7	传统马洛亚
13. Mars Tou Sel	5.7	—

上表中的歌手或乐队有一半是演奏马洛亚音乐的；三个有马洛亚背景；三个有塞卡音乐背景。排在前五的乐队和艺人对身份认同的追求可以解读为对独立的呼唤。在本书撰写时，这些是留尼汪最受欢迎的乐队和艺术家，他们有和留尼汪共同的奋斗目标。如果是在20世纪70年代或20世纪80年代初，这张榜单会很不一样，因为在1981年之前是禁止在公共场所和电视广播上播放马洛亚音乐的。

3.5.5 卡巴尔马洛亚

对于是否参与过卡巴尔马洛亚，60.2%的受访者回答"是"，19.0%回答"是，但是在很久以前"，20.8%回答"否"。由此可见，总共有79.2%（超过四分之三）的人曾经观看或参与过卡巴尔马洛亚。回答"是，但是在很久以前"的女性比例略高（23.8%），说明她们的家庭责任减少了她们参与的机会。

15～29岁和30～39岁年龄段的受访者比40～49岁年龄段的受访者参与卡巴尔马洛亚的频率更高（15～29岁和30～39岁的受访者分别有62.4%和65%参与过卡巴尔马洛亚，40～49岁年龄段的比例只有48.7%）。这个结果是可预期的。因为本书撰写时离卡巴尔马洛亚获得官方许可刚过去20多年，年轻人更可能有活跃丰富的社交生活。

南部地区观看或参与过卡巴尔马洛亚的受访者最多（64.8%回答"是"），其次是北部（59.9%），但所有地区答"是"的比例都大幅超过了半数（东部57.6%，西部56.9%）。高地受访者参与过卡巴尔马洛亚的数量远多于低地（70.6%：58.3%），但很久以前参与过卡巴尔马洛亚的受访者分布得更均匀（19.4%来自低地，16.7%来自高地）。

卡非受访者中的大多数人参与过卡巴尔马洛亚，其次是混血人群和马拉巴受访者——他们构成了大部分留尼汪人口。卡巴尔这个词起源于奴隶制时代，所以马洛亚舞蹈和音乐被奴隶后裔认可的可能性更大。尽管佐里人、扎拉布人、华人和大白人受访者中参与过卡巴尔马洛亚的人数较少，但仍超过了半数。

和预期一样，低收入群体中参与过卡巴尔马洛亚的人数比中高收入群体更多。高收入群体参与卡巴尔马洛亚的人数最少（低收入群体中73.1%参与过卡巴尔马洛亚，中等收入群体为50%，高收入群体为31.3%）。参与过卡巴尔马洛亚的受访者中大多数都喜欢留尼汪音乐（94.8%）。反之亦然，不喜欢留尼汪音乐的人参与卡巴尔马洛亚的可能性较低。参与过至少一次卡巴尔马洛亚的人中大多数说克里奥尔语（95.3%），反之亦然（77.9%不说克里奥尔语的受访者没有参与过卡巴尔马洛亚）。所有受访者中只有一半参与过至少一次卡巴尔马洛亚，但是说克里奥尔语的受访者大多数参与过。

收看或收听克里奥尔语节目频率较高的人中多数参与过卡巴尔马洛亚。收看或收听克里奥尔语节目较少的受访者参与卡巴尔马洛亚的概率也较低（74%∶37%）。

对于"你喜欢留尼汪音乐吗"这一问题，85.3%的人回答喜欢，9.0%回答非常喜欢，4.1%不想回答这个问题，只有1.6%的人回答不喜欢。虽然留尼汪音乐在世界范围内不如萨尔萨舞曲、桑巴舞曲、探戈舞曲或左克舞曲那样有名，但显然留尼汪人民喜欢他们的音乐并引以为荣：马洛亚显然是留尼汪的民族音乐和传统音乐。男性和女性受访者都普遍喜欢留尼汪音乐，男性比例高于女性（88%∶82.8%）。30～39岁组和15～29岁组比40～49岁组更喜欢留尼汪音乐（比例分别为88.3%、84.9%和82%）。东部地区受访者喜欢留尼汪音乐的比例（91.9%）明显高于其他地区（北部为86.6%，西部为86.3%，南部为80.3%）。这个结果与参与卡巴尔马洛亚问题的结果不一致，卡巴尔马洛亚的参与率在南部最高。在本书撰写时，东部地区的乐队数量比南部少，同时南部地区的娱乐场所要比东部多。低地和高地之间的差异很小（88.3%∶84.8%）。

几乎所有卡非受访者（93.8%）都喜欢留尼汪音乐，同时混血人群（93.8%）、马拉巴人（90.7%）和小白人（85.4%）受访者比其他族裔更喜欢留尼汪音乐。佐里人、科摩罗人和马约特人受访者比扎拉布人和华人受访者更喜欢留尼汪音乐。所有社会经济群体的受访者都喜欢留尼汪音乐，但低收入受访者中喜欢的人比中、高收入者中更多（分别为94.8%、79.1%和81.3%）。

大多数喜欢留尼汪音乐的受访者都参与过卡巴尔马洛亚（66.6%）；不喜欢留尼汪音乐的人较大概率没参与过（72.7%）。

3.5.6 民间故事和传说

超过三分之二（67.4%）的受访者熟悉留尼汪的民间故事和传说，其中女性比男性更熟悉（女性受访者为71.4%，男性受访者为62.9%），15～29岁和30～39岁组比40～49岁组更熟悉（分别为62.8%、66.7%和62.8%）。后者是可预料的，因为这些民间故事常见于媒体中，在图书馆中占据显著位置，并在学校中被讲述。这些故事在东部地区最广为人知（东部地区的受访者中有73.3%熟悉民间故事；北部紧随其后，为70.9%；南部为66.7%，西部为60.7%）。低地受访者中（68%）熟悉留尼汪民间故事的人比高地（63%）更多。小白人、扎拉布人、混血人群、卡非人、马拉巴人和佐里人中大部分熟知一些民间故事或传说（60%及以上），而大白人中仅有47.1%表示熟悉民间故事或传说。总体上，所有社会经济群体中三分之二的受访者熟悉民间故事和传说，中高收入群体的比例略高，这可能是因为民间故事和传说常见于媒体和图书馆中，而中高收入群体定期浏览传媒和去图书馆的频率更高。

声称不知道任何留尼汪民间故事或传说的人中35.6%将原因归为信息获取困难，37.5%说他们不感兴趣，19.6%的人没有回答，8.7%的人表示另有原因。

表 3-42 列出了从 23 个故事中选出的 5 个受访者最熟悉的民间故事，并按顺序排列如下。

表 3-42　调查显示最广为人知的 5 个民间故事

民间故事	选择了该项的受访者占比/%
Gran Mer Kal（Kal 奶奶）传说	63.5
小让和大魔鬼	21.6
西塔拉内	4.9
德斯巴赛恩夫人	2.8
秃鹫	1.9

Gran Mer Kal（Kal 奶奶）传说是目前受访者最熟悉的民间故事。Gran Mer Kal 的传说解释了该岛的起源。故事发生在 Mahavel 森林中，与巫术和奴隶逃亡相关。Gran Mer Kal 爱她的孩子，但她是非洲民间故事中常出现的那种女巫：你会在路上、在森林里、河流边或山上遇到她。她神秘莫测，是森林和水的象征。她会奖励对她礼貌的人，惩罚无礼的人。奴隶逃亡作为非洲和马达加斯加的标志在留尼汪的意象和想象中扮演着重要角色：它象征着自由和对奴隶主的不屈服。人们现在在 10 月 31 日过 Gran Mer Kal 节，像庆祝留尼汪的万圣节一样。这是一个典型的全球化被本地民俗同化的案例。

"小让和大魔鬼"的故事排第二，但知道的受访者比知道"Gran Mer Kal"传说的少很多。这个故事关乎儿童与成人的关系，故事中男孩小让一直努力摆脱成人的控制与权威。故事也涉及奴隶制问题和奴隶对奴隶主的抗争。小让是非洲民间故事里的孩子，是个坏孩子，但非常聪明。

排在第三位的故事是"西塔拉内"（Sitarane），讲述的是一个出生于 19 世纪末并成为传奇英雄的真实人物的故事。西塔拉内是西米库萨-西米库巴（Simicoundza Simicourba）的绰号，他是一个出生在莫桑比克的契约劳工。他杀死了很多有钱人，最终在 1911 年于留尼汪被捕并被送上了断头台。头被砍断后，他仍口出怪言，发誓要回来。

德斯巴赛恩夫人，同名故事的主人公，是权力和残忍的化身：她在奴隶制时期拥有大量奴隶，据传是一个可怕的女人，会用奴隶儿童喂猪。据说她掌控了那个时代的政治和经济，残忍地压迫奴隶，剥削压榨奴隶的一切。她是火焰、地狱和岛上的火山的象征。

秃鹫是奥利维尔-勒瓦瑟的绰号，他是 3 个多世纪以前死于留尼汪的一个海盗。相传他在印度洋上做了多年海盗后被捕，在行刑前，他向人群扔了一张羊皮纸，喊道："送给找到我的宝藏之人！"他把秘密带进了坟墓，遗体葬于岛上西部。

牢固的口述传统和历史使留尼汪的民间故事和传说保持了生命力。它们将留尼汪人团结在一个与奴隶制和契约劳工有关的共同过去中。[228]这些故事是留尼汪文化认同的重要组成部分。它们是留尼汪人集体无意识的基础，正是通过它们，非洲印迹植入了留尼汪社会，成为了留尼汪身份认同中最古老、最强大的部分。

可以将构成留尼汪文化的所有信息总结如下。除了保罗·维尔吉斯以外，政客作为留尼汪的文化标志不如运动员和音乐人受欢迎。数据证明了体育在留尼汪的重要性——尤其是足球和手球，因为体育能带来社会流动和成功。以达涅尔·瓦罗、Zizkakan 乐队、巴斯特乐队、Oussanousava 组合为代表的音乐在捍卫身份认同的斗争中发挥了重要作用："（在留尼汪）音乐应该被视为一种社会事实"[229]，它无疑是最明显的文化产品。它也比其他艺术和文化表现形式更通俗易懂，而留尼汪岛上音乐的多样性令人惊叹。对于一些生活在贫困地区的年轻人来说，音乐已成为一种认同方式。[230]它也是一种推广文化语言的方式。直到 20 世纪 80 年代初马洛亚都被禁止在公共场合出现，它因而得以回归本源，成为非洲和马达加斯加奴隶用声音、乐器和舞蹈表达身份认同的形式。它是被印度契约劳工和后来殖民者的后裔承袭的一种古老形式的原始塞卡音乐。马洛亚最初是一种祭祀死者的舞蹈，一种与"神灵"交流的方式，现在重现于"马达加斯加服务"（*servis malgas*）中。*servis malgas* 是一种源于马达加斯加的宗教节日，后被卡非人、混血人群和马拉巴人承袭并克里奥尔化了。如果说克里奥尔语和马洛亚真的都是留尼汪社会不可或缺的部分，那正是音乐给了被压制的克里奥尔语话语权。接受这种多元文化交流的音乐语言与接受克里奥尔语为一种融合语言息息相关，是通往克里奥尔化道路的方向标。

马洛亚是属于甘蔗田的音乐，是代表抗争和抗拒的音乐；是对留尼汪身份认同的肯定。马洛亚和卡非节（12 月 20 日，纪念废除奴隶制）禁令的取消受到了留尼汪共产党的赞扬，但是德勃雷和种植园主通过将马洛亚污蔑为"反文化"进行反击。[232]过去塞卡和马洛亚之间的区别——前者是保守心态的表达，后者是更进步的思想表达，现在这已不再成立：二者的音乐风格和节奏已经相互融合了。[233]马洛亚是被重新发掘的旧习俗的现代表达——它的马达加斯加和非洲历史也是留尼汪社会的重要组成部分。像民间故事和传说一样，马洛亚是留尼汪的非洲印迹，也表达了大多数留尼汪人（尤其是卡非人，但也包括混血、小白人和马拉巴人）的文化身份认同。

3.6 留尼汪宗教信仰概况

来到留尼汪的各个族裔都带来了他们的宗教、仪式和信仰，从那时起这些元素就一直共存着。留尼汪对祭祀十分虔诚，这种情感被铭刻在马洛亚中。马洛亚最初是一种祭祀死者的舞蹈。与灵魂和众神的交流的今天仍在 *servis malgas* 中延续。卡非人、混血人群和马拉巴人拥有典型的留尼汪式信仰，他们相信死去的坏人或死于苦难的人的灵魂会留在地球上，通常栖身在森林、十字路口和老房子这样的地方。由于扎拉布人仍相信驱散恶灵的精灵，非洲和马达加斯加祖先的宗教和泛灵论信仰基本上留存了下来。华人和印度教徒也仍然承袭了他们对祖先的信仰。

为了衡量对死者的敬拜程度，本研究调查了受访者在 11 月 1 日诸圣日扫墓的行为。Ronan Le Coadic 关于宗教、传统和布列塔尼的死者敬拜之间的密切关系的研究在这方面提供了有用的参考。但必须记住的是，在留尼汪，这种敬拜并不是天主教徒独有的，其在马达加斯加信仰中也占有同样重要的地位。同样必须记住的是，留尼汪的各个族裔生活在同一个相对狭小的地理空间中，彼此距离很近：坐车四小时就能环游全岛。本调查和 INSEE 的人口普查数据进一步显示几乎所有人都生活在他们出生的地方。

对于"是否在 11 月 1 日扫墓"这一问题，55.2% 的受访者回答"是"，33.7% 回答"否"。考虑到留尼汪宗教信仰的数量很多，同时和法国本土和布列塔尼相比，这个扫墓的百分比是很高的。[235]女性沿袭扫墓传统的比例稍高于男性（女性为 56.5%，男性为 53.8%），且扫墓传统似乎并不只见于年长受访者，15～29 岁年龄段的受访者中近半表示有扫墓的习俗。回答会在 11 月 1 日扫墓的受访者中 84.9% 是天主教徒，8.2% 是印度教徒，18.03% 无信仰。

在留尼汪，天主教是奴隶主和殖民者、政府和国家以及法国本土白人信仰的宗教。印度教、佛教、伊斯兰教和泛灵论是奴隶、契约劳工和广大民众信仰的宗教。信仰二或三种宗教的受访者（"宗教"这里指最宽泛的含义）全部将天主教列在首位，然后是其他处于被统治地位的宗教。将天主教排在第二位的两名受访者中，只有一名表示在 11 月 1 日扫墓，但频率比以前低。73.5% 将印度教列为第二宗教的受访者在诸圣日扫墓，57.1% 将佛教列为第二宗教的受访者在诸圣日扫墓。两名将伊斯兰教列为第二宗教的受访者都表示有扫墓习俗，但不如以前频繁。将印度教列为第三宗教和将伊斯兰教列为第三宗教的受访者中都分别只有一位表示有在诸圣日扫墓的习俗；其他三人表示完全没有扫墓习俗。这里有意思的地方是，扫墓这个天主教传统成为了那些同时信奉其他宗教的人承袭的习俗：即使非天主教徒也会在诸圣日扫墓。

在 15～29 岁年龄段的受访者中，79.4% 的人将天主教列为首要宗教，3.3% 将印度教列为首要宗教，10.5% 将伊斯兰教列为首要宗教；没有人将佛教列为首要宗教。该组中 5.9% 的人回答没有宗教信仰，1.0% 回答信仰其他宗教。在 30～39 岁年龄段的受访者中，80.8% 是天主教徒，4.0% 是印度教徒，6.1% 是穆斯林；没有受访者将自己归为佛教徒。该组中 8.1% 的受访者表示没有宗教信仰，1.0% 表示信仰其他宗教。在 40～49 岁年龄段的受访者中，90.0% 是天主教徒，1.3% 是印度教徒，3.3% 是穆斯林，0.6% 是佛教徒。该组中 7.3% 的人没有首要宗教信仰，1.3%的人信仰其他宗教。

调查显示，6.3%的受访者信仰两种宗教，0.6%信仰三种宗教。拥有首要宗教信仰的人中0.7%有第三宗教信仰。拥有第二宗教信仰的人中9.6%有第三宗教信仰。在15～29岁年龄段的受访者中，将天主教、印度教、伊斯兰教、佛教列为第二宗教的人分别占3.3%、64.5%、3.2%、29.0%。在30～39岁年龄组中，将天主教列为第二宗教的受访者占6.3%、印度教为68.7%、佛教为25.0%；没有人把伊斯兰教列为第二宗教。在40～49岁年龄组中，60.0%将印度教列为第二宗教、25.0%将伊斯兰教列为第二宗教、25.0%将佛教列为第二宗教。拥有第三宗教的受访者情况如下：15～29岁组中66.7%的受访者、33.3%的受访者将印度教、伊斯兰教列为第三宗教；30～39岁组中各有50%的人将伊斯兰教和其他宗教信仰列为第三宗教。

调查显示，在15～29岁年龄段的受访者中，宗教融合呈上升趋势。与强制推行天主教时期相比，不同族裔之间的种族融合和联姻更加普遍。印度教受访者普遍有第二和第三宗教。许多华人受访者信仰第二宗教，但穆斯林受访者中信仰第二宗教的较少。第二或第三宗教中最常见的是印度教，其次是佛教。伊斯兰教很少被当作第二或第三宗教。

扎拉布人是最晚来到留尼汪的族裔，他们在20世纪初才抵达该岛。他们是唯一保留了原始文化与宗教的族裔，这是因为他们经商，所以保证了经济上的独立。与穆斯林结婚必须先皈依伊斯兰教，其他宗教无此规定，这是伊斯兰教得以留存的原因之一。此外，扎拉布人来到留尼汪的时候，法国政府和殖民社会强制推行天主教的力度较低。

华人于19世纪80年代到达留尼汪，一开始从事丝绸行业，之后从事农业，最后开始经营街头小商店。他们皈依了天主教，因为这让他们更容易融入社会。但他们同时保留了自己的信仰和宗教，即一种儒学思想、道教和佛教的混合体。从南印度来到留尼汪的印度教徒的情况类似。他们来自印度的不同地方（马拉巴、加尔各答和本地治里），带来了自己的宗教、信仰和仪式。马拉巴人还被强制信仰了天主教。来自印度的西北地区的人、扎拉布人和马拉巴人逐渐"取代"卡非人成为了在甘蔗地工作的契约劳工。当马拉巴人在19世纪30年代和20世纪50年代集体来到留尼汪时，他们没有扎拉布人的经济实力，因此无法保持文化和宗教独立。但是所有来自南印度地区的群体仍信奉一种印度教信仰和宗教习俗的混合体，这导致了马拉巴宗教的诞生。这些群体现在被称为泰米尔人，祖先崇拜和死者崇拜在他们的宗教活动中占据重要地位。

北部的受访者中有71.1%在11月1日扫墓（包括回答扫墓频率比以前低的人）。西部的受访者中有57.8%在11月1日扫墓（其中8.1%扫墓频率比以前低）。南部有51.5%，东部有57.8%（加上扫墓频率比以前低的人后，总数达到65.9%）。高地受访者中有56.3%的人扫墓（如果加上扫墓频率比以前低的人，则该比例为 70.2%），低地有 54.4%（加上扫墓频率比以前低的人，则该比例为 65.7%）。这些调查结果包括了所有宗教的受访者。如果排除掉扎拉布、科摩罗和马约特受访者（因为他们是穆斯林），低地的数据为 58.7%（如果包括扫墓频率比以前低的人则该比例为 70.8%）。这个数字略高于高地，这个结果否定了普遍认为扫墓传统在高地和南部地区最为牢固的观点。事实上地区之间并无差别：在南部，如果不算穆斯林群体，调查显示 55.5%的受访者奉行扫墓传统（加上扫墓频率比以前低的人则为 69.0%）。

近三分之二的华人受访者（佛教徒）和一半以上的马拉巴受访者（印度教徒）表示他们在 11 月 1 日扫墓，尽管这个日子在他们的宗教日历中不是重要节日。我们再一次发现卡非人、小白人和混血受访者是最普遍有扫墓传统的。来自法国本土的佐里人不常参加这个天主教的宗教活动。马达加斯加人、科摩罗人和马约特人也不扫墓，因为扫墓不是这些新移民信仰的一部分。

本调查凸显出一个关于宗教融合的重要事实：卡非人将天主教元素和他们原本的信仰结合了。他们在 11 月 1 日扫墓的人数接近小白人（小白人从一开始就是天主教徒），这表明非洲裔马达加斯加人敬拜死者的传统已经和传统基督教仪式结合了。奴隶制和宗教是相互关联的，尤其是在《黑人法典》强制推行天主教的留尼汪。当被运到岛上，奴隶发现自己远离故土，身处异国他乡，且周围的人说着和自己不同的语言时，他们会通过将自己的旧习俗与被强加的新习俗结合在一起来获得慰藉。如涂尔干所说："一个人服从他的神，就会相信神与之同在，并且坚定自信、意气昂扬地面对世界。"[236]

调查显示，总体上看天主教是留尼汪的主要宗教信仰（80.3%的受访者信仰天主教），印度教则是主要的第二宗教，且宗教融合在华人、卡非人和马拉巴人中更加普遍。马约特人和科摩罗人是穆斯林，不接受宗教融合。

天主教是所有社会经济阶层受访者的主要宗教信仰（79.5%）。如果说天主教在低收入群体中比高收入群体中更盛行，那是因为扎拉布人、佐里人、华人和大白人都属于后一群体。如果不算扎拉布人和佐里人，高收入群体将天主教视为主要宗教信仰的比例等同于甚至高于低收入群体。三个年龄组的调查结果各不相同。15~29 岁年龄组，尤其是其中的中低收入人群，比其他年龄组更信奉天主教，且显示出源于种族融合的宗教融合现象。15~29 岁年龄组受访者由于受法国影响，较少信仰天主教且更西化。这个年龄段的人似乎得到了"选择"自己的宗教身份认同的机会。只有马拉巴人和卡非人表示有第三种宗教信仰。宗教融合显然是一种多见于低收入群体的现象。

留尼汪人常在诸圣日扫墓、过诸灵节、谈及已故之人和祖先，并且参与其他宗教的节日，特别是 *servis malgas* 和印度教的仪式。这证实了涂尔干的观点："如果说宗教产生了社会所有最本质的方面，那是因为社会的观念正是宗教的灵魂。"[237]因此，宗教在留尼汪人的"集体意识"和"集体认同"中发挥着重要作用。

11月1日扫墓习俗的普及程度之大表明这项宗教活动已成为了留尼汪传统中公认的一部分。但调查发现30～39岁和40～49岁的受访者在该日扫墓的人数略有下降。这可能是留尼汪社会的西化导致的：当经济和金融实力增强，宗教信仰和宗教活动会随之减弱。印度教徒中出现了通过重拾古代仪式来重建宗教身份认同的趋势。马拉巴人对第二宗教的意识似乎在增强并在抗拒天主教。

研究其他岛屿的祖先崇拜现象可能会有帮助，例如巴布亚新几内亚[238]、信奉伏都教的海地[239]以及其他一些岛屿[240]。死亡和对死者的敬拜从未远离留尼汪人的思想。1911年被处决的西塔拉内和去世已超过一个半世纪的德斯巴赛恩夫人等早已故去的人物已成了传奇，而虚构人物Kal奶奶成为与黑暗和死亡相关的民间传说。死亡也与源于地底深处的火山有关。许多人在周末去教堂，还有许多人在诸圣日前甚至全年里都仔细照料亲戚的墓地。低收入群体、穷人和在经济、财务、道德及身体方面有困难的人比富人更有可能信仰宗教，因为金钱会导致个人主义，有钱人自力更生而不依靠某个神。多重宗教信仰似乎也与社会经济阶层相关。与高收入群体相比，低收入群体、工人阶级和中产阶级中信仰多种宗教的现象更为普遍。

3.7 留尼汪族裔定义与归属概况

本研究调查了留尼汪的人如何定义自己的族裔，以及自身族裔定义与父母种族背景的关联。

135名受访者将自己定义为小白人。这些人中，57.6%的人父母都是小白人；33.0%的人是混血人种，即父母中有一人为小白人（通常是母亲）；8.5%的人父母都不是小白人；6.7%的人父亲是混血，母亲是小白人。

158名受访者认为自己是卡非人。其中47.8%的人父母都是卡非人；40.1%的人是混血人种，父母中有一人为卡非人（通常是父亲）；11.1%的人没有卡非背景，是其他族裔的混血；0.8%的人父母属于"其他"族裔但认为自己是卡非人。

74名受访者认为自己是佐里人。其中76.6%的人父母都是佐里人；11.7%的人的父母中有一人为佐里人，属于混血；3.3%的人父母都不是佐里人；8.3%的人父母属于"其他"族裔。自我定义为佐里人的受访者中父亲一方是佐里人的更多。

99名受访者认为自己是马拉巴人。其中48.0%的人父母都是马拉巴人；50.0%的人的父母中有一人为马拉巴人，属于混血；1.9%的人的父母都不是马拉巴人。同样，自我定义为马拉巴人的受访者中父亲一方是马拉巴人的更多。

17名大白人受访者中，61.1%的人的父母双方都是大白人；28.5%是混血，即父母中有一人是大白人；9.5%的人没有大白人背景，但认为自己是大白人。自我定义为大白人的受访者更多是因为父亲一方是大白人。

有28名受访者自我定义为扎拉布人。其中80.0%的人的父母都是扎拉布背景；15.0%为混血，即父母中一人是扎拉布人；5.0%的人的父母都不是扎拉布背景，但认为自己是扎拉布人。自我定义为扎拉布人的受访者更多是因为父亲一方是扎拉布人。

有7名受访者认为自己是科摩罗人，其中87.5%的人的父母都有科摩罗背景；6.2%的人父母一方是科摩罗人。6.2%没有科摩罗背景。大部分自我定义为科摩罗人的受访者的父亲是科摩罗人。

28名受访者自我定义为华人。其中86.6%的人的父母都是华人；6.6%的人是混血，即父母中一方是华人。自我定义为华人的混血群体中父亲一方为华人的更多。

7名受访者将自己定义为马约特人。其中90.0%的人的父母双方都是马约特人，10.0%的人的父母中一方是马约特人。这批受访者中，仍是父方的族裔比母方的对受访者的自我定义影响更大。

5名受访者自我定义为马达加斯加人，其中44.4%的人的父母都是马达加斯加人。22.2%的人的父母中一方为马达加斯加人，33.3%的人的父母都不是马达加斯加人。这批受访者中，父方和母方的马达加斯加族裔背景对受访者的自我定义影响相同。

有135名受访者自我定义为混血。其中25.4%的人的父母都是混血；30.2%的人父母有一人为混血；38.3%的人父母的族裔背景不同。5.0%自我定义为混血的人其实和父母的族裔背景相同：混血受访者中4人的父母为卡非人，1人的父母为佐里人，2人的父母为马拉巴人，3人的父母为小白人，4人的父母为马达加斯加人，1人的父母族裔为其他类别。

除了这些"分流"现象（即非混血背景的人将自己定义为混血或归属另一族裔以表达需要与外界产生联系的现象）外，51名混血人士（37.8%）是真正的生物学上的混血人种。

一些受访者虽然父母双方属同一族裔血统，但将自己定义为其他族裔：其中1人的父母均为卡非人，4人的父母均为佐里人。

19名将自己定义为其他族裔的受访者中，50.9%的人父母属其他族裔，41.2%的人为混血。0.3%的人自称混血并将父母都定义为其他族裔。令人意外的是，这里受访者自我定义为混血更多是基于母方而不是父方的族裔背景。自我定义为其他族裔的受访者中50.98%的人的父母都属于其他族裔。35.2%为混血，但自我定义为其他。自我定义为其他族裔的受访者中13.7%的人的父母的族裔背景相同。自我定义为"其他"的受访者更多是基于父方的背景。

表3-43、表3-44和表3-45反映了受访者的自我族裔定义与父母族裔的

关系。

科摩罗人、马约特人、马达加斯加人和扎拉布人中父母族裔不同的比例最低,这是由于伊斯兰教不与异族通婚。科摩罗人和马约特人混血比例低的另外一个原因是他们处于社会最底层,地位甚至低于卡非人,人们不愿和这几个留尼汪的最新的移民群体通婚。人们一直认为大白人是种族融合程度最低的族裔,在本书写作时这个观点仍普遍存在。但大白人在更多地和其他群体通婚,可能是因为他们正在遭受"贫困化"。华人族裔似乎完全没有发生种族融合。马拉巴人和卡非人是种族融合程度最高的族裔,也在自我定义上遇到的困难最大。这两个族群中只有不到一半人认同父母的族裔。

马拉巴人和卡非人通过接受父母中一方的身份认同获得了属于自己的身份认同。对前三组受访者来说日常生活中的文化价值观特征无疑很大程度地帮助了他们确立自我定义。甚至连"其他"和"混血人群"两组受访者也很快确立了对自我的定义。在当今的留尼汪,混血的身份越发成为了特定族裔归属之外的栖身之所。本表中的排名顺序和前表在逻辑上相反,最后四名的结果证明了这些群体不存在通婚,原因如前文所述。

表3-43 认同父母双方族裔的受访者百分比

族裔	受访者占比/%
科摩罗人	87.5
华人	86.6
马约特人	80.0
扎拉布人	80.0
佐里人	76.6
大白人	61.1
小白人	57.6
其他	50.9
马拉巴人	48.0
卡非人	47.8
马达加斯加人	44.4
混血人群	25.4

表3-44 认同父母中一方族裔的受访者百分比

族裔	受访者占比/%
马拉巴人	50.0
卡非人	40.1
其他	35.2
小白人	33.0
混血人群	30.2
大白人	28.5
马达加斯加人	22.2
扎拉布人	15.0
佐里人	11.6
华人	6.6
马约特人	6.6
科摩罗人	6.2

表3-45 认同非父母族裔的受访者的百分比

族裔	受访者占比/%
马达加斯加人	33.3
混血人群	16.9
其他	13.7
卡非人	11.1
大白人	9.5
小白人	8.5
华人	6.6
马约特人	6.6
科摩罗人	6.2
扎拉布人	5.0
佐里人	3.3
马拉巴人	1.9

这里的"其他"一组特别值得注意。这些受访者知道他们的父母属于哪个族裔，但他们不想被认为归属于留尼汪的任何一个种族，不论自己是否出生在留尼汪。这些人更愿意将自己定义为"世界公民"，不愿承认自己的族裔血统。那些不是卡非族裔却将自己定义为卡非人的受访者值得进一步研究。本书写作时，卡非人正处于或之前曾处于被严重污名化的状态，将自己认同为卡非人意味着加入被压迫者的行列。拒绝大白人身份认同的人或者是因为不熟悉大白人一词的含义，或者是因为将大白人视为了一种社会经济地位的概念：大白人有较高的生活水平，属于高收入群体。但可以理解的是，受访者们认为拥有同一"血统"的族裔背景是成为马拉巴人、佐里人或扎拉布人的必要条件。这是典型的社区强制采用的严格定义，使得融入这样的社区的难度很大。

调查证实了拉巴什[242]提出的理论：年轻人比其他群体更多地将自己定义为混血者。他们越来越多地提及克里奥利特运动和他们的非洲和马达加斯加血统。

在留尼汪，民间对种族融合的赞扬越来越多，试图将留尼汪描绘成一个没有任何种族冲突的和平社会。这种性质的自我定义是一种社会建构，它表达的不是个人的感受，而是社会的感知。真正的种族融合是生物学上的，是由父系血统决定的。在已构建的种族融合中，族裔身份认同是一种由主流文化价值观和他者对个体外貌的视觉感知与语言描述决定的选择。通过这种方式，打造出了一个借用他者并"纠正过去"的身份认同叙事——"这种叙事会改变它本应保护和捍卫的那个群体"。[243]在一个异族通婚普遍的多元文化社会中，人们对其族裔认同或自我的定义取决于很多潜在变量：具体的文化价值观和传统、社会阶层、他者对自我的描述和父系的族裔血缘背景。对"被污名化"的群体来说，选择更加有限：他者把你定义为什么你就是什么。

3.8 定性调查

除了通过实地考察收集数据外，本调查还通过互联网和同 18 个文化协会的访谈和会议搜集了信息。这 18 个文化协会主张与官方不同的政治和文化替代方案，都在媒体上有很高的知名度。他们每周进行两次会议，平均每月安排一次活动，具体频率取决于政治形势。虽然他们的观点并不是相同的，也不是一个统一的组织，但他们的成员可以被粗略地视为同一类文化活动家。他们拥有共同的意识形态：证实克里奥尔和留尼汪文化认同并提升其价值。Ankraké、Art Sénik（塞尼克艺术协会）、Capitaine Dimitile（迪米蒂勒船长）协会、Espace Afrique（非洲空间）、Grand Mere Kal（Kal 奶奶协会）、Mouvement Kaf（卡非运动协会）、Rasin Kaf 和 Soubik Zerbaz 都是纯文化协会；Cimendef、Lanzistisman、Met Ansam、Mouvman pou la Rekonesans de Lidantite Kiltirel Renyone（复兴文化认同承认运动）和 Radyo Pikan（Pikan 电台）是政治激进组织；Centre Culturel Régional Indien（印度区域文化中心）、Fédération Réunionnaise des Associations Culturelles Chinoises（中国文化留尼汪联合会）、Groupement Inter-Religieux（跨宗教组织）、Association Musulmane de La Réunion（留尼汪穆斯林协会）和 Maison de Mayotte（马约特之家）是文化兼宗教性质的协会。这些团体都有政治倾向——主要是左派。本书写作时这些组织在当地选举中几乎没有影响力：他们在 2002 年 6 月的选举中总得票率低于 2%。我们没有发现政治上与右翼相关的文化协会。下面是这些组织的简介：所列信息在本书撰写时是最新的。

Ankraké 成立于 1995 年。该协会致力于推动留尼汪文化认同方面的公开讨论，并全年组织象征性活动纪念奴隶制和其他历史事件。该组织设在留尼汪南部，主要在留尼汪南部、西部和北部地区开展活动。它的 100 名成员来自各个族裔。平均约有 300 人参加 Ankraké 的示威活动。（以上信息来自 Eric Allendroit，协会秘书长，卡非血统。）

Art Sénik 是一个致力于为有志向的艺术家提供展示作品的空间的协会。该协会成立于 1991 年，设在留尼汪西部地区，也基本只在西部开展活动。协会的 20 名成员分属不同族裔，但多数为佐里人。协会活动的参加人数约为 200 人。（以上信息来自 Sophie Rotbart，协会创始人，佐里人。）

Capitaine Dimitile（迪米蒂勒船长协会）成立于 1998 年。协会的名字来自一个从种植园逃到高地生活的奴隶迪米蒂勒的名字。该组织致力于提升高地地区的价值和促进高地和马龙人之间的关系。Capitaine Dimitile 协会位于留尼汪南部并主要在南部开展活动，有 50 名成员，大多是小白人。协会活动的参加人数约为

300 人。(以上信息来自 Louis Dijoux，协会主席和创始人，小白人。)

Cimendef 协会成立于 1984 年，以马龙人领袖、一位从种植园逃到高地的奴隶 Cimendef 命名。Cimendef 是留尼汪历史最悠久的文化协会之一。它成立时是一个反殖民主义的文化组织，现在致力于推广留尼汪的传统音乐和历史以及传统乐器的制造。Cimendef 位于留尼汪东部地区，也主要在东部活动。它的成员主要为马拉巴人、混血人群和卡非人，成员数量约为 30 人，协会活动的参与者可能达到 100 人。(以上信息来自 Serge Sinamalé，前独立人士、协会主席和创始人、马拉巴人。)

Espace Afrique（非洲空间协会）成立于 1995 年，旨在促进卡非族裔和非洲价值的提升，推动卡非族裔有关议题的公开讨论。该组织位于留尼汪北部，也主要在北部地区活动。组织成员分属各个族裔，但卡非人占多数。协会约有 150 名成员，组织的示威游行活动约有 200 人参加。(以上信息来自协会成员 Gilbert Annette，卡非人；和 Rose-Marie Var，协会创始人和前主席，也是卡非人。)

Grand Mere Kal（Kal 奶奶协会）成立于 1993 年，致力于通过民间故事、传说和传统戏剧推广留尼汪的文化活动，专注于口述媒介。协会设在留尼汪西部，活动范围涵盖全岛。协会成员分属各个族裔，数量约 10 人，协会活动参与者约 50 人。(以上信息来自 Ketty Sabadell，协会创办人。)

Lanzistisman 是一个成立于 2001 年的政治运动组织，通过争取各个文化协会的支持来反对某些政治决策，并号召街头游行示威活动。上面所有提及的文化协会均为 Lanzistisman 运动的成员。该组织诉求经济和精神赔偿，总部设在留尼汪南部，但活动范围涵盖全岛。组织成员中有各族裔的代表。(以上信息来自 Eddy Babet，卡非人，该运动的英语发言人；Younouss Ahamed，混血，该运动的法语发言人。)

Met Ansam 成立于 1999 年，是唯一的克里奥尔语双月刊 *Nout Lang*（《我们的语言》）的出版方，致力于推广克里奥尔语以及留尼汪身份认同、文化和文学。该组织还运营一个克里奥尔文学图书馆。机构总部在留尼汪南部，但活动范围涵盖全岛。组织成员来自各个族裔，但小白人占多数。组织成员约有 10 名，活动支持者约 50 人。(以上信息来自 Frederic Célestin，亚布人，组织员工，同时也是 *Nout Lang* 杂志的主编。)

Mouvman pou la Rekonesans de Lidantite Kiltirel Renyone（复兴文化认同承认运动）成立于 1997 年，旨在促进留尼汪人的文化认同，尤其是克里奥尔语的认同。组织总部设在留尼汪南部，主要在南部、西部和北部开展活动。该组织的下属政党留尼汪党成立于 2002 年，其中也包含其他文化协会的成员。该组织制作克里奥尔语贴纸，与马提尼克岛和瓜德罗普岛的数个文化活动协会以及布列塔尼、巴斯克和科西嘉地区的几个协会关系密切。组织成员分属各个族裔，数量约 150 人，活动支持者约 300 人。该组织在留尼汪各个协会中媒体曝光度最高。

（以上信息来自 Michael Crochet，协会主席兼创始人，混血。）

Mouvement Kaf（卡非运动协会）成立于2002年，致力于推广卡非文化和宗教。组织位于留尼汪东部地区，也主要在东部活动。50名成员中多数是卡非人，活动支持者约有100人。（以上信息来自 Jean-René Dreinaza，运动领导人兼发言人，卡非人。）

Radyo Pikan（Pikan 电台）是一个成立于1982年的广播电台，致力于推广克里奥尔音乐和反殖民主义意识形态。机构设在留尼汪南部，主要在南部和西部活动。Radyo Pikan 和 Met Ansam 共用会议室，属同一领导层，并共同组建了一个名为 Parnoumim 的政党。组织成员来自各个族裔，其中小白人的数量最多。组织约有50名成员，活动支持者约有100人。（以上信息来自 Bertrand Grondin，电台社长，小白人。）

Rasin Kaf 成立于1997年，旨在促进卡非文化认同，探讨战争赔偿问题和奴隶制相关议题。协会设在留尼汪西部，但活动范围涵盖全岛。成员主要是卡非人，数量约50人。协会能动员的人数约为200人。（以上信息来自协会创始人兼主席 Ghislaine Beyssiere，卡非人；协会创始人兼秘书长 Phillipe Beyssiere，佐里人。）

Soubik Zerbaz 协会成立于2001年，致力于为圣路易市人民的文化、经济和社会福祉做出贡献。组织位于留尼汪南部，主要在圣路易市开展活动。组织成员的背景包含各个族裔，成员数量约有10人，活动支持者约50人。（以上信息来自 Laurent Julie，协会主席兼创始人，混血。）

Centre Culturel Régional Indien（印度区域文化中心）成立于1998年，它的前身是1983年成立的圣玛丽泰米尔中心（Centre Tamoul de Sainte–Marie）。该组织致力于推广泰米尔文化和印度教，设在留尼汪北部，活动区域为北部和东部。组织约有300名成员，均为马拉巴人，活动支持者约有1000人。（以上信息来自组织员工 Moutanaick Latchimy 和创始人 Krishna Narayanin，二人均为马拉巴人。）

Fédération Réunionnaise des Associations Culturelles Chinoises（中国文化留尼汪联合会）成立于1999年，致力于代表各个中国文化协会发声。该组织设在留尼汪北部，但活动范围涵盖全岛。组织成员约有800人，其活动支持者约有1500人。（以上信息来自 Clement Ah-Line，协会主席，华人。）

Groupement Inter-Religieux（跨宗教组织）成立于2001年"911"纽约恐怖袭击事件后不久。该组织致力于促进各个宗教和社区之间的和平与友谊，旨在向全世界宣传留尼汪社区的和平性质。该组织的工作曾被卡塔尔半岛电视台报道过，成员来自各个族裔。组织设在留尼汪北部，但活动范围涵盖全岛。组织约有100名成员，能发动5 000至10 000人参与和平行动。（以上信息来自组织发言人 Idriis Banian，扎拉布人。）

Association Musulmane de La Réunion（留尼汪穆斯林协会）成立于1995年，

宗旨是在留尼汪推广穆斯林文化。协会设在留尼汪北部，但活动范围涵盖全岛。协会约有 350 名成员，多数是扎拉布人，协会支持者约有 1500 人。（以上信息来自 Rabiat Badat，协会秘书长，扎拉布人。）

Maison de Mayotte（马约特之家）成立于 1997 年，旨在推广马约特文化，并为地方政府和留尼汪的马约特人之间架设一座桥梁，使马约特人更好地融入留尼汪。协会的工作主要是行政性的，总部设在留尼汪北部，但活动范围涵盖全岛。协会成员只包含马约特人，约有 200 人，支持者约有 100 人。（以上信息来自 Said Ali，协会主席，马约特人。）

3.9 调查总结

大多数受访者为自己的留尼汪文化身份、法国国籍和法国公民的身份感到自豪，也为自己属于欧洲的外围地区感到自豪。尽管留尼汪人将他们的岛屿看作一个"国家"，但他们不希望从法国独立，因为担心独立引发的经济后果。但是独立不应该和留尼汪的自治问题混淆。

2002 年关于留尼汪是否要有自己旗帜的争论显示，留尼汪对独立有根深蒂固的恐惧，强烈希望不被法国抛弃。调查还揭示了克里奥尔语是如何植根于克里奥尔文化中，与文化和身份认同的复兴紧密相连的。调查数据反驳了支持法语的组织协会和支持海外省化的右翼组织主张压迫或"法语化"克里奥尔语的观点。在如何表现和记录语言的问题上，文化激进分子和讲克里奥尔语的社区意见相左，这表明他们的身份认同是分裂的。另一个问题是克里奥尔语的拼写：海外省化的支持者认为克里奥尔语应采用法语化的书写形式，但很多文化激进分子认为克里奥尔语和法语应该在书写形式上有清晰的区分。留尼汪的部分人对克里奥尔语仅在家庭私密的环境中、对话中、朋友之间的互动和休闲环境中使用表示满意；他们接受公共领域（法律、工作场所、政治领域）完全使用法语的事实。这让事情在政治上变得很复杂。很多人似乎已经喜欢上了，或至少已经接受了双重语言认同：即在一种环境下使用法语，在另一种环境下使用克里奥尔语。这种二元对立是否可行？它的复杂性是否会在教育、社会服务和留尼汪人的文化和身份认同中导致冲突发生？

本调查提出了一种克里奥尔语言和文化复兴的可能形式，即由文化激进分子主导的对自海外省化以来公共领域法国本土文化霸权的抵抗。对旧的文化价值观和规范的赋值可能成为新身份认同的象征。克里奥尔和马洛亚音乐挑战了法国霸权，维护了留尼汪人保留与法国人不同的权利。媒体对非洲和马达加斯加出身的公众人物和马洛亚音乐的报道，以及本土乐队和歌手的日益成功，使另类文化得到推广和普及。这些文化在获得尊重，同时卡非人和混血人群也能坚持属于他们文化认同的行为了。

克里奥尔语的复兴是由移民法国的留尼汪活动家领导的。法国的教育部门支持了他们的倡议，允许在留尼汪的一些小学中开设克里奥尔语课程，介绍克里奥尔诗歌和文学。这些举措被海外省化支持者和右翼政客认为极具争议。

2003 年，留尼汪大学设立了克里奥尔语文学学士学位。如调查显示的那样，说克里奥尔语并不意味着排斥法语。留尼汪人在语言方面心态是非常开放的，比如他们对学习外语是很感兴趣的。克里奥尔语，如同文化认同本身，并不是少数学者或活动家的专利，而是属于人民的。对身份认同的追求需要对语言的重拾。语言是承认国家身份认同的基本元素。

卡非人最常使用克里奥尔语。这种克里奥尔语和某个族裔的关联导致了对克里奥尔语的污名化。但是其他族裔，如混血和小白人，也说克里奥尔语。在"新移民"中，马约特人表示比科摩罗人更熟悉克里奥尔语，更会说也更能听懂克里奥尔语。这两个群体都比佐里人、扎拉布人和华人更熟悉、更常使用克里奥尔语。在性别方面，男性比女性更熟悉克里奥尔语。

高地居民比低地更熟悉克里奥尔语。且总体上，高地的居民更多地展现出了克里奥尔的心态或者思维方式。他们接受克里奥尔生活方式，赞美自己的克里奥尔血统，享受克里奥尔美食。但随着时间推移，高地和低地会同等地接受克里奥尔的各个方面。

克里奥尔和留尼汪文化认同是通过民间故事和传说表现的。阶级与留尼汪和克里奥尔的身份认同是联系在一起的：低收入群体和工人阶级（卡非人、小白人、混血人群和马拉巴人）与这种身份认同联系得更紧密，体现在他们对克里奥尔音乐、马洛亚音乐的喜爱和对留尼汪旗帜的支持上。另一方面，扎拉布人、华人和大白人与其他族裔在留尼汪文化认同上是脱节的。他们更接近佐里人。但是大白人和佐里人在多数方面都不一样。大白人在私人领域比预期的更接受克里奥尔生活方式。科摩罗人和马约特人尽管在社会地位上很接近卡非人、马拉巴人、小白人和混血人群，但他们还不是克里奥尔文化的一部分。

图 3-2 展现了留尼汪的文化和语言概况。

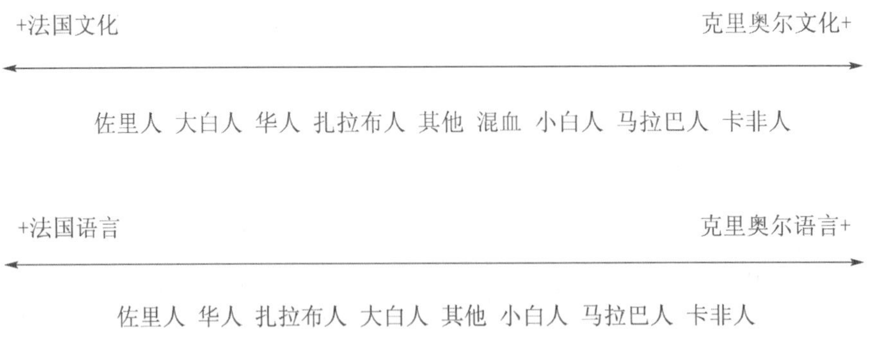

+法国文化　　　　　　　　　　　　　　　　　　克里奥尔文化+

佐里人　大白人　华人　扎拉布人　其他　混血　小白人　马拉巴人　卡非人

+法国语言　　　　　　　　　　　　　　　　　　克里奥尔语言+

佐里人　华人　扎拉布人　大白人　其他　小白人　马拉巴人　卡非人

图 3-2　留尼汪文化和语言排列图示

留尼汪文化认同和被统治的卡非人密切相关：留尼汪人和克里奥尔文化认同更接近卡非人和卡非文化认同。法国人更接近法国和佐里文化认同。这也符合调查中使用的文化认同元素：克里奥尔语、音乐、民间故事、旗帜、习俗等都从卡非人中获得了最大的支持。卡非人已开始将这种身份认同视作他们文化的一部分，一些其他族裔（尤其是混血、马拉巴人、小白人）也开始效仿了。在调查中被归为"其他"类别的受访者中有一些人确实不属于任一族群，也有一些人不愿意被某一群体定义。这些受访者的回答比较接近卡非人、马拉巴人和混血人群，与佐里人、大白人和扎拉布人的差别较大。和混血受访者一样，一些属于"其他"类别的受访者可能否认了自己的卡非身份：作为奴隶的后裔，他们从奴隶制开始就一直被精英阶层边缘化。一些卡非受访者自我定义为混血。显然，官方关于种族融合的言论和族裔之间的和平共处掩盖了岛上种族主义和族裔之间的不平等问题，而卡非人正处于这种社会分层的底部。

3.10 小结

2003 年留尼汪旅游局更改了远足步道"Rando Gandiamb"的名字——Rando 是 randonnée（意思是在山上徒步或骑行）的缩写，Gandiamb 是纯克里奥尔语，意思是"极好的"。官方将其改名为"Rando Métisse"：在这样生动有力的方式中，种族融合得到了称颂，而非洲被忽略了。留尼汪最受欢迎的音乐流派马洛亚也遭遇了类似的命运。马洛亚是属于卡非人的音乐，在较小程度上也是属于混血人群和马拉巴人的音乐，却因此而遭到了污名化。完全只属于卡非人的卡巴尔马洛亚在公共领域被封禁、藏匿和摈弃了。马洛亚表达了 20 世纪 60 年代和 70 年代的抵抗、斗争和政治反抗中的文化元素，在 15～29 岁和 30～39 岁人群中比在 40～49 岁年龄段中更受认可。后者遭受海外省化带来的同化和异化的影响更大。这个较年长的人群与法国文化的联系更紧密，而其他两组的人们对全球文化更开放，同时更"克里奥尔"。这个代际差异源于法国人的公共领域和留尼汪人的个人领域之间的权力关系。文化活动家们在法国的统治下，在个人领域复兴了留尼汪的克里奥尔语，这门语言正逐渐走向公共领域。在这种象征性空间的构建或重建上，近年来文化活动家们的斗争显然是成功的。

总体上，以下群体的受访者似乎最"克里奥尔"，也最具留尼汪文化认同：男性、15～29 岁和 30～39 岁群体、东部居民、卡非人、混血人、马拉巴人及小白人。但是，与 20 世纪 80 年代以前相比，现在有更多留尼汪人开始讲双语了。

受访者在定义自身族裔时遇到了一些困难。定义族裔身份在这里成为了一种选择。当选择是基因上的，其依据的是父亲的种族来源。当选择是社会性的，则是根据支配日常生活的主流文化价值观和规范作出的。调查显示在留尼汪的私人领域中有很强的留尼汪文化认同。随着人们应对法国当局和社会舆论的信心增强,这种情况开始延伸到公共领域。

留尼汪目前在社会、经济和政治领域的文化认同可以被视为法国和欧洲未来多民族社会的一个缩影。留尼汪人觉得自己有一种由许多共存的亚文化和"亚身份认同"组成的多重身份认同。从目前的情况看,各团体和协会都没有妥善处理这个问题。他们必须在社区、政界和当局之间进行调解,以便在寻求身份认同和促进留尼汪文化发展上取得进一步进展。

音乐和语言是身份认同构建的重要因素。塞卡音乐代表了国家同化主义者和海外省化支持者的声音,歌词中常有对蔚蓝的大海和阳光明媚的天空的赞美,和对无忧无虑的生活和情欲的描写。而马洛亚音乐反映了共产主义、自治独立主义的声音,表达出沮丧、焦虑和攻击性的情绪。法语和克里奥尔语同样扮演着对立的角色。克里奥尔语构成了留尼汪文化、克里奥尔社会和当前社会克里奥尔化的基础。但是讲克里奥尔语的人在留尼汪的许多社会问题中首当其冲,他们在学校成绩不好,在公共领域代表权匮乏。

由于留尼汪是一个后种植园社会而非后工业社会,政客会更多地考虑到过去奴隶制经历造成的伤痛。其后果直至今天依然明显地体现在一些社会经济问题中,例如极高的失业率(35%)造成的社会压力、酗酒、家庭暴力、性犯罪及谋杀问题。昔日奴隶主和奴隶之间的矛盾,已经让位于被意识形态话语所掩盖的阶级斗争。身份认同并不是根深蒂固的;相反,它改变了所有遭受国家危机的个体和群体,不管是政治、经济、社会还是文化。

必须提出的问题是:身份认同是否可能是周期性的?留尼汪是否会退回到300年前的民族关系?现在处在优势和弱势地位的群体和当时一样(大白人、佐里人、华人、扎拉布人和部分混血处于优势;卡非人、小白人、马拉巴人、部分混血、马约特人和科摩罗人处于弱势)。通过本调查可确切地看到,有证据显示留尼汪是一个运转并不和谐的多元社会。如拉巴什(Labache)所说,可以认为每个族裔群体都有其特殊性——如今卡非人和留尼汪人正试图在私人领域和公共领域重建他们的黑人和克里奥尔身份认同。这与他们的社会认同有关,很明显克里奥尔语在公共领域的兴起与留尼汪社会的主流生活形成了对比。

第 4 章
新殖民主义视角下留尼汪的克里奥尔身份认同

身份认同可以通过社会价值观和社会关系的转变而实现。以留尼汪为例，共和党独霸一方，加速了其与法国的一体化进程，这是否会破坏留尼汪人的身份认同，阻碍留尼汪的文化复兴？基于上述问题，本章拟探讨海外省化政治和经济过程的影响，以及从中产生的异名身份问题。留尼汪文化的诞生不能抛开法国文化模式下的霸权主义单独进行分析。海外省化是一种控制机制，旨在重新利用岛民的文化多样性和种族多元化，控制岛民同时效忠留尼汪和法国，暴力言行也成为海外省化控制机制的可用之道。留尼汪新殖民主义在海外省化幌子下对卡非族人极尽奴役，暴露出种族主义本质，相比于奴隶制和旧殖民主义有过之而无不及。

4.1 霸权主义与身份认同

4.1.1 霸权主义对身份认同的影响

安东尼奥·葛兰西经常使用"方向"（direzione）和"霸权"（egemonia）的概念，这二者可以互换。在留尼汪，法国的霸权身份体现在公共领域。自我表征是群体力量的来源：

> 一个阶级在两方面占据主导性，即控制性和统治性，统治联盟阶级，控制敌对阶级。因此，即使尚未当权，该阶级也可以且必须发挥"领导"作用。掌权后立即成为统治阶级，继续发挥"领导"作用……甚至在取得政权前，也可以且必须有"政治霸权"，但不能仅仅依赖从中产生的权力和物质力量来行使政治领导权或政治霸权。[247]

在留尼汪，社会统治的这两个方面表现为主流意识形态，即以佐里、大白人为代表的共和派以及当地资产阶级。而制裁、徇私与共同选择是其表现形式。这样一来，统治阶级就能在获取政府和新殖民主义权力之前，行使"领导权"。留尼汪的特殊之处在于，殖民体系下的统治阶级并非独立专断，而是依附于法国。

因此，留尼汪的霸权之争实质上就是文化之争。这种通过构建文化共识建立起来的霸权是基于社会关系的，这种社会关系允许最初登岛的居民之间相互偏袒，共同选择。1663 年，12 名马达加斯加人与 3 名法国人一起抵达留尼汪。被占领之初，留尼汪没有奴隶制，人人享受平等，新来者也不会被奴役。从表面上看，将留尼汪归为法国的一个区域[248]的这种海外省化是实现与法国社会平等的一项措施。留尼汪的这两个历史阶段并无二致：都是从平等主义出发，随着社会不断演化，白人地位显著提高，乃至步入"神坛"，成为只可远观而不可亵渎的"圣人"。对权力和知识的掌控是殖民地和新殖民地属民身份认同形成的重要因素，也是在宗主国控制下的印度洋社会中霸权阶级社会形成的重要因素。宗主国通过奴隶制、殖民统治和一对一的统治来授权暴力，从而导致自由遭到破坏，而使暴力合法化。宗主国通过海外省化引入结构化、制度化的象征性暴力，这在本质上是有利于富人和白人的。最终，被奴役的奴隶就变成了海外省化机制控制下的对象主体。[249]

留尼汪社会结构是从资本主义蔗糖生产经济进化而来的。1946 年，留尼汪社会结构的主体就从被奴役的臣民转变为法国公民，直至今天。他们只有通过对自我和社会的认知，才能克服异化，定位自我，获得身份认同。要知道，他们的身份已经被机械地割裂、合并，并不存在统一协调性。社会文化的差异成倍增加，导致主体弱化，无法融入周围的群体，更遑论从中脱颖而出。如果不参考以往经验，个人"知识的不安全感"[250]会削弱其权力，而权力掌握在已知的"殖民者"手中。

4.1.2　定义他律身份认同

他律是指"受制于外部规律而非自我约束的行为条件"[251]。在社会学术语中，他律身份可以被定义为"被统治的身份"，既不是自主身份也不是独立身份，而是模仿统治身份和主导身份。这种模仿是出于认同侵略者的心理机制，常表现为对其他群体的种族歧视行为。留尼汪人有自己的文化身份认同，但并不是独立于社会和民族的，这一点从他们对慈善事业的依赖以及与法国的情感关系中可以看出。由于对法国的依赖和他律的存在，留尼汪已经成为一个"受控社会"[252]，受制于一个新的、后现代的社会统治形式。留尼汪人民是"主动建立的社会和被动建立的社会之间结合和紧张状态"[253]的产物，受利于他者。

他律源于社会环境之外，通过政府、宗教、家庭和家庭关系、法律、所有权、教育、经济和语言等制度有效地支配着社会环境。而这些制度随后被视为预先存在的结构和组织，交杂着个人与群体的行为和互动。他律社会制度的结构和组成部分并不重要，重要的是这种社会和其制度的发展关系。这种关系的特点是否定、时空中个体身份建构的隐瞒、自我认知的歪曲和偏颇的教育。简而言之，这样的社会与真实的自我偏离。这种偏离是指"想象中制度的自主自导，导致真实社会制度也更加自主化、自导化"[254]。这种偏离使始于殖民体系的种族主义随后扎根于留尼汪，在社会结构中持续存在并通过一系列制度建立了盛行于当今他律社会的普遍行为模式。

4.1.3 他律和新殖民身份认同

在留尼汪的背景下定义殖民主义实属不易。如果把殖民主义定义为外来力量对一个民族的统治，那么这个定义便不适用于留尼汪，因为法国人抵达留尼汪时，岛上无人居住，而那里的法国人、大小白人与其他劳奴后代一样是土生土长的本地人。这些欧洲人成了地主和奴隶主，在法国与其副官的控制下，在剥削和经济生产体系（奴隶制和契约制）下行使他们的权力。因此，留尼汪的殖民主义可以定义为外来人口在一片处女领土上被其他外来民族统治的制度。

"新殖民主义"一词是指欧洲列强放弃直接管辖其位于非洲、亚洲、加勒比海和太平洋地区后的前殖民地的时期。独立国家崭露头角，被称为"第三世界""发展中国家"或"后殖民国家"。但是包括留尼汪在内的部分地区并未提出独立，因为独立并不是一个可行选择，且大多数人不愿独立。因此留尼汪的情况可以称为"新殖民主义"。但是留尼汪有幸成为发达地区，这在有殖民背景的地区中极为罕见。

新殖民主义与后殖民主义不同，但又有相似之处。在后殖民和新殖民时期，政治、经济和文化权力是由前殖民国家而非外来民族行使。新殖民主义特指"战后非殖民化下，亚非出现的后殖民国家类型"[255]，也被称为"帝国主义的遗产"[256]。"后殖民"和"新殖民"通常是对"非白人、非欧洲人，或有欧洲人血统的非欧洲人的礼貌称呼"[257]。新殖民主义适用于全球经济政治不稳定的情况且有利于前殖民国家。前殖民国家的语言被官方化后，会对整体的思想知识、生活方式、社会互动、政治和文化领域产生影响，导致本土或土著语言面临消失：

> 这些全球不平衡通过网络媒介，在藩属国与非藩属国的知识分子之间表现出来，虽然网络媒体会因为经济政治而显得复杂，但也不是完全不可辨认……知识生产中不成比例的制度化，规定非藩属国的知识分子必须表现出对欧美的了解才能获得可信度（不仅是在其他藩属国眼中），反之则不然[258]。

留尼汪不是后殖民地，但就不同种族的克里奥尔语言和文化而言，留尼汪是一片未独立的新殖民地。发展克里奥尔语言和文化，任重而道远，也需要极大的政治意愿和努力。发展新殖民主义理论也并不容易，因为克里奥尔语是口耳相传的，缺乏书面形式。这些具体的区域理论会遇到政治阻碍。各种人口的新殖民身份是奴隶制和殖民时期的遗留问题，如今演变为一种社会不公。所以大白人总是与"祖国"维持着紧密关系,从未斩断与宗主国的文化联系,并与其保持特权关系。留尼汪的新殖民地属民是根据其融入法国的程度来划分等级的。这就是法国的胜利之处:和在其他地方一样,法国仍然控制着自己的"海外属地"。[259]

弗朗索瓦·韦尔热斯独具匠心地分析了留尼汪与法国之间的政治、文化历史,以及佐里人和留尼汪人之间的复杂关系,这些关系体现在法律、医学和心理学等各类学科的小说以及图像中。[260]在她的笔下,留尼汪和法国的关系就像一个温馨的家庭一般:法国似有保护欲的母亲,而留尼汪则被视为依赖母亲的孩子。这是一种典型的新殖民主义关系,具有明显的弗洛伊德色彩:"19世纪80年代,区域化措施允许被同化的法属西印度(和留尼汪)的'孩子'既能享受同化的宗主国'亲代'的保护和补给,又能作为一个准自主成年人享受最低程度的自我认同"。[261]在保证法国与所有海外省平等的同时,海外省化延续了霸权,这种霸权标志着从奴隶制和殖民统治中延续下来的"亲代"殖民关系。这就是新殖民主义的意义所在。

同后殖民主义一样,新殖民主义超越了"阶级问题"[262],也是一个空间问题。殖民身份平等地建立在社会控制和地理空间控制之上。相互联系的新城市文化取代并高于过去的港口文化,米提人身份和新殖民身份被颠倒。这些新城区共享中心权力,文化是回避阶级内部关系的不平等和压迫的手段,但在阶级间关系的权力谈判中,文化仍是定义身份的有效手段[263]。对地理空间的控制始于航海家的记载,这些记载激发了集体的想象力,并鼓励探索和开发处女地。如今,通过后殖民地和新殖民地,地理空间控制在国际地缘政治中仍十分重要。如果殖民主义是"发现",那么新殖民主义和后殖民主义就是"分离"或"隔离",旨在控制这些新殖民地的国际和公共领域,同时试图稳定发达的资本主义社会。留尼汪不同社会经济群体的社会身份之间、社会贫富阶层之间、各种族群体之间都存在着分歧,而这些都是由宗主国及其机构完全控制的。

阿贾兹·艾哈迈德在分析政治经济与宗主国关系时,把后殖民主义和新殖民主义的开始时间都定在了19世纪70年代初。19世纪70年代末,爱德华·赛义德将经济关系替换为用"话语",尤其是用东方话语来研究后殖民主义的视角[264]。赛义德在"东方"和"西方"之间建立了一套伦理的、认识论的、本体论的、形而上学的区别,这种区别尤其体现在两个集团的文化关系上。东方主义承认了西方文化身份和世界其他文化的分离。西方人通过管理和制度的双重机制管理东方人,建立自己的权力。[265]

面对这种帝国主义,留尼汪文化无力抵抗。"西方崇拜"[266]使西方无论是在宗主国还是在殖民地,都处于统治和权力的主导地位。这体现了西方人当家做主的意志。留尼汪人将这种崇拜投射到他们的印度洋邻居,以及非洲同胞、印第安同胞、阿拉伯同胞和亚洲同胞身上。在留尼汪人身上可以看到西方人,甚至是法国人的身份认同。身份就好比"永不停歇的'生产',总是在演变中,总是在内部而非表象之外构成"[267]。海外背景下的文化身份被定义为"一种共享文化，一种对集体自我的依恋……文化身份反映了共同的历史经验和共同的文化规范，在当前不断的分裂和历史的变迁之下，为我们这个'民族'提供了持续不变的参照和意义框架"[268]。在留尼汪，这种文化身份认同也定义了新殖民身份认同。由于留尼汪人生活在法国文化的主导下，他们并没有重新发现自己的身份，而是认识到一种殖民身份。留尼汪新殖民主义话语是基于知识的机械形成，特别是基于欧洲模式在非欧洲环境中创造的幻想和欲望。其中一个典型例子就是对一些地区重新命名，将其固定于欧洲范围之内。此外，20世纪60年代"宗主国"一词替代了"法国"；在1965年留尼汪建立三百周年纪念活动中，第一批留尼汪居民的驻地从"第一批流亡者洞穴"更名为"第一批法国人洞穴"。这些例子也是有力证明。1665年是留尼汪殖民的开始，随着东印度公司接手该岛，更加突出了其"法国血统"[269]；1663年，岛上马达加斯加人逃脱了最开始的劳役和奴役，承认了他们的重要性。这意味着通过强调马达加斯加的根源[270]以及构成留尼汪社会的非洲黑人文化和身份认同，从而承认留尼汪主要人口的多元性。

在等级制度和殖民制度并存的教育体系中，留尼汪大学、教育研究所（IUFM）[271]，以及中等教育的教学都由宗主国垄断。[272]通过国家考试的学生必须前往法国深造或工作。在法属西印度群岛也存在类似的情况，"许多合格的马提尼克人必须离开故土去法国谋职，但本地却招募了大批宗主国教师，对此，当地居民感到异常愤怒。"[273]这项政策确保了法国白人始终可以得到最优待遇。权力并不在法属西印度群岛岛民手上，反而掌握在远隔千里的"永恒"的统治者手里。整个结构和上层建筑具有新殖民主义性质。与后殖民主义一样，新殖民主义是一种"存在模式，当专业知识技术与权力策略相结合时，其重要性和脆弱性会被破坏……后（新）殖民主义可以代表一种不断摧毁明显反对派的策略"[274]。这种新殖民主义身份认同空间是一种"解构主义案例"[275]，其中社会等级制度远非民主，因为公民权和人权没有得到尊重，社会、文化和种族平等没有反映在当局或身份认同中，"因为平等的社会关系从未出现过，所以当它出现时……社会认为它是很危险的"[276]。

想象和幻想正在乌托邦发源地上塑造一种虚幻的新殖民主义身份。欧洲的身影无处不在，体现在行政、教育及其他机构，欧盟旗帜，与宗主国的关系，旅游业及法国官员而非当地民选官员的政治决策等方面。留尼汪在政治、经济、心理甚至文化上的依赖性标志着一种新殖民身份认同，这种身份认同是以欧洲精英统治阶层为蓝本并受其压迫的。与法属西印度群岛一样，宗主国法国与地方精英和小资产阶级之间的关系不断疏远："这是法国新殖民主义在安的列斯群岛（和留尼汪）取得的最伟大最狡猾的胜利，它可以使那些被它支配、扭曲和剥夺了人格的人产生一种依赖感和不情愿的感激之情……"[277]很多当地精英团体采用（西方模式）来表达他们或通过同化或通过行政区域划分来融入法国机构的需求。[278]

在公共场所交谈，以及如巴士底日的公共仪式上，留尼汪的精英阶层还是坚持使用法语，将法国的主导地位制度化。在新世纪之初，留尼汪组织了一些新仪式，其中一个是庆祝第二次世界大战期间自由法国在留尼汪的胜利；另一个是庆祝 1942 年 11 月 27 日法国"猎豹"战舰从维希政权手中"拯救"了留尼汪，如今每年的 11 月 27 日都会举行庆祝仪式，已经成为集体和公众记忆的一部分。在这些仪式中，人们使用委婉语来掩盖法国文化支配克里奥尔文化（卡非文化）的事实。卡非文化应该通过与卡非人历史相关的象征性公共仪式来重新加强卡非人的身份认同，以对抗法国文化的支配和冲击。

4.2 留尼汪：新殖民模板

4.2.1 海外省化

留尼汪的文化认同一直是个敏感话题。虽然自 1959 年以来，文化认同就对充分了解留尼汪社会政治至关重要，但却从未成为社会学辩论的重点。20 世纪 60、70 年代，在全球非殖民化的推动下，独立自主的政党在留尼汪兴起，但戴高乐党从未动摇过扼杀本土文化身份认同的决心，并通过区域性话语和米歇尔·德勃雷领导的寡头政治强加法国文化身份认同。德勃雷时代的融合和"叙事镇压"使得"自治""独立"和"殖民"等 20 多年来常见政治词汇的一部分成为禁忌。在 1981 年总统大选中，留尼汪支持弗朗索瓦·密特朗及其后的区域化和权力下放政策前，自治是留尼汪共产党意识形态话语的主题。尽管历史证明殖民局势总是会引起抵抗运动，但留尼汪似乎已经建立了经济、政治和文化机制来应对任何叛乱。从文化活动家协会领导的文化民族主义的诞生中可以窥见某种形式的抵抗，正如调查所示，事实上有 64.6% 的受访者赞成使用地区旗帜。

奴隶制和殖民时期，法国强迫留尼汪使用法语、禁止原籍文化、坚持天主教信仰，这种长期压迫状态桎梏着留尼汪，直至 20 世纪才有所改善。法国对留尼汪进行远程政治管理，旨在将该岛并入法国，对其经济、社会和政治等各方面都产生了深远影响。从历史上看，这种霸权通过众多的社区迁徙和各自身份的重组塑造了岛上的文化身份认同，这些族群并不是法国人手中被动的棋子，所以我们更应该仔细研究这个多民族社会几个世纪以来形成的社会组织和关系。从岛上有人居住以来，种族与文化交融的现象便一直持续至今。

4.2.2 多元文化身份认同与共和法律

留尼汪是一个文化多元的社会，"是一个文化和宗教群体并存的社会，是一个生活方式和社会诉求都独一无二的社会。"[279]在盎格鲁－撒克逊社会中，文化多元主义包括建立以多元文化和社区为基础的法律和政治。在留尼汪，当地的人们早已习以为常，认为这种多社区的共存理所当然。这种"文化多元主义并不是最终目的，相反，是一种协调共存的更优解"[280]。"多元主义及其替代办法必须在制度上，而非种族或民族角度进行定义。文化异质性有多种形式和基础，而文化多元性只有一种形式，即基本制度体系的多样性"[281]。在这种文化和非歧视的情况下，社会互动和凝聚力增强了身份认同。在留尼汪就是如此，时空的变化会影响马拉巴人、华人和卡非人的身份认同，多文化、多种族背景下，阶级和宗教等因素也会造成类似影响。多元化必须是一个恒定的价值，在社会结构中发挥稳定、根本的作用。交叉和边界是克里奥尔人身份的组成部分。在留尼汪，一个人很可能同时拥有法国公民身份、说克里奥尔语、归属卡非族裔、信奉马拉巴宗教、过着美式生活、接受西方教育又喜爱亚洲菜肴。所有这些社会文化的变量因素都会不断影响和塑造着岛民的身份认同。无论是在私人领域还是在个人层面，留尼汪人都面临着这些相互影响以及各种族之间的互动。

与极端自由主义的毛里求斯不同，毛里求斯的克里奥尔化是建立在个人主义和自由主义基础之上的[283]，而留尼汪的克里奥尔化是集体性质的。但是，自20世纪80年代以来，随着一些留尼汪种族文化群体社会地位的提高，留尼汪人开始效仿毛里求斯[284]。一旦达到一定的社会阶层，所有社区都会重新构想并要求重新定位自己的身份，这些身份因现有的权力和相关痛苦而支离破碎。

留尼汪的文化问题漏洞百出，是由于其文化多样性不符合法国宪法，因为法国宪法根植于"单一的、不可分割的"共和国的雅各宾中央集权制。这样一个合法组成的共和国连接受文化多样性都做不到，更遑论承认它了。一般来说，少数族裔的身份和公众对其的认可是法国政治人物和知识分子们避而不谈、最不乐意看到的：

> 那些坚持共和党模式，或者说只是坚持共和党漫画形象的人……实际上，他们已经成功自大地用自己的思想抹黑了那些想获得尊重和认可的人，抹黑了那些法国避免称之为"少数民族"的人。谁要是不满足于做共和国"单一、不可分割的"专属使徒，谁要是不满足于与之相关的抽象的普遍性，谁要是要求分析审查"少数民族"提出的要求，那他们只能是幼稚的、暴乱的、反动的，带领国家走向毁灭。[285]

1789年的《人权宣言》成为西方白人男性（欧洲、美国、澳大利亚和南非）对抗白人女性、非资产阶级和黑人的武器。"美白"理论已在社会中根深蒂固，由社会精英精心设计，以保护欧洲成年男性、受过教育的知识分子和财产所有人，他们肩负引导和管理妇女、儿童、受抚养工人和殖民地属民的责任，因为他们自诩是唯一明智的人，能够掌控自己的情绪，并理性地寻求最佳解决方案……他们处于有利位置，可以残酷地行使这种理性主义背后隐藏的力量。民主已变得社会化，而不再只是简单的共和主义了。[286]

4.2.3 海外省化：非殖民化还是新殖民化？

1946 年，法国对留尼汪实行海外省化，这种政治同化对该岛的经济和社会产生了深远的影响。种植园的减少推动了由前殖民地种植园主乃至最近的移民（如扎拉布人、华人和佐里人）领导的私营部门和公共部门在第三经济阶层中的活跃。这加剧了留尼汪经济对法国的依赖性，导致第三产业过度发展，酒店、旅游住宿和服务业取代了甘蔗业。种植园的经济危机随处可见，失业率高达 35%[287]，经济陷入困境。由于生产成本高昂、社保过高、廉价劳动力竞争以及对新股份的投资等因素，农民们也不再务农，相继转行。国外甘蔗业蒸蒸日上，为留尼汪甘蔗业敲响了丧钟（随着甘蔗业的消亡，以奴隶制为基础的克里奥尔文化及种植园社会的历史将消失，但奴隶制的历史仍将铭刻在集体记忆中）。海外省化改变了留尼汪的社会结构，形成一种"按照阶级而非种族划分的新殖民局势"。事实上，随着海外省化的发展，留尼汪人"受到越来越多现代主义的冲击……而难以达成和谐"[288]。

海外省化在经济发展领域的失利，以及在卫生和社会保障领域的成功，都为 21 世纪的留尼汪留下了深刻烙印。海外省化改变了留尼汪的生活方式：出生率上升，死亡率下降；城市无产阶级出现，而失业、贫穷、抑郁、酗酒和暴力等后果随之而来；新的中层公务员和办公室雇员诞生；农村人口逐渐向首都外流；教育普遍化；公共和私营部门减少，服务业增加（但制造业没有发展）；宗主国产品和价值观念得到推广；引入社会福利（失业救济金、家庭津贴和免费医疗援助）。此外，20 世纪 70 年代后期还诞生了慈善事业。1962 年初，德勃雷到达留尼汪后，迅速实施了海外省化政策，效果惊人。几个月后，他当选为副主席，任至 1988 年[289]。

海外省化通常被认为是非殖民化的一种形式，是通过"1946 年 3 月投票实现的非殖民化……是一种建立在过去基础上的政治行为"[290]。"这种特殊形式的非殖民化似乎导致了留尼汪经济和社会的彻底重塑，进而导致了人口的彻底重组"[291]。法国海外省化的实施显然要早于非洲的首次非殖民化运动（1949 年利比亚实现非殖民化，1956 年摩洛哥和突尼斯实现非殖民化，1957 年加纳也实现了非殖民化）[292]。在英国、法国和其他殖民地几乎都选择了政治独立之前，"留尼汪通过融入宗主国法国，走上了非殖民化的非凡道路"[292]，而政治独立并没有终止经济依赖和文化异化，殖民化的本质仍然存在[293]。

海外省化是在 1945 年和 1946 年的议会中支持艾梅·塞泽尔的留尼汪人和左翼议员共同选择的一种通过整合实现非殖民化的方式。有人说，"留尼汪本质上就是殖民地，它完全是由殖民现象塑造的……殖民化是留尼汪整个社会、经济、价值体系的重要组成部分"[294]。但是，如果留尼汪不存在殖民前的土著人口，也不存在国民经济和民族独立，还能说它是非殖民化的吗？无论经济、政治、文化和知识方面的地方权力是否得以留存，这些权力都是由大白人和佐里人共同管理的，后者继续扮演着殖民公务员和法国传教士的角色。[295]"本土责任"尚未建立，"本土责任感"更是无稽之谈；在留尼汪和其他海外省，难道还会有无责任的自由吗？[296]海外省化实施后，"瓜德罗普、圭亚那和马提尼克（和留尼汪）（曾被）殖民化而没有独立"[297]。1949年6月4日在纽约举行的联合国大会第915号决议总结了这种情况："在这种情况下，独立是不可能的，就像一个省是不可能独立于它的组成国家的。"[298]留尼汪的非殖民化"更需要彻底改变其内部结构，而不仅仅是改变外部状态"[299]。

4.2.4　海外省化与知识权力控制

在整个海外省化过程中，主导阶级一直使用公共言论和实践来构建稳定和"令人放心的身份认同"[300]。这样的身份可能"令人放心地"共存，有时甚至出于政治目的被用来证明个人之间和群体之间的不平等。这在狭义上提出了有关知识生产和知识主体的根本问题：需要对这些对象的"远古身份"[301]进行调查。知识也可以看作是日常生活中的"常识"[302]，使人们"了解"并定义"现实"。

这种社会形态是通过在公共领域建立国家框架内的机构来实现的，该机构在这种情况下象征性地通过暴力进行管理和支配[303]，违反了民主和对基本人权法的尊重，而自法国大革命以来，国家在公共领域创造了一种与私人领域完全不同的身份认同。通过机构和代表的干预，国家试图将这种公共身份引入私人领域，以更好地实现海外省化。国家通过对经济的有效利用以及对文化资产的生产和利用来行使权力，构成了象征性暴力[304]。

然而，当今留尼汪的文化激进分子组织通过文化和艺术表达，形成了一个抵抗或民族主义的政治空间，并帮助留尼汪人形成民族认同。但是，留尼汪的社会空间内存在二元论和文化对立。在没有民族文化的地方，就存在殖民局势和统治。法农的分析适用于此：

> 殖民统治……很快以洪荒之势肢解了一个顺从民族的文化……尽一切努力让殖民者认清现实，承认他们的文化中被本能行为所改变的劣根性，承认在极端情况下他们的国家不可能恢复，并承认其自身生物结构无组织、不完全的特征。[305]

留尼汪的民族主义仅限于以语言，音乐（尤其是马洛亚）和美食为中心的抵抗和文化主张。这种民族主义没有什么政治、种族或经济意义，更没有社会影响力。在爱尔兰、巴勒斯坦和斯拉夫，民族主义具有宗教基础[306]；留尼汪的民族主义是基于克里奥尔语的，也就是基于克里奥尔文化。也就是说，留尼汪的民族主义是围绕着身份认同而发展，这是社会分层的指标。殖民地的社会结构和实践体现了发展差异。[307]弗朗兹·法农、和安娜·海因茨等精神病学家已经清楚地表明了殖民地实践如何影响精神病学理论和精神疾病。酗酒、性暴力、身体暴力甚至谋杀都是殖民主义,尤其是新殖民主义的产物。

如今留尼汪的身份认同就是在海外省化进程中形成的。尽管高收入群体试图根除其留尼汪人身份认同和文化血统,但留尼汪还是变得格格不入、鱼龙混杂。留尼汪的身份认同并不稳定,总是处于克里奥尔化进程中,并随着"全球身份认同"而变得更为自由。[308]史密斯认为,"理想的制度生活形式……源自欧洲;因此,不同的宗主国关系会产生不同版本的克里奥尔文化。但在克里奥尔背景下,这些制度形式或多或少地偏离了其宗主国模式,以适应当地条件。"[309]

4.2.5 排斥在公共领域外的克里奥尔语

在留尼汪,旧的"主奴"辩证法被当权者所掩盖,他们不是通过占有土地进行耕种或占有商业空间来建立霸权的,而是通过控制意识、知识、文化和外部身份,使被统治者失去思考或反思能力,从而建立霸权。掌权者是国家的代表,包括佐里人、大白人和地方资产阶级,他们控制着人们的意识,而语言在其中至关重要。久而久之,权力就属于那些讲法语的人。在留尼汪的社会环境中,克里奥尔语被降为私人领域,这种语言上的边缘化反映了讲该语言的人的地位。《留尼汪日报》雇用的记者(主要是佐里人)发现有必要向其读者提供受访者以克里奥尔语发表评论的法文译本:好消息是,这些记者对留尼汪的克里奥尔语既不精通也无兴趣,而坏消息是,他们铁了心地抹黑克里奥尔语,甚至将该语言从公共领域驱逐出去。但也有例外,如留尼汪电视台用克里奥尔语播放的电视新闻,留尼汪电台主持人说的克里奥尔语。然而讽刺的是,某知名主持人曾反对在学校教授克里奥尔语。这些都始于非白人接管电视台的时候。那个时候,自由世界电视台(Radio Free Dom)开了一个名为"电台控诉"(Radio Doléance)的 24 小时脱口秀节目,自 1984 年开播以来,该节目的目标观众是那些愿意使用克里奥尔语倾诉自我的人。为了吸引工人阶级的观众,公共电视台"法国海外广播电视台"(Radio Télévision Françaises d'Outremer,前身为"法国海外网络",Réseau France Outre-Mer)的竞争对手"留尼汪天线"(Antenne Réunion)在 1991 年以前都允许当地免费电视广播使用克里奥尔语。而在该广播关闭后,当地发生了骚乱。

为了对抗法语霸权,某些文化协会和激进分子正在努力争取对克里奥尔语进行正式编纂。这将赋予克里奥尔语新的维度,并使其在公共领域更加突出。但是这种做法会产生很多副作用,因为这种做法与人们另一方向的努力矛盾:即通过普及法语的使用以获得被社会认可的留尼汪身份认同。按语言划分的霸权阶级区分非常明显:[310]流利使用克里奥尔语的人主要属于低收入群体,会说双语的人属于中等收入阶层,而那些说法语的人属于高等收入阶层。

4.3 新殖民主义现实：法国霸权与留尼汪身份认同

4.3.1 身份演变：细分和融合

文化身份的形成依赖于"他者"的存在。个体正是通过他者的存在而发展出对自己种族身份的意识。身份认同和多样性相辅相成，奴隶制和殖民时期是留尼汪身份形成的基础，克里奥尔语也起着重要作用。在确认不同身份之前，留尼汪曾拒绝采用法国官方身份。文化认同和克里奥尔化不只是统计问题，而是在时间和空间上持续变化的动态现象，地理位置、教育和社会环境都有助于身份的构建。在克里奥尔化的过程中，超文化现象导致了一个多元化社会，是许多文化元素相互交织积累而成的。不同文化元素在一个狭小空间中交互接触，很容易被转移到更大的空间中去。

在本研究进行的调查中，要求受访者思考留尼汪人身份的本质，并表达其作为留尼汪人的身份认同。除了留尼汪克里奥尔人的身份之外，还存在许多亚文化和亚身份，但是当这些亚文化和亚身份面临法国文化和语言时，统一的克里奥尔人身份认同就会从这种亚身份体系中出现。

但是，这种层次结构也是污名化的层次结构。就留尼汪的文化认同而言，诸如扎拉布人、华人和大白人等某些亚文化的成员与其他群体完全脱节，更接近于佐里人。但布朗族就不一样了，他们比扎拉布人和华人"更像克里奥尔人"。很明显，留尼汪人文化认同的基准是卡非族：作为"留尼汪人"意味着更接近卡非人，而作为"法国人"意味着更接近佐里人。在文化认同方面，如克里奥尔语、音乐、民间故事、宗教信仰和对死亡的态度，参与调查的卡非受访者与克里奥尔人的身份认同联系最为紧密。在经历了数百年的压迫之后，通过文化协会和激进分子的努力，这一群体将这种身份特性作为其文化的一部分。正是由于这种身份，其他种族群体，尤其是混合种族、马拉巴人和小白人，在不知不觉中趋向交融。调查进一步揭示了留尼汪音乐马洛亚的污名化也与卡非有关。

留尼汪人因受到共同压迫而紧密联系在一起，但他们保留了多种不同的文化，自出生以来就拥有"雌雄同体的身份"。由于他们身兼法国人和克里奥尔人的双重身份冲突，他们经历了心理上的脱节和各种形式的精神创伤和痛苦。这些身份都具有"隐藏性"和"协商性"。他们从自己的私人生活中汲取这些元素，并希望在"有争议"的公共领域内美化他们。在这些不同的符号空间中，社会化的力量形成了身份认同过程。留尼汪人经常通过使用情景身份并在私人和公共领域中不停转换来形成和解。在这些领域中，社会形成的过程发生在统治者与从属者之间的权力关系中。社会身份是在象征性的空间中形成的，留尼汪人兼具私人领域的身份和公共领域的身份，两者并存，不能分开。

4.3.2 留尼汪的语言演变

语言和文化的克里奥尔化和去克里奥尔化与社会经济流动有关。大众教育、大众媒体影响了去克里奥尔化，经济和政治选择对社会历史产生了巨大的影响。以克里奥尔人身份模型的创建为例，该模型源于经济发展，其中甘蔗种植园发挥了重要作用。文化表现形式和实践是将我们建构为新型人的表征形式。

如今的观念是，那些在社会经济规模上处于较低地位的人会在社交时讲克里奥尔语，并表现出克里奥尔的文化信仰，这一观念需要重新思考。克里奥尔语代表社会身份，克里奥尔化涉及多种文化，对多样性和社会变革的容忍度不断提高。在留尼汪，"社会融合更多的是政治性的，而不是实际的，而社会互动网络则更多是按民族和种族划分的"[311]。身份构成因人而异，这可能是基于政治意识形态的争论造成的。因此，乔登森关于留尼汪和其他前殖民地的克里奥尔语和文化形成的观点具有强烈的欧洲中心主义色彩。（此处声明无意贬低他对研究的贡献。）最近的研究倾向于同意他的结论，即语言上的克里奥尔化过程反映了留尼汪文化的克里奥尔化过程，语言上的克里奥尔化导致了以法语为基础的克里奥尔语的形成。[312]乔登森进一步认为，留尼汪文化的克里奥尔化源于法国文化。但事实并非如此，留尼汪文化的克里奥尔化是非洲－马达加斯加文化的产物。

克里奥尔语和音乐再次激发了人们对克里奥尔文化和身份认同的兴趣。寻求身份认同需要语言的价值，而语言是承认国家身份认同的基本要素。克里奥尔语是留尼汪文化的基础，也是克里奥尔社会的形成和当前社会克里奥尔化的基础。克里奥尔人在留尼汪生活的各个方面都发挥着核心作用，例如社会问题、教育、代表性和成功程度等。直到20世纪80年代，塞卡语都是以大白人为代表的国家同化和海外省化话语的一部分。显然，法语和塞卡语是留尼汪身份建构不可或缺的一部分，而克里奥尔语和马洛亚语也是身份形成的一部分。如今，人们往往信奉多个宗教，这是与社会阶级有关：这是工人阶级和中低收入阶层的特征，而非高收入群体的特征。

4.3.3 留尼汪的社会文化转型

要了解克里奥尔化，就需要了解当代和历史上更为广泛的全球交流背景以及殖民冒险。这在留尼汪不成问题，因为这里的人一直来自各个种族群体，并相互融合。本书所依据的调查表明，老一辈对克里奥尔传统不那么了解，而作为调查目的的其他两组人似乎更了解这种传统的重要性以及具有独立身份的必要性。这两组人对文化认同感的提高，是文化协会反对海外省化政策的结果。这两组人更能接受"世界文化",而老一辈则不那么热衷,他们更愿意保留法国文化。这也有一个地区性问题。

分析留尼汪地区的语言可以发现,在没有本地土著身份的情况下,留尼汪人的身份是根据社会经济地位、种族、肤色、宗教信仰以及统治者与被统治者之间的关系来确定的。由此得出的结论是,文化是留尼汪人通过殖民主义和新殖民主义实现西化和社会化过程中的主要因素之一。这就可以解释为什么被压制的身份必须努力在宗主国和留尼汪原始文化之间取得平衡。

最后,对克里奥尔化的研究一直是基于对差异的培养。克里奥尔自16世纪形成以来,一直以他者文化以及自我与他人之间的差异为基础。留尼汪文化包含许多不同的文化,否定了真实文化只有单一根源的概念。社会克里奥尔化的概念可以用来解释社会环境变化的过程(使用语言和文化模型)与社会框架和变化背景的关系。在全球克里奥尔化的文化和社会中,这些现象可以通过新的社会组织来丰富"自我"和"他者"的身份,通过将"同质化"和"异质化"结合在一起,在一个新的"中间时刻和过程中表达'差异',从而改善他们的文化表现"[313]。在这些新地方,在全球,社会和文化条件(公共空间)的影响下形成了地方、社会和文化身份(私人空间)。

留尼汪的社会结构的特征自奴隶制以来就已经确定了。由于制度使人们的社会身份合法化、正当化,卡非人仍处于社会最底层。因此,根据调查结果,一些卡非人拒绝卡非的价值观和种族身份来避免被统治,而其他人则更喜欢将自己定义为混合种族。在奴隶制和殖民主义时期形成的助长种族主义的制度中,可以看到这种对卡非身份的诋毁。

秉承着延续市场资本主义统治的后海外省化精神,2003年3月28日,留尼勒唐蓬市(Town of Tampon)议会议员兼副市长曾宪建(André Thien Ah Koon)[314]提议将卡非平原(Plaine des Cafres)改名为火山平原(Plaine des Volcans)。他认为这个新名字更"有市场",更能吸引游客。他觉得村民们拒绝接受"卡非(Cafre)"这个身份,而且"卡非平原的居民和孩子们会更容易把自己当作是火山人口,而不是卡非人口。在法国的这个小角落里,他们从未使用过这个名字"[315]。曾宪建主张抹去他所管辖的区域内所有奴隶制的痕迹,在这个"法国的小角落"里抹去所有非洲和马达加斯加的记忆。作为极端自由主义全球化的支持者和勒唐蓬几家大型企业的所有者,曾宪建基于其行政区国际市场发展和旅游业逻辑的背景下,签署了这个项目。然而,他这一举措引发了大众的不满,报纸刊登了大量读者反对的来信,卡非文化激进分子组织表示强烈的反对,沉睡已久的身份认同意识被唤醒了。曾宪建的提议将殖民主义话语和行为中固有的、流传了数世纪的种族主义具体化,当时人们认为这种种族主义将重新出现,为欧洲资本主义服务。曾宪建和他的市政团队和其他的留尼汪人一样,可以说是碎片化的现代殖民主义话语的受害者,是欧洲中心主义的受害者。在欧洲中心主义中,个体的思想、理性、身份认同和社会角色都是"异名的",同时效仿新殖民主义者和"霸权主义"意识形态[316]。这就是"不平等的种族主义""剥削的种族主义"以及"文化差异与排斥的种族主义"。[317]

留尼汪的历史和现状表明,"奴隶制不是种族主义的产物,相反,种族主义是奴隶制的结果。"[318] "不论从何种科学意义上来说,奴隶制都绝不意味着黑人的劣等性"[319],"黑人"种族主义是"现代意识形态结构的顶峰,它的兴起同时伴随着资本主义的第一个经济迹象:农业和商业主义的交换。"[320] 留尼汪的种植园经济生产体系见证了"黑奴制"的诞生,"资本主义的第一个经济迹象"也随之出现。从奴隶制开始到今天,甘蔗生产一直处于当地经济的主导地位,这种经济对应的是一个由强大经营者和贸易者组成的白人寡头统治的两极社会,导致大多数人口陷入贫困。自 20 世纪 70 年代以来,这个白人寡头政权已经将公务员和佐里人纳入主流意识形态和文化现代主义的延伸中。这种统治和权力的特点是"将资本主义和殖民主义作为西方文化个性的两'方面',因此是'西方化'的痕迹,而不是作为各种'西方'权力在'非西方'政体和人民面前排列并投射到他们身上的全部社会形式"[321]。

4.3.4 政治"独立"带来的经济依赖

阶级、性别、种族和文化的象征性殖民暴力导致了对原住民的主观否定,因此,现代化和海外省化的身份认同已经成为一种西方化身份认同的标志,特别是在文化和意识形态方面,并且出现了一种模仿性的文化和社会身份认同。在这种同化、异化和他律的海外省化意识形态中,来自巴黎的公共基金发挥了重要作用,因为它们开始了经济援助,创造了依赖性,说明了"一种微不足道的民主是如何造就一股新殖民主义影响力的,大量资金是如何涌入该国的,以及如何对原住民进行实质的提升。依赖和他律是一个系统的产物,而不是孤立的个体。"[322] 这种异化"具备慈善属性,模仿宗主国的一切社会优势"[323],是 20 世纪 60 年代法农写作时不存在的现代异化。

为了使留尼汪社会成为一个整体,就有必要利用超文化接触和混合形成的身份认同,采用克里奥尔化准则,这些准则决定了是否接纳或排斥不同身份,就像对待新移民佐里人和科莫人那样。然而,种族主义限制甚至阻碍了身份认同机制。对卡非身份认同的偏见[324]构成了这种集体身份形成和建构的一部分,然后又转化为一种身份认同的消散和解构。这导致卡非人对他们黑人身份感到耻辱不堪,进而解释了这批卡非人对科莫人的种族主义。[325] 他们不承认自己是黑人,而是把科莫人看作黑人,把一切脏水泼向他们。多元社会并不一定意味着每个阶层都被同等重视。由于科莫人认同侵略者的心理机制[327],他们暂时还不属于克里奥尔化进程的一部分。[326]

卡非文化认同是留尼汪和克里奥尔文化认同的本质。而在留尼汪,在公众领域肯定克里奥尔身份和卡非身份的做法却总是引起国家部门的警觉。由于担心部分帝国领土的丧失,法国在当地悬挂法国国旗,不承认地方旗帜,并且在所有公共部门的行政和决策职位上安排众多来自法国的官员,以此来巩固法国在留尼汪的主导地位。法国国旗是法国在留尼汪的主要代表,是法国价值观在西方文化中的重要文化象征。由于这一西方象征的同化,法国人的存在被视为是自然的、积极的、和平的、令人愉悦的。这种赞美与在法国语言,法国道德、风俗和生活方式方面体现出的对西方和法国文明的赞美不相上下。处于统治地位的原住民被灌输了许多法国的价值观。[328]留尼汪人已经吸收和内化了西方的规范和价值观,并将其作为他们社会身份认同和日常所需的一部分。在留尼汪人的身份认同中附随着一种"无欲无求"的状态,即完全拒绝卡非人的身份认同。目前,卡非人的身份认同几乎完全被驱逐出公共舞台,也从集体文化身份认同中消失。在留尼汪人的集体记忆乃至个人记忆里,都没有关于卡非身份的知识、历史、标志和任何残余。在留尼汪的社会结构中,具有卡非身份的个体会被疏远,为此他们还要被迫隐藏自己的身份背景。[329]思想、理性和存在构成卡非身份认同的笛卡尔维度,是一种质疑统治阶级的意识行为,在留尼汪是不成立的。针对留尼汪卡非人的各种种族主义作品就能证明这点。[330]统治和海外省化实际上取代了废除奴隶制后本应享有的自由。卡非人仍未被视为独立的个体,除非他们的非洲裔马达加斯加血统被承认,或者人们打心底里接受且在公共领域也接纳他们的黑人肤色,否则就不会有平等,种族主义也将继续存在。值得注意的是,在1998年12月20日留尼汪废除奴隶制150周年庆典上揭幕的所有牌匾和雕像都被砸碎或遭到乱写乱画,这进一步证明"自由"名存实亡。[331]

在德勃雷领导下的海外省化建设过程中,所有提到卡非、非洲和马达加斯加的内容都被抹去了,没有一星半点提到莫林[332]、狂欢节、马洛亚和非洲马达加斯加音乐。卡非人的各种身份都是通过文化传承才得以幸存,比如晚上或在"马达加斯加服务"期间的马洛亚活动。在海外省化期间,官方机构的目标是从集体记忆中抹去关于非洲和马达加斯加的所有痕迹,以及奴隶制和卡非文化身份的所有痕迹。

文化实践和社会差异表明,个人和群体已将统治内化了。这并不是留尼汪独有的,所有的社会都由统治者和被统治者组成[333]。在留尼汪的多元文化社会领域,无论从社会学还是心理学角度看,无论差异体现在哪些方面,白人总是统治者,而黑人总是被统治者。在这种背景下,白人已经拥有的除经济资本和文化资本外[334],还有身份认同资本和社会资本,都是黑人无法获得的。无论是出于对自治还是对独立的恐惧,这一点都被留尼汪人内化了,他们害怕像20世纪60年代和70年代那样被法国抛弃。"家长式"的管理让留尼汪心安,以至于他们发出"不要抛弃我们"(Larg'pa nou)、"不要不理我们"(Coup'pa nou)的呐喊。这种恐惧到今天仍然存在，以对未来的恐惧为幌子继续蛊惑人心，[335]这种恐惧是德勃雷通过恐吓政治逐渐灌输给留尼汪社会的。

自海外省化以来，这些恐惧导致了社会学和哲学上的不安感，阻碍了各方的努力。人们依赖福利，害怕没有收入或失去工作，个体主动性遭到破坏。国家创建的基于慈善的援助对个人身份认同构建具有重要影响。国家借助它来行使权力，维护自身，而不是提升国民自由。在这一过程中，当地人的责任也随之消失。在留尼汪，这体现在卡非人失去了参照标准，缺乏知识，身份认同处于休眠状态甚至是无效的。这适用于卡非人个体身份认同的构建与形成，同样也适用于留尼汪人身份认同的构建与形成。一种"繁殖策略"出现了。例如，留尼汪大学不再是促进语言和社会平等的平台，而是"社会传播"体系得以延续的地方。这里没有卡非人的讲师或教授；卡非人都是清洁工、园丁或者保安。[336]这种压迫是建立在一种社会和经济阶层人员构成的基础上的。弗朗茨·法农在《全世界受苦的人》(*Les Damnés de la Terre*) 中明确地表明，殖民压迫是由暴发户和机会主义的中产阶级与宗主国法国的资产阶级和政客勾结策划而成的。[337]尽管一些文化激进分子努力在公共领域宣传卡非人的价值，但针对卡非人的种族歧视仍然存在，并通过统治和一体化体现出来，这是与美国和南非等基于种族隔离和排斥的种族主义略有差别的针对黑人的种族歧视。

4.3.5 新殖民主义环境

留尼汪人表现出双重身份：在私人领域中是克里奥尔人，在公共领域中是法国人。这两方面的身份认同可能最终会引发冲突："文化和身份认同的多样性结构……独特的、并存的和冲突的构想将占据公众领域"[338]。身份认同，既不是从表面可看出来的，也不是基因遗传的，它是由一个阶层的文化遗产组成的。种族融合是被大力提倡的，它在补偿政策中拥有积极内涵。这与南非在种族隔离时期的情况形成了鲜明对比。在南非，种族融合遭到非议。留尼汪人需要费尽心思兼顾多个既相似又不同的身份，这些身份像是在两条数轴或两个向量上发展的，"一个是相似性和连续性的向量，另一个是差异性和断裂性的向量"[339]。

在留尼汪新殖民主义背景下，身份认同的构建是通过将法国文化和政策在各方面强制施行而发展起来的，并象征性地运作。尽管文化和身份认同具有多样性，但政府却致力于促进单一的法国身份认同。虽然在殖民过程中，身份认同往往是自然形成的，这阻碍了国家对身份认同建构的控制，但看起来，去殖民化恰恰为国家创造了合适的环境：通过与法国的融合，去殖民化导致了留尼汪社会和身份认同的瓦解。"纯"留尼汪人身份只是"种族融合理想"的产物，实际上并不存在。融合种族在留尼汪很难生存下去，因为个体处在多成员的文化环境中，同时又想把自己置于法国身份认同中。

现在新殖民化实施后，前殖民地属民继续承受着欧洲中心主义和种族主义的压力。正是因为这种情况，个体应该建立起对自身身份的认同，这样他们才有可能达到一种"身份认同警惕"的状态。这种警惕性会让每个社会经济群体和其主体在留尼汪社会环境中产生交集，有所重叠。它还将促进人们更好地了解并区分集体身份认同中不同的身份构成，以拒绝所有种族主义和主导意识形态。这种对个体身份的警惕会加强集体身份认同和国家身份认同。这种社会克里奥尔化将使法国本土的社会、经济、政治和文化自治成为可能。

留尼汪社会身份认同的形成与偏见有关，这种偏见导致了被压迫群体零星的集体反抗。一个群体拥有的控制力和权力越大，其集体身份认同就越不重要。历史上，留尼汪身份认同形成的种类与社会的克里奥尔化进程相联系，具有社会转型和身份认定的特征。几个世纪以来，人们在公共和私人领域都存在着文化差异，由此产生的社会实践构成了他们文化、社会和政治身份认同的重要组成部分。对语言和生活方式的政治控制是可行的，但对个人或群体的文化身份认同是否同样如此，则值得商榷。

4.3.6 克里奥尔化的留尼汪

文化克里奥尔化的超文化概念对留尼汪的身份认同产生了巨大的影响，跨文化的过程贯穿了许多生活领域，由语言开始，特别是留尼汪的克里奥尔语，随着时间的推移和空间的发展而形成和转变，成为留尼汪人特定社会身份的一部分。留尼汪人主张自己是混合种族，他们文化的本质是基于这种混合种族的身份认同的。然而，他们完全不承认卡非文化和身份认同，尽管其构成了留尼汪克里奥尔文化身份认同和语言的基础。从一开始身份认同在卡非文化中的主导地位就可以定义为一种无意识的文化"卡非化"过程。其结果是，虽然人们有意阐明"卡非化"和"卡非态度"作为一种社会身份的运作方式，但事实上，对于这一现象的研究仅限于法国统治时代。

当前各种文化身份在留尼汪社会、经济和政治等各个领域产生影响，为法国乃至整个欧洲多民族社会的未来描绘了蓝图。留尼汪人认为，他们在众多差异的基础上拥有多重身份。那些重视并说克里奥尔语的人，比起他们身边只讲法语的人，通常更容易接受双语、三语甚至是多种语言。新的全球化价值观需要建立在多元文明和文化的基础上，以化解"文明冲突"。[341] 人们必须接受和保护文化多样性，视其为宝贵的资产和重要环境因素，必须要创造出一个文化多样性的伦理，允许其随着克里奥尔化的进程发展。留尼汪个体和群体的社会身份认同是在"争夺的"空间中形成的，反抗在其中以隐藏的克里奥尔文化形式发展起来。然而，社会实践既可以代表反抗，也可以代表向霸权投降。文化身份认同在私人领域十分强大，并开始向公共领域进军。留尼汪人对自己的身份不再感到那么羞愧，且在与法国当局的互动中更为自信地表达这个身份。为了对抗权力和统治,必须承认超文化主义和克里奥尔化作为象征性空间中的社会现实。因此,要想打击种族主义,理解多元文化主义的西方宗主国,留尼汪就是一个很好的典范。

一个人社会地位越高,他与克里奥尔的距离就越远。在留尼汪,低收入人群不可能不用克里奥尔语,但中等收入人群可能会渐渐开始摆脱这种语言,而高收入人群则基本不再使用。联合国教育、科学和文化组织(教科文组织)估计,每年有 28 种以上语言消失。[342] 留尼汪的克里奥尔语可能会在未来一百年内遭受同样的命运。一个民族语言的消失意味着其文化的消失。其他研究表明,在毛里求斯、海地、加勒比、卢旺达、布隆迪、刚果民主共和国、越南、柬埔寨和几内亚等前法属殖民地,法语正在消失,而英语逐渐成为商业和国际霸权语言。

同化政策将如何影响未来的经济、政治和文化发展呢?对西方文化到来的一种回应是,留尼汪出现了许多身份认同运动,这些运动因其形成的地区和时间而有所不同。第一次运动由第一代留尼汪知识分子发起,他们激情探索,寻求一个能提高克里奥尔人身份认同和语言地位的概念。克里奥尔语书写体系的发展是为了增强语言能力,赋予其合法性。在法语的正字法系统中,克里奥尔语中的"k""w""y"和"z"属于相对陌生的字素,被赋予了符号价值,[343] 它们的功能纯粹与身份认同相关。[344] 那些使用克里奥尔语的人通过表明该语言与法国书写体系的差异,试图证明它不是一种方言,也不依赖于法语。前面列出的字素是从卡非、马拉巴和混血种族的语言、发音和口音中选取的。

罗伯特·乔登森证明了一种语言与其文化之间的密切关系。因此,避免使用克里奥尔语表明了对卡非文化和身份认同的抗拒。由于卡非文化和身份认同是留尼汪和克里奥尔文化身份认同的本质,所以在捍卫法语的人不自觉地将法国文化强加于人时,损害了克里奥尔文化和语言,进而损害了卡夫文化和语言。避免使用克里奥尔语书写体系,表明了非克里奥尔语使用者的心理障碍,以及对克里奥尔语的排斥。他们的意识形态是矛盾的,觉得克里奥尔语不如他们自己的语言,不值得学习。像这种语言上的"种族隔离"导致了不同语言群体的分离,这种语言的灭绝可能导致文化的灭绝。对黑人(卡非人)价值观的恐惧,以及对白人(法国人和大白人)价值观的推崇导致这种种族歧视愈演愈烈,延续了白人对黑人的奴役和殖民统治。这是一种语言和文化上的种族歧视,推而广之,它是针对卡非人、非洲人、马达加斯加人、马拉巴人和所有黑人的无意识的种族歧视。

所有这些因素继续影响着留尼汪的政治辩论,语言也依旧被用作身份认同斗争的工具。在公共领域,语言与社会阶层有关:

> 问题不在于为克里奥尔语选择某种标音模式(语音、词源和跨方言),而是在于通过改革社会结构,来解放克里奥尔语言的运用。当然,这无关"真正地意识到"法语或英语,只是关于通过一个明确的扶植和赋权的经济

提供创造性指导。语言的使用只有建立在技术责任的基础上才能带来控制，语言是一个创造性工具。[345]

矛盾的是，20世纪60年代欧洲文化的到来，揭示了留尼汪潜在的文化底蕴，并为第一个现实可行的身份认同的需求奠定了基础。在最初的三十年里，留尼汪作为一个海外省存在，克里奥尔化对其中的不同文化表现出一种无意识的、甚至是与生俱来的抵触情绪，这种抵触情绪又被转化为对跨文化融合和关系的深深依恋。尽管践行着欧洲式消费主义，但欧洲文化并没有摧毁克里奥尔文化，这可能是因为克里奥尔化在进行的过程中不断适应各种文化混合体的演变结果。因此，西方文化已经像其他文化一样，融入了克里奥尔社会。正是因为克里奥尔化混合体的力量，令它能够抵抗西方的影响。随着佐里人的到来，西方文化激发了留尼汪人的身份认同感，引发了文化抵制。即使"民族文化"还未能提出什么政治主张，这种文化抵制也已经成功地创造了包含社会各个组成部分的归属感。

留尼汪社会正在变得二元化。一方面，文化和语言的去克里奥尔化在中高收入群体中十分普遍，包括大白人、华人、扎拉布人、泰米尔人（非马拉巴人）和混血种族。另一方面，文化上和语言上的再克里奥尔化出现在卡非人、小白人、马拉巴人（非泰米尔人）和混血种族中，他们通常属于中低收入群体。当然，还有些人未被囊括其中，因为他们不能够轻易地按照种族和社会阶层进行分类。

因为矛盾的政策和行为，留尼汪的局势变得紧张起来。占统治地位的佐里人和大白人不承认自己的种族主义行为，他们的霸权激起了文化激进分子的抵抗，但被统治的卡非人似乎缺乏抵抗的资源，反而更加逆来顺受。如果不像南非和美国的那样，没有发生普遍的公众种族和民族冲突，是不可能通过动员来形成抵抗运动的。

尽管如此，新兴的通信技术和交通方式为留尼汪打开了通向非洲、亚洲、欧洲、马达加斯加和印度的大门，留尼汪民众愈发寻求自我表达，并要求身份认同。在留尼汪，一个人的身份在空间和时间上被界定为社会经济地位、种族出身、肤色、性别、宗教、一方新移民对另一方新移民的代表以及殖民主义和新殖民主义的影响，还被统治者和被统治者的关系界定。留尼汪岛上所有居民都是移民出身，所以其身份定义是在没有真正的原住民和原住民身份情况下形成的。只有文化才可以把所有这些因素联结在一起，这就是为什么留尼汪文化是留尼汪人为灵魂而战的起点。留尼汪人的西化和社会化过程是通过殖民主义和新殖民主义开展的，而留尼汪人的身份认同必须在宗主国、该岛和原籍国之间的紧张关系中产生。卡非文化和身份认同是留尼汪克里奥尔文化和语言的本质和基础，从一开始就在留尼汪人身份的构建和形成中占据了主导地位，并在无意识的情况下继续发挥作用。然而，迄今为止，大多数留尼汪人拒绝承认这种卡非文化和卡非身份。

如今，留尼汪的身份认同愈发趋近混合种族身份认同。它建立在奴隶制和契约时代创建、发明和形成的社群内部基础和联系上,并在其中添加了具有象征性的法国代表。因此,混合种族文化的身份认同处于与其所处社会和该社会历史共生的永恒进化状态之中。机构和个人都主张并认可这种混合种族的文化身份认同,这实际上是将各种身份认同融合成一个单一概念的过程。这就是为什么它"是目前欧洲普遍主义最成功的形式之一"[346],它表现为对所有非欧洲身份的否定,特别是对卡非身份的排斥。[347]这种不愿尝试实现平等、不愿重视留尼汪人的价值的态度,使得社会结构中的欧洲霸权主义以及奴隶制、殖民主义和海外省化带来的种族、民族和文化优越感长期存在:"新殖民主义者和后殖民主义者毫不掩饰他们在身份认同形成和谈判过程中对文化的重视"[348]。

在留尼汪,唯一能表现出真正的国家身份认同的似乎是它的美食和音乐了。丹尼尔·瓦罗(Danyel Waro)、莱蒙·勒勒(Gramoun Lélé)等人曾展示过的马洛亚是民间民族身份认同的一个要素,不根植于集体记忆中。尽管有些人认为,留尼汪的去殖民化和其他海外省一样,是通过海外省化实现的,是"独立的替代方法"[349],但事实上,自1946年以来,留尼汪的去殖民化导致了对法国更强的依赖,完全无法独立规划未来。通过与法国合并实现的去殖民化导致了留尼汪社会和身份认同的瓦解。[350]弗朗茨·法农就准确地将海外省化称为"虚假的去殖民化",因为民主化并未实现,统治者仍然牢牢掌握着权力和知识。[351]

尽管如此,这种"去殖民化"还是彻底改变了留尼汪的社会、经济、文化和政治结构。如果去殖民化意味着"个人投票决定自愿依附于宗主国,那么海外省化就是成功的。但是如果去殖民化是通过社会内部结构的根本改造,从而引起了真正的独立,那么海外省化便是加重了留尼汪的殖民主义状况"[352]。

当前的留尼汪社会是欧洲霸权殖民主义最完善、最终极的形式,被殖民者如果脱离新殖民者就完全无法生存。留尼汪成为法国在热带地区的一个郊区,也存在着类似的问题。它成为了欧洲和法国的一个省:"试图将这个'欧洲'地方化,就是将现代视为一个无法避免竞争的时代,是要在公民既定和偏爱的叙事上写下其他关于人际关系的叙事,这些叙事从想象中的过去和未来汲取经验和养分。在过去和未来,集体既不由公民身份的仪式所定义,也不由'现代性'创造的'传统'的噩梦所定义"[353]。"1993年1月,马提尼克、瓜德罗普和圭亚那还有留尼汪并入统一的欧洲市场,法属西印度群岛开启了其'家庭浪漫史'的新篇章"[354]。说到底,难道真的有人认为所谓的新殖民主义可以从殖民主义或殖民遗产中解放出来吗?在与前殖民地相关的话语和实践中,仍可瞥见殖民地或前殖民地属民的欧洲中心主义和种族主义优越感。正如霍米·巴巴(Homi Bhabha)所说:"有人自欺欺人地认为,理论必然是精英阶层以及社会和文化特权阶层的语言。这似乎证明,学术批评只能借助帝国主义或新殖民主义西方国家在欧洲中心的档案资料来实现"[355]。

一个民族可以共享同一种语言,而不必共享相同的传统、生活方式和思想,简单来说，就是不一定具有相同的文化身份。然而，纵观历史，留尼汪已展示出相当强的融合能力，其目的并不是想要彻底改变或消除社会阶层，而是让每个人都意识到自己的身份，从而达到一种对身份认同的警惕状态。坦蓬副市长提出更名计划时，文化组织对其做出的反应就是这种目的的体现。在所有社会经济群体中，文化激进分子组织领导的对身份认同的意识正在觉醒，这种警惕性将使留尼汪的所有社会经济群体和他们的成员间相互交集，产生重叠。它还将促进人们更好地了解构成集体身份认同的多种身份，提升反对所有种族主义和相关意识形态并保持孤立的能力。这种个人身份认同的警惕性会加强集体身份认同和民族身份认同。[356]

留尼汪的身份认同已在历史中形成，并将继续发展和改变。殖民时代的种植园经济在制糖业的推动下，首先形成了一个多民族的社会。海外省化重新定义了克里奥尔人的身份，推动留尼汪的经济和社会直接从工业化前的第一产业主导发展成工业化后的第三产业主导的状态。海外省化创造了一种文化，在这种文化中，集体的想象力认为自治是一种消极的行为，充满了不确定性和危险，而依赖却是有益的，因为它能保证经济安全。讽刺的是，去殖民化的确导致了更强的依赖性，但留尼汪的经济和社会仍然不安全，如果没有法国的支持，他就束手无策，什么都做不了：与法国融合实现的去殖民化导致留尼汪社会和身份认同的分离，彻底改变了留尼汪经济、文化和政治的社会结构。当前的留尼汪社会是欧洲霸权殖民主义最完善、最终极的形式，如果没有新殖民者，被殖民者就无法生存。

4.4 小结：全球背景下的克里奥尔与新殖民主义留尼汪

当今时代，全球化正在迅速转变着全球的社会文化克里奥尔化进程，通过发展地方文化、丰富世界文化，捍卫文化身份认同。这就需要展现出所有文化共有的价值观，让现代文化、进步文化和普世价值文化蓬勃发展。而全球化也促进新的文化模式和生活方式出现[357]："在原籍社会缺乏完整构架的情况下，必须重建流浪儿的文化环境。"[358]

目前，世界上许多地方正经历着身份认同危机，它体现在不断加剧的民族主义，同时又与区域主义相竞争。开放的区域主义形式有助于在国际关系中重新建立起某种平衡。全球化进程意味着许多地方角色都参与进来，他们行动的一致性毫无疑问是取决于是否接受种族融合以及是否承认他者，即"在本地时空中与掌握本地知识的本地属民之间的无缝互动"[359]。尽管如今的文化控制仍依赖于北方发达国家的信息和交流渠道，但一个信息化的社会是不会有贫困和标准化的风险的，反而还可能鼓励并推动对文化多样性的尊重。

留尼汪的克里奥尔化表明，即便在融入另一个社会框架的过程中，全球化也并不会破坏身份认同和文化观念的革新。由于通信和交流的全球化，留尼汪社会正在采用欧美文化，同时又保留了祖先的身份和文化，从而形成了永久的欧洲身份认同和印度洋身份认同。

当代的全球化趋势对留尼汪的身份认同产生了巨大影响。全球化必然导致人与人之间在文化等各个方面的交流增加，同时会造成区域性和地方性的自我意识爆发，这种自我意识往往会回溯祖先的文化价值观，比如20世纪90年代初以来的某些人口就是如此。全球化和文化身份认同之间存在着一个微妙的平衡：二者的联系有积极的一面，即消费社会的一致性减轻了贫困；也有消极的一面，当二者威胁到身份认同时，可能会降低人们的容忍度或导致种族主义。如果大多数留尼汪人希望融入法国和欧洲的经济空间，那他们就需要竭力抵制文化融合，那么在抵制文化同化、保护自身身份时会出现矛盾，并会在他们的日常经济行为中证明同化是成功的。这与西方大城市的移民不同，他们寻求公民身份和经济一体化，但又拒绝文化同化。留尼汪人的思维方式是有悖常理的，他们追求纯正的克里奥尔文化、饮食和自然的高地生活方式，但对物质手段的向往又与当地需求不符。在当今全球化的背景下，人们通常更注重生活方式的一致性而非文化差异性。

克里奥尔化可以被看作是一种社会学现象，它与全球化影响下迅速的文化变化和适应有关。这种背景下，克里奥尔化与大众文化相互交织，使得当今媒体的表面影响力可以"创造新的社会关系和环境"[360]。克里奥尔化展现了全球文化或"全球家园"，跨国文化在其中混合、碰撞，最终融合。[361]这一现象自加勒比海和印度洋群岛的"边缘地带"盛行奴隶制和殖民化时期开始萌芽，现在克里奥尔化蔓延到"中心地带"，全球文化身份认同开始形成。在这些多元文化社会中，克里奥尔文化能够在新文化社群中快速发展。从20世纪60年代开始，克里奥尔化通过跨国迁移，在全球特大城市的中心地区发展起来。这一新世界体系的特点在于，克里奥尔语言和文化遍布世界各地。[362]克里奥尔化的概念有助于分析社会文化和种族联系之间的复杂性。

第 5 章
结　语

在留尼汪，克里奥尔身份是非官方身份，而法国身份才是官方身份。留尼汪文化激进分子想要改变这种身份地位，而法国人和大白人则乐于保持现状。因此，在争取留尼汪未来的斗争中，法国霸权与文化激进分子及留尼汪人成为对手，处于对立面。

5.1　宗主国霸权

毫无疑问，法国的宗主国力量和文化霸权将卷土重来。在整个奴隶制和殖民主义中，法国本土一直处于权力地位。在某种意义上，海外省化推进的文化霸权已经成功了：享有特权的佐里人和大白人有充足的理由支持继续与法国保持联系。法国政府和各类机构持续推行法国文化，不断强化法国意识形态、法国霸权，以及各种形式的政治统治。本研究调查发现，被统治阶级也在某种程度上接受了这一点。以海外省化为代表的文化霸权不断渗透[363]，其余人口也逐渐接受法国的本土权力。

早在 19 世纪中期，奴隶制和认为黑人非人的思想就引起了社会对立及偏见[364]，留尼汪社会直到如今仍深受其害。那些殖民机器和奴隶制从前的受益者，始终占据着公共权力及私人财产中的一席之地。自海外省化以来，佐里人也加入这些一直拥有特权地位的群体，分到一杯羹，而其余人仍被视为二等公民，"就好像生活在离法国 9000 公里远的热带郊区"[365]。

身份认同具有两面性，涉及生活的方方面面。其中有许多政治因素，特别是法国的帝国主义势力压制着留尼汪身份认同的表达。这使身份认同的形成出现问题，同时也阻碍了个体和集体身份在公共领域中获得认可。法国右翼和左翼主张维持这种同化政策，既不符合当代世界推崇的多元文化主义、民主和个人自由，也不符合全球盎格鲁－撒克逊的经济和文化霸权。与法国其他海外省的情况一样，留尼汪如今依旧处于一种众所周知的新殖民主义关系之中。

共和党想要在留尼汪营造一个欧洲模式的政府，并且形成一个欧洲类型的国家。处于主导地位的白人种植园主阶级推行共和主义价值观，压制基于卡非人、小白人或马拉巴人身份的反意识形态。因此这种反意识形态在公共领域并未得到认可。佐里人先后经历了奴隶制、殖民主义、共和主义、后共和主义和海外省化,在此过程中,他们一直保持着白人特权和资产阶级地位。他们利用历史上法国各个统治阶段的话语来重新构建他们的阶级权力。在奴隶制下,他们使用了奴隶与奴隶主之间的话语;在共和主义下,他们支持"普世理想";在殖民主义下,他们欣然接受并且发展了家长式的统治;而在海外省化下,他们支持共和主义。在每一个阶段,为了维持阶级权力,他们的语言与对意识形态的忠诚都会随之发生变化。如今,他们有了新殖民主义的宗主国利益,在留尼汪也有了便于国家行政机构管理而设立的代理机构。通过这种连续的阶级优越性阶段,佐里人利用他们优越的宗主国语言和所接触的宗主国文化、身份认同和霸权意识形态,以牺牲卡非人、马拉巴人和小白人的集体利益为代价,来维持中心区域与边缘区域的距离。

留尼汪民族主义负面看法的形成过程中,媒体起着重要的间接作用,尤其是佐里记者和留尼汪保守派,大肆宣扬民族主义的负面内涵。他们毫不留情地批判想要改善社会和文化状况的民族主义的活动和倡议。佐里人被自诩的优越性蒙蔽了双眼,至今没有意识到他们在争取本土民族文化身份认同过程中所流露出的狭隘态度。他们把留尼汪与其他海外省混为一谈,2003年9月,《留尼汪岛日报》的主编雅克蒂·利尔在谈到所谓"和平的"留尼汪社会模式时自信地说:"一直以来,共和国、学校教育和法语都是这个社会的基石,这是有迹可循的。"与印度洋地区其他岛屿的交流也同样可以看作是一种佐证,与法国的就更明显了。"克里奥尔文化并不是这个社会的黏合剂。"[366]

就像利尔一样,大多数佐里人认为,留尼汪人的"和平共处是依靠法兰西共和国的法律融合在一起,并巩固而成的"[367]。因此,在2002年11月,留尼汪人民运动联盟在巴黎议会的议员就据理力争了数周,为维拉波尔修正案辩护。这个修正案得到了时任法国总统雅克·希拉克和总理让-皮埃尔·拉法兰的支持,该修正案禁止了一切立法自治的可能性,导致地方政府无法制定任何"本土法律"。在参议院和国会中,留尼汪共产党党员投票否决了这一修正案,因为他们认为这是在将留尼汪岛民当作无法自理的"婴儿"来对待。而右翼党派人士则认为,"雅克·希拉克遵守了他在总统竞选时所作出的承诺,他想要通过维持留尼汪现状来遵从留尼汪人民的意愿"[368]。

根据新修订的法国宪法(1958年法兰西第五共和国宪法),除非全民投票通过,否则不允许改变现状。[369]此时的新殖民主义展现出前所未有的民主色彩。无论全球化、政治独立的力量以及对主权的需求如何变化,新法律都比以往更加紧密地将留尼汪融入巴黎和法国。在留尼汪使用"新殖民主义"这个词是完全恰当的,自20世纪80年代起,越来越多的佐里人移民到留尼汪,也使新殖民主义更加根深蒂固。近几年,许多退了休的佐里人也纷纷离开法国来到留尼汪,寻求更高的经济利益和更好的生活质量。"1963年起,法国迫使18.5万留尼汪人离开故土，取而代之的是 12.5 万名佐里人。法国采用这种无形的种族灭绝的做法，目的就是将留尼汪变成一个只有欧洲人居住的国家，这一点无可否认。"[370]因此，"在集体无意识中，存在着一种种族等级制度，佐里人在其中处于至高无上的统治地位，形成了一种新殖民主义。这种新殖民主义是建立在自我强加的服从隶属之上的，从而造成了巨大的心理折磨"[371]。

近年来，许多留尼汪人团结起来，支持建立民族身份，开展"去殖民化"运动。17 世纪的留尼汪还是一块处女地；如今作为一个新兴社会，留尼汪也走上了和其他社会一样的必经之路：殖民主义时期和随之而来的霸权时期。留尼汪社会的霸权本质必然导致身份认同和象征空间的建构和形成。现实社会形态的辩证法为了促进文化激进分子的文化发展，推动以佐里人和大白人所代表的霸权主义的发展，已经做出了"调整"。

5.2 克里奥尔文化民族主义

文化激进分子正在寻求一种可以表达出留尼汪文化和民族身份认同的方法，一种克里奥尔语的形式，一种接受多样性和克里奥尔化的形式，而非共和国的一致性和雅各宾派海外省化传统。

这些情绪大多属于低收入群体，但也不乏中等收入群体，比如媒体从业人士。尽管媒体一般都宣传法国本土的观点（佐里人在传媒行业中占据大半壁江山，特别是在新闻业），但在音乐界和其他一些演艺及创意艺术领域，也出现了一些争论。

文化激进分子开展的活动与实践宣扬了他们坚定的信仰——依靠海外省化的宗主国统治终将失败，因为它已耗尽了历史可能性。克里奥尔化结合全球化的力量，上至英美资本主义的统治，下到重申当地克里奥尔的替代选择性，通过向其中的法语和法国身份认同施压，最终将破坏法国宗主国的计划。越来越多的人开始意识到他们的留尼汪文化身份。文化激进分子和受这种文化行动主义影响的人不再单纯只来自低收入群体，也同样存在于中产阶级知识分子甚至是高收入群体中。然而，他们在公共领域采取了法式生活方式，并不鼓吹独立或者政治自治，反而是追求更为复杂的文化自治。

在留尼汪，文化激进分子努力在学校和其他公共场所以音乐、戏剧、民间故事、诗歌、绘画、雕塑和摄影等形式创造一个表达文化和集体记忆的场所，供全社会使用。中等收入群体在其中发挥着重要作用，文化激进分子需要从这个群体中招募新成员来发展和维护集体记忆。这将使社区更加意识到维护其文化遗产的必要性，促进跨代和超文化对话，有助于社会发展和民主化的连续性，以便更好地了解留尼汪人的身份认同，同时这也将是防止一切形式暴力的有利因素。留尼汪社会发展的这些方面都将身份认同和社会关系问题置于辩论的核心。

从广义上讲，社会化进程的文化身份认同的基础，是留尼汪社会动力中必不可少的因素。[372]受这种回归祖先身份的现象以及身份认同对抗的激化，文化激进分子寻求区域性交流，力图为留尼汪身份认同建设提供前进道路。根据地点、空间、时间和历史形态分类，留尼汪身份认同目前有四种形式：第一种身份认同来自地点，于19世纪初在留尼汪岛上形成，与留尼汪社会的建立有密切联系；第二种身份认同来自留尼汪与法国本土的长期历史联系，伴随着殖民主义的到来而产生，并通过海外省化得到加强；第三种身份认同来自与留尼汪不同族群的祖籍，并随着20世纪70年代后期提出的一些回归本源的倡议而得到加强；第四种身份认同来自对留尼汪附近的印度洋姊妹岛屿的身份认同，在20世纪80年代后期伴随着对地区联系的新理解而诞生。

留尼汪社会由来自法国、马达加斯加、印度、亚洲和非洲的流离失所者构成，它与法国本土的联系可以追溯到殖民地形成之初。然而，留尼汪人现在开始不再把自己定义为法国的"延伸"，而是通过与毛里求斯、科摩罗、马达加斯加、塞舌尔、莫桑比克、南非、中国和印度建立关系，将自己定义为一个印度洋社会。就像加拿大、澳大利亚和加勒比等其他地区一样，他们把定义身份的历史性视角转向了区域性视角。但由于留尼汪岛、马提尼克岛、瓜德罗普岛和法属圭亚那仍然是法国领土，女王伊丽莎白二世仍然是澳大利亚和加拿大国家元首，留尼汪的外交关系仅仅具有象征意义而非政治意义。然而，由于留尼汪与中国、印度、穆斯林和非裔马达加斯加侨民和广大印度洋国家的文化非常接近，他们之间的区域交流可以有效促进商业交流。

激进主义者认为，要想增强自己的象征性身份，留尼汪必须有一面自己的旗帜。[373]留尼汪的旗帜应该是真实的，而不仅仅是徽章或军装，这样它才能为践行留尼汪民族身份认同提供空间。[374]理想情况下，留尼汪人应该避免把注意力集中在权力和领土上，并转而认识到，要想获得优势，就必须与泛印度洋国家相互交流，形成网络，以应对欧洲与留尼汪之间的单边交流。留尼汪各个组成部分之间存在紧张关系，应该积极地看待这一点，将这种紧张视为一种约束力：留尼汪必须继续当一盘"水果沙拉"，人们可以轻易区分出其中不同热带水果的独特口味，而不能当一团无法区分每种文化的"水果泥"。因此，坚持知识和相互尊重原则是多个群体和平共处的前提。此外，关于宗教和文化价值的交流对话对于不同宗教、民族和社区之间的合作也是必不可少的。

当所有这些联系在一起时，就能发现留尼汪的文化身份认同实质上与克里奥尔文化身份认同是同义的。归根结底，留尼汪人的文化身份认同是和卡非族联系在一起的，由独立的卡非人、马拉巴人、小白人或扎拉布人以及奇诺瓦人的身份认同组成，是一种不同于法国、毛里求斯或马达加斯加文化身份认同的克里奥尔式之不和谐的和谐。

文化协会组织数量的增加表明社会模式正在发生变化，这可能是政治意识发展的结果。很显然，大众文化协会在政治党派建立的过程中诞生了。这些文化协会的成员捍卫留尼汪的利益，但不要求独立，比如公务员，他们不太愿意失去他们丰厚的奖金。许多成员大都生活在海外，通常是在法国，他们在那里接受高等教育或接受国家管理培训。文化激进分子组织力图开放公共领域，首先建立一个卡非身份认同，接着建立一个克里奥尔身份认同。在这一过程中，克里奥尔语将发挥重要作用。作为一种由激进分子所捍卫支持的抵抗的象征，克里奥尔人有能力将象征性的代表结构引入公共领域，例如在学校，也有能力将其引入个人领域，例如一般的儿童。如果儿童重新获得了在私人领域表达观点的权利，他们就更有机会参与公共领域活动：法语的主导地位需要被削弱，而"隐藏的"文化也需要被纳入公共领域。在这种辩论中，人们需要平等地付出，平等地获利。他们不仅要能在公共场合倡导公益事业，还需要获得适当的信息、分配和调查这些信息的能力，以及向他人传达他们理念的能力。要想实现辩论和反思在公共空间的蓬勃发展，就得依赖于个人受到鼓励并准备做出贡献的私人领域。这些必须通过新一代参与者来实现。克里奥尔语作为不同出身的人们之间的交流方式，现在已成为重塑法国与留尼汪关系的手段。语言一直是留尼汪和克里奥尔存在的动力，它从一种跨文化交际工具演变为一种民族主义工具。

  本研究中进行的实地调查表明，在留尼汪，克里奥尔语和文化是以卡非语及文化为基础的。早期对文化同化的支持，现在被对差异的肯定和"异化"的愿望取代。[375]这意味着要重视留尼汪黑人文化，而黑人文化传统的复兴正是其实现途径。留尼汪的历史学家和激进活动家菲利普·贝西雷尔曾断言，黑人运动不涉及留尼汪的卡非群体。[376]若断言正确，"黑色大西洋"不同于"黑色印度洋"，那么留尼汪的黑人文化传统或许可被称为"卡非黑人"，与法国西部印第安人的安提拉尼特（Antillanité）和克里奥尔（Créolité）相当[377]，这体现了本地黑人不同于法国黑人的特性。

  如果不承认多样性和多元化，留尼汪社会就只能继续与法兰西共和国发生文化冲突。卡非族的黑人必须首先进入私人领域，然后进入公共领域并融入其他人群。这样的发展模式可以减少卡非群体所要经历的种族主义和歧视。卡夫尔平原事件展现出了民族主义情感的力量，也体现了在危机时期，各机构能够非常迅速地动员民族主义。真正的公民身份可以从这种社会学过程和文化话语的力量之中诞生。留尼汪岛民非常清楚地知道他们是谁，什么构成了政治和身份的资格。如同所有的身份认同一样，民族身份认同是一个过程，而不是一种静止的状态。

  公共领域的文化表达对卡非群体来说非常重要。使用鲁勒（低音手鼓）和卡亚姆（一种由含小石子的甘蔗茎组成的乐器）来演奏马洛亚，其象征意义远远超出了单纯的音乐演奏。在"马达加斯加服务"（servis malgas）——用供品祭祀祖先的宗教仪式中，这些乐器象征着与神灵的接触，参与者将他们自身的灵性带到活动中。这些非洲和马达加斯加的象征，在奴隶制、殖民主义和海外省化进程中被隐藏了起来，同时，其主要的践行者卡非人在历史、文化和人文方面遭到贬低。这些文化元素的公开合法化，需要通过建立学校以及能演奏马洛亚和莫林的活动和文化场所，以及对相关从业者的认可来实现。

5.3 之后

通过民族主义所表现出的种族主义不太可能在留尼汪体现出来：留尼汪不是一个民族国家，并且，法国本土拒绝接受像巴斯克人、布列塔尼人和安茹人等的真实身份。对于留尼汪来说，国家的意义只不过是神话中对法国国籍有一定认知的一群臣民。法国政府不承认种族，尤其不承认身份认同意识，更不承认留尼汪人的民族意识。然而，民族先于国家，民族可能是由一个国家所统一的，但它永远不可能被国家所创造[378]。留尼汪民族的形成是身份认同逐渐明晰固化的历史进程的结果。这与大多法国人无法认知或体会到的传统、规范、价值观、准则或情感相关，但诸如布列塔尼、科西嘉和巴斯克等省份的人对此又非常熟悉，因为他们曾经都经历了类似的历史进程。

在留尼汪，基于身份认同的社会运动已经出现，并开始在当前的社会文化和政治舞台上发挥重要作用。越来越多的留尼汪人将逐渐认识到，他们的社会和文化实践活动从一开始就受到压制，他们任何关于民族主义的愿景被扼杀。这种意识会揭露先前隐藏了的压迫过程，例如，佐里人曾贬低过留尼汪某种文化和语言表达，这在法国的统治游戏中发挥了重要作用。雅各宾派信仰的本质就在于拒绝承认留尼汪人的任何身份，但对留尼汪人来说，追求身份认同是一种社会必然性。2002年当地一项调查显示，留尼汪人愈发意识到并肯定自己的克里奥尔身份，因此，他们也在为自己要求一个新的政治身份。留尼汪在私人领域和公共领域都不断强调其民族主义，但这与其表现出来的法国民族主义截然相反，充其量不过是虚构和神话化的民族主义。而民族文化胜利？依旧隶属于法国中心？留尼汪人的最终命运仍是一个未知数。

注　释

1 F. Fanon, *Les Damnés de la Terre* (Paris: Maspero, 1962).
2 E. Erickson, *Identity Youth and Crisis* (New York: Norton, 1968), 159.
3 S. Freud, "On the Internalization of Sex Role: The Feminine Case", in *Theories of Society*, ed. T. Parsons, E. Shils, K. Naegele and J. Pitts (Glencoe: The Free Press, 1961).
4 T. Parsons, *Politics and Social Structure* (Basingstoke: Macmillan, 1969), 19.
5 H. Tajfel, ed. *Social Identity and Intergroup Relations* (Cambridge: Cambridge University Press, 1982), 5.
6 H. Tajfel, ed, *Differentiation Between Social Groups* (London: Academic Press, 1978), 63.
7 T. Parsons, *Politics*, 20.
8 C. Vogler, "Social Identity and Emotion: The Meeting of Psychoanalysis and Sociology", *The Sociological Review* (February 2000).
9 R. Cohen, *Global Diasporas. An Introduction* (London: UCL Press, 1997).
10 Cohen, *Global Diasporas*, 129.
11 R. Cohen, ed. *Frontiers of Identity: The British and the Others* (London: Longman, 1994), 205.
12 Cohen, *Global Diasporas*, 129.
13 L. Grossberg, "Identity and Cultural Studies: Is That All There Is", in *Questions of Cultural Identity*, ed. S. Hall and P. du Gay (London: Sage, 1996), 89.
14 R. le Coadic, *L'Identité Bretonne* (Rennes: Presses Universitaires de Rennes, 1998), 51.
15 S. Hall, "Ethnicity: Identity and Difference", *Radical America* 23 no. 4 (1991): 20.
16 Hall, "Ethnicity", 20.
17 同上, 21.
18 D-C. Martin, "The Choices of Identity", *Social Identities* 1 no. 1 (1995): 5.
19 Martin, "Choices", 9.
20 B. Berman and J. Lonsdale, *Unhappy Valley. Conflict in Kenya and Africa*. Book 2, *Violence and Ethnicity* (London: James Currey, 1992), 421.
21 J-F. Bayart, "Hors de la 'Vallée Malheureuse' de l'Africanisme", *Revue Française de Science Politique* (1993): 137.
22 见 S. Marquis, "Violence et Identité à La Réunion" in *Identité et Société Réunionnaise. Nouvelles Perspectives, Nouvelles Approches*, ed. L. Médéa, L. Labache and F. Vergès (Paris: Karthala, 2005), 157.
23 J-F. Bayart, "Entretien avec Jean-François Bayart", *Revue Esprit* (1994): 132; J-F. Bayart, *L'Illusion Identitaire* (Paris: Fayard, 1996).

24 Bayart,"Entretien",138.

25 Z. Erasmus,"Re-imagining Coloured Identities in Post-Apartheid South Africa",讲话发表于2003年4月15日"开普敦大学克里奥尔化与身份认同系列研讨会".

26 K. Nkrumah, *Neo-Colonialism: The Last Stage of Imperialism* (London: Thomas Nelson and Sons, 1965), IX.

27 A. Smith, *An Inquiry into the Nature and Causes of the Wealth of Nations* (London: Ward Locke, 1809), 65.

28 Smith, *Inquiry*, 65.

29 Nkrumah, *Neo-Colonialism*, IX.

30 J. Habermas,"The Public Sphere", in *Jurgen Habermas on Society and Politics: A Reader*, ed. S Seidman (Boston: Beacon Press, 1989), 17.

31 Habermas,"Public Sphere",39.

32 E. Durkheim,"Tönnies, F., *Gemeinschaft und Gesellschaft*", *Revue Philosophique* (1889): 416–33.

33 Durkheim,"Tönnies, F.",421.

34 同上,426.

35 同上,427.

36 H. Arendt, *The Human Condition* (Chicago: University of Chicago Press, 1958), 32.

37 S. Hall,"When was the 'Post-Colonial'? Thinking at the Limit", in *The Post-Colonial Question: Common Skies, Divided Horizons*, ed. I. Chambers and L. Curtis (London: Routledge, 1996), 123.

38 Grossberg,"Identity",100.

39 P. L. Berger and T. Luckmann, *The Social Construction of Reality: A Treatise in the Sociology of Knowledge* (New York: Doubleday, 1967), 141–152.

40 P. Bourdieu, *Raisons Pratiques. Sur la Théorie de l'Action* (Paris: Le Seuil, 1994), 1.

41 L. Labache,"L'Ethnicité chez les Jeunes Réunionnais", *Agora Débat Jeunesses* 9 (1997): 98.

42 U. Hannerz, *Cultural Complexity: Studies in the Cultural Organization of Meaning* (New York: Columbia University Press, 1992), 126.

43 Hannerz, *Cultural Complexity*, 127.

44 J-C. Marimoutou,"Créolisation, Créolité, Littérature", in *Cuisines et Identités*, ed. D. Baggioni and J-C. Marimoutou (Saint-Denis: Université de La Réunion, 1988), 32–45.

45 R. Mesthrie,"Creole, Pidgin and Creolisation",论文发表于2003年3月21日"开普敦大学克里奥尔化与身份认同系列研讨会".

46 U. Hannerz,"Culture Between Center and Periphery: Towards a Macroanthropology", *Ethnos* 54 nos. 3 and 4 (1992): 221.

47 T. H. Eriksen,"*Tu Dimmunn Pu Vini Kreol*: The Mauritian Creole and the Concept of Creolization",作为跨国社区项目系列研讨会"思考克里奥尔化"的一部分提交的论文,牛津大学,1999年11月11日。

48 G. Freyre, *New World in the Tropics. The Culture of Modern Brazil* (New York: Vintage Books, 1963), 365.

49 E. Said, *L'Orientalisme. L'Orient Créé par l'Occident* (Paris: Le Seuil, 1994), 123.

50 L. Labache, "Recherche sur l'Ethnicité à la Réunion", MIBI, *Revue des Psychologues de la Martinique*, no. 2 (1999): 105.

51 J-L. Bonniol, "Les Naissances Multiples de Jean Benoist en Terre Créole", in *Au Visiteur Lumineux. Des Iles Créoles aux Sociétés Plurielles. Mélanges offerts à Jean Benoist* (Petit-Bourg, Guadeloupe: Ibis Rouge, 2000), 25–32.

52 S. Mintz, "Enduring Substances, Trying Theories: The Caribbean Region as Oikoumene", *Journal of the Royal Anthropological Institute* 2 no. 2 (1996): 46.

53 J. Benoist, "Le Métissage: Biologie d'un Fait Social, Sociologie d'un Fait Biologique", in URA CNRS, *Métissage Linguistique et Anthropologie*, Vol. 2 (Paris: L'Harmattan, 1992), 15.

54 E. Braithwaite, *The Development of Creole Society in Jamaica* 1770–1820 (Oxford: Clarendon Press, 1971), XIII.

55 R. M. Nettleford, *Caribbean Cultural Identity* (Kingston: Institute of Jamaica, 1978), 185.

56 利奥波德·塞达尔·桑戈尔认为黑人性（*Négritude*）与殖民地国家的黑人文学相对应。这个词还指对黑人抗议身份认同抗击民族主义的赞美。见 L. S. Senghor, *Chants d'Ombre* (Paris: Le Seuil, 1945); L. S. Senghor, *Hosties Noires. Anthologie de la Nouvelle Poésie Nègre et Malgache de Langue Française* (Paris: Le Seuil, 1948); L. S. Senghor, *Nocturnes* (Paris: Le Seuil, 1962). 黑人性一词首次出现于 A. Césaire, *Cahier d'un Retour au Pays Natal* (Paris: Présence Africaine, 1939). 黑人性让赛泽尔 (Césaire) 想起了黑人的世界和奴隶的生活状况。

57 J. Bernabé, P. Chamoiseau and R. Confiant, *Eloge de la Créolité* (Paris: Gallimard, 1995).

58 被 R. Cohen 称作"移民中的移民", "The Diaspora of a Diaspora: The Case of the Caribbean", *Social Science Information* 31 no. 1 (1992).

59 Eriksen, "*Tu Dimmunn Pu*", 14.

60 E. Glissant, *Traité du Tout-Monde* (Paris: Gallimard, 1997), 23.

61 见 J-C. Marimoutou, "La Cuisine du Cafre en Pays Blanc", in *Cuisines et Identités*, ed. D. Baggioni and J-C. Marimoutou (Saint-Denis: Université de La Réunion, 1988).

62 R. Burton, "The Idea of Difference in Contemporary French West Indian Thought: *Négritude, Antillanité, Créolité*", in *French and West Indian: Martinique, Guadeloupe and French Guyana Today*, ed. R. Burton and F. Réno (Basingstoke: Macmillan Caribbean, 1995), 156.

63 J. Benoist, "Métissage, Syncrétisme, Créolisation: Métaphores et Dérives", *Etudes Créoles* XIX no. 1 (1996): 50.

64 Glissant, *Traité*, 323.

65 O. Patterson, "Context and Choice in Ethnic Allegiance: A Theoretical Framework and Caribbean Case Study", in *Ethnicity. Theory and Experience*, ed. N. Glazer and D. P. Moynihan (Cambridge, Mass.: Harvard University Press, 1975), 141.

66 L. Médéa, "Creolisation and Globalisation in a Neo-Colonial Context: The Case of La Réunion", *Social Identities* 8 no. 1 (2002): 132.

67 S. Mintz, *Tasting Food, Tasting Freedom* (Boston: Beacon Press, 1996), 197.

68 E. Baptiste, "Creolisation and the Development of Creole Cultures", 论文发表于"印度洋区域的转变与文化交流"大会, 加州大学洛杉矶分校, 2002 年 4 月, 4.

69 E. Glissant, *Le Discours Antillais* (Paris: Gallimard, 1981); S. Mintz, *Sweetness and Power: The Place of Sugar in Modern History* (New York: Penguin, 1985); S. Mintz, *Caribbean Transformations* (New York: Columbia, 1990); M. G. Smith, *Stratification in Grenada* (Los Angeles: University of California Press, 1965).

70 P. Freyre, New World in the Tropics. The Culture of Modern Brazil (New York: Vintage Books, 1963); L. Sansone, "The Emergence of the Politics of Black Identity in Bahia, Brazil", in *The Politics of Ethnic Consciousness*, ed. H. Vermeulen and C. Govers (London: Macmillan, 1997); G. D' Costa, *Theology and Religious Pluralism: The Challenge of Other Religions* (Oxford: Blackwell, 1986).

71 D. Adone, *The Acquisition of Mauritian Creole* (Amsterdam: John Benjamins, 1994); J-F. Reverzy and J-C. Marimoutou, *L'Espoir Transculturel. Cultures, Exils et Folies dans l'Océan Indien* (Paris: L'Harmattan, 1990); F. Vergès, *Monsters and Revolutionaries: Colonial Family Romance and* Métissage (Duke: Duke University Press, 1999).

72 Nettleford, *Caribbean Cultural Identity*, 62.

73 W. Rodney, "A History of the Guyanese Working People 1881–1905", MA dissertation, Johns Hopkins University, 1981, 241.

74 S. Hall, "The Local and the Global: Globalization and Ethnicity", in *Culture, Globalization and the World-System*, ed. A. K. King (Basingstoke: Macmillan, 1991), 16.

75 Hall, "Local and Global", 15.

76 Grossberg, "Identity", 89.

77 Z. Bauman, "From Pilgrim to Tourist-or a Short History of Identity", in *Questions of Cultural Identity*, ed. S. Hall and P. Du Gay (London: Sage, 1996), 18. See also Z. Bauman, *Intimations of Postmodernity* (London: Routledge, 1999).

78 H. K. Bhabha, *The Location of Culture* (London: Routledge, 1994).

79 Bhabha, *Location of Culture*, 13.

80 同上, 37.

81 S. Vertovec, "Transnational Challenges to the 'New Multiculturalism'", 论文发表于萨塞克斯大学ASA大会, 2001年4月3日。

82 Vertovec, "Transnational Challenges", 19.

83 J-C. Marimoutou, "Le Lieu et le Lien: A Propos de la Littérature Réunionnaise", *Hermès* no. 32/33 (2002): 135.

84 Marimoutou, "Lieu et Lien", 137–138.

85 T. Chanda, "La 'Créolisation' Culturelle du Monde. Entretiens avec édouard Glissant", in *Label France* (2000), 26.

86 N. Lazarus, *Nationalism and Cultural Practice in the Post-Colonial World* (Cambridge: Cambridge University Press, 1999), 141.

87 Lazarus, *Nationalism*, 15.

88 E. Glissant, "La Créolisation du Monde", in *L'Identité: Individu, le Groupe, la Société* (Auxerre: Editions Sciences Humaines, 1998), 9.

89 B. Cherubini, "La Créolisation Socioculturelle à l'Heure de la Mondialisation: Interculturalité,

Créolités, Système Monde", *Etudes Créoles* XXII no. 1 (1999): 121.

90 R. Robertson, *Globalization. Social Theory and Global Culture* (London: Sage, 1992), 284.

91 Glissant, "Créolisation du Monde", 26.

92 U. Hannerz, "The World in Creolization", *Africa* 57 no. 4 (1987): 551.

93 Hannerz, "World in Creolization", 551.

94 Eriksen, "*Tu Dimmunn Pu*", 13.

95 同上.

96 同上.

97 S. Hall, "Negotiating Caribbean Identities: Is That All There Is?", *New Left Review*, 209 (1989) and S. Hall, "When was the 'Post-Colonial'?", 14.

98 Baptiste, "Creolisation", 10.

99 R. Chaudenson, *Des Iles, des Hommes, des Langues* (*Langues Créoles, Cultures Créoles*) (Paris: L'Harmattan, 1992), 132.

100 Chaudenson, *Des Iles*, 132.

101 同上, 119.

102 监工是种植园的管理者,负责监督奴隶的工作。监工往往是混血人种,被奴隶憎恨。见 H. Gerbeau, *Les Esclaves Noirs: Pour une Histoire du Silence* (Paris: Balland, 1970).

103 S. Fuma, *Le Moring, Art Guerrier, ses Origines Afro-Malgaches, sa Pratique à La Réunion* (Saint-Denis: L'Université de La Réunion, 1992); S. Fuma, *L'Abolition de l'Esclavage à La Réunion* (Saint-Denis: Université de La Réunion, 1998); P. Eve, *Ile à Peur. La Peur Redoutée ou Récupérée à La Réunion de nos Origines à nos Jours* (Saint-André: Océan Editions, 1992); Gerbeau, *Esclaves Noirs*; H. Gerbeau, "Coolies et Engagés de l'Ile de La Réunion", 论文发表于莱顿国际研讨会, 1982年4月21-23日; H. Gerbeau, *La Longue Marche. L'Esclavage et l'Abolition: Des Dates et des Chiffres* (Saint-Denis: ARCC, 1998); D. Vaxellaire, *Le Grand Livre de l'Histoire de La Réunion.* Vol. 1, *Des Origines à 1848.* Vol. 2, *De 1848 à l'An 2000* (Saint-Denis: Editions Orphie).

104 来自马达加斯加、科摩罗或非洲其他地方的契约劳工被视为"非洲人"。来自马来西亚和中国的契约劳工被视为"华人",来自古吉拉特邦的契约劳工被视为"阿拉伯人",来自印度南部的契约劳工被视为"马拉巴人"。

105 奴隶制和殖民主义时期非洲语言的丧失是一个复杂的过程。社会语言学家尚未找到切实的理论来解释这种丧失。

106 Vaxellaire, *Histoire de La Réunion*, 152.

107 S. Fuma, *Histoire d'un Peuple, La Réunion* (1848-1900) (Saint-André: Grather, 1994); Fuma, *Abolition de l'Esclavage*; Y. Combeau, *Histoire de La Réunion: De la Colonie à la Région* (Paris: Nathan, 2002); Vaxellaire, *Histoire de La Réunion*.

108 无论如何,他们"法语"的版本会比种植园奴隶工人的版本更接近于 $A/A^1/A^2$。语言学家认为这些变体之间是连续的。

109 Chaudenson, *Des Iles*, 56.

110 A. Armand and G. Chopinet, *La Littérature Réunionnaise d'Expression Créole*, (1828-1982) (Paris: L'Harmattan, 1983), 20.

111　乔登森阐释了与留尼汪相比，前西班牙殖民地没有克里奥尔语。Chaudenson, *Des Iles*, 124 – 130, 282 – 284.

112　见 A. D'Ans, *Haïti：Paysage Société*（Paris：Karthala, 1987）; A. Corten, *L'Etat Faible：Haïti et République Dominicaine*（Genève：CIDIHCA, 1989）; H. Dipp, *Raza e Historia en Santo Domingo：Los Orígenes del Prejuicio Racial en América*（Santo Domingo：Fundación Cultural Dominicana 1992）; R. Fermoselle, *The Evolution of the Cuban Military*（Miami：FUP, 1988）; J. Lipski, "Convergence and Divergence in Bozal Spanish", *Journal of Pidgin and Creole Languages* 1 no. 2（1986）; J. Lipski, *Latin American Spanish*（London：Longman, 1994）.

113　Chaudenson, *Des Iles*, 128.

114　在撰写本报告时没有关于这些地区小学教育的信息。

115　A. Benitez-Rojo, *The Repeating Island*（Duke：Duke University, 1992）, 9.

116　留尼汪大学和留尼汪学院成立于 1982 年。在那之前的所有事务都由位于法国本土的艾克斯 – 马赛学院负责。

117　Vaxellaire, *Histoire de La Réunion*; Fuma, *Le Moring*; *Revue Cercle Généalogique de Bourbon* no. 213（Saint-André：Graphica, 1999）; *Revue Cercle Généalogique de Bourbon* no. 221（Saint-André：Graphica, 2000）; and *Revue Cercle Généalogique de Bourbon* no. 239（Saint-André：Graphica, 2002）.

118　关于西班牙殖民的更多详情见 Benitez-Rojo, *Repeating Island*.

119　Cohen, *Global Diasporas*, 32.

120　Chaudenson, *Des Iles*, 126.

121　C. Barat, "Classification et Typification dans un Contexte Multiculturel", in *L'Espoir Transculturel*, Vol. 2, *Iles et Fables*, ed. J-F. Reverzy and J-C. Marimoutou（Paris：L'Harmattan, 1990）.

122　Médéa, "Creolisation and Globalisation", 127.

123　20 世纪 80 年代，留尼汪的印度牧师前往毛里求斯寻求纯正的泰米尔宗教，并将其带到了留尼汪。今天，一些印度牧师仍然在毛里求斯接受训练。

124　法国血统的毛里求斯人积极接受法国文化，以至于米歇尔 – 德勃雷在 20 世纪 70 年代为他们颁发了法国护照。

125　在毛里求斯、西印度群岛、斐济和南非，印度人主要被雇为甘蔗田的工人。见 Rodney, "Guyanese Working People"; 以及 Tinker, *A New System of Slavery：The Export of Indian Labour Overseas 1830 – 1920*（London：Oxford University Press for the Institute of Race Relations, 1974）.

126　本表整合了取自罗德尼（Rodney）的统计数据，"Guyanese Working People"; Tinker, *A New System*; 以及我自己的信息。

127　M. Sebba, *Contact Languages：Pidgins and Creoles*（Basingstoke：Macmillan, 1997）; P. Baker, *Kreol-A Description of Mauritian Creole*（London：Hurst, 1972）.

128　Rodney, "Guyanese Working People", 54.

129　Fuma, *Le Moring*, 49; Gerbeau, "Coolies et Engagés", 11.

130　人类语言学研究所是在本报告撰写开始前三年在留尼汪大学成立的。留尼汪的大部分祖传语言（除非洲语言）都可以在这里学习。

131　S. Romaine, "Language Standardization and Linguistic Fragmentation in Tok Pisin", in *Language and the Social Construction of Identity in Creole Situations*, ed. M. Morgan (Los Angeles: Center for Afro-American Studies Publications, UCLA, 1994), 74.

132　S. Mufwene, "On Decreolization: The Case of Gullah", in *Language and the Social Construction of Identity in Creole Situations*, ed. M. Morgan (Los Angeles: Center for Afro-American Studies Publications, UCLA, 1994), 67.

133　V. Focard, "Du Patois Créole de l'Ile Bourbon", *Bulletin de la Société des Sciences et Arts* (1884); A. Vinson, "Les Origines du Patois de l'Ile Bourbon", *Bulletin de la Société des Sciences et Arts* (1882).

134　Focard, "Du Patois Créole", 190.

135　Armand and Chopinet, *Littérature Réunion-naise*, 23.

136　A. Leblond and M. Leblond, *Le Miracle de la Race* (Paris: E. Fasquelle, 1914); A. Leblond and M. Leblond, *Les Romans des Races. Les Sortilèges* (Paris: E. Fasquelle, 1905).

137　Chaudenson, *Des Iles*, 126.

138　来源：留尼汪档案馆。

139　黑人奴隶只有在其主人去世后才会获得解放。然而，有钱的地主的奴隶往往会在其主人死后被卖掉，以确保地主的后代继续享有财富。在撰写本书时，两名人类学和生物学领域的研究生正在进行一项 DNA 研究计划。初步结果显示，留尼汪人的母系在大多数情况下可以追溯到非洲，父系在大多数情况下可以追溯到欧洲。这项研究的最终结果将于 2006 年底公布。见 V. Dubut, "Les Polymorphismes de l'ADNmt et du Chromosome Y sur l'Ile de La Réunion: Etude des Modalités d'un Peuplement Récent", Thèse d. Anthropologie Biologique, Université de Bordeaux, 2007.

140　罗德里格斯岛（Rodriguez）的案例对乔登森的分析提出了怀疑。在罗德里格斯岛（在本书写作时，该岛有 35 000 名居民，其中 90% 是黑人，9.5% 是混血、华人和穆斯林，0.5% 是印度裔毛里求斯人），非洲黑人和奴隶的后代讲克里奥尔语。这种克里奥尔语与毛里求斯和塞舌尔的克里奥尔语比较接近，尽管岛上没有白人居住。（见 H. Agathe, "Etudes Comparées des Marchés Fonciers de Maurice, de La Réunion et de Rodrigue. Quelles Régulations Publiques de ces Marchés? Entre Efficacité et Equité des Politiques Publiques", PhD thesis, Ecole des Hautes Etudes et Sciences Sociales, 2004.）

141　N. Lazarus, "The Fetish of 'the West' in Postcolonial Theory", in *Marxism, Modernity and Postcolonial Studies*, ed. C. Bartolovich and N. Lazarus (Cambridge: Cambridge University Press, 2002), 43.

142　Mesthrie, "Pidgins and Creolisation", 4.

143　同上，2.

144　J. Bold, *Fanakalo: Phrase-Book, Grammar and Dictionary* (Pretoria: Van Schaik, 1990); R. K. Herbert, *Language and Society in Africa: The Theory and Practice of Sociolinguistics* (Johannesburg: Witwatersrand University Press, 1992).

145　N. Dittmar and P. Schlobinski, *The Sociolinguistics of Urban Vernaculars: Case Studies and their Evaluation* (Berlin: De Gruyter, 1988); J. Lindenfeld, *Speech and Sociability at French Urban Marketplaces* (Amsterdam: John Benjamins, 1990); S. Romaine, *Language, Education and*

Development: Urban and Rural Tok Pisin in Papua New Guinea （Oxford: Clarendon Press, 1992）; B. Seguin, *Les Céfrans Parlent aux Français: Chronique de la Langue des Cités* （Paris: Calman-Lévy, 1996）; K. V. Calteaux, *Standard and Non-Standard African Language Varieties in the Urban Areas of South Africa: Main Report for the STANON Research Programme* （Pretoria: HSRC Publishers, 1996）.

146 Mufwene, "On Decreolization", 73.

147 A. Boucher, *Mémoire Pour Servir la Connaissance Particulière de Chacun des Habitants de l'Isle Bourbon* ［Paris: Cercle Généalogique de Bourbon, 1989（1710）］, 49.

148 本表格是我阅读以下文献后的总结: Boucher, *Mémoire*; Fuma, *Le Moring*; Fuma, *Histoire d'un Peuple*; Fuma, *Abolition de l'Esclavage*; S. Fuma, *De l'Inde du Sud à l'Ile de La Réunion* （Saint-Denis: Université de La Réunion, 1999）; S. Fuma, "Le Servilisme: Statut des Travailleurs Immigrés ou Affranchis dans les Colonies", *Tarehi: Revue d'Histoire et d'Archéologie*, 4（INYA/CNDRS 2002）; Y. Combeau, *Histoire de La Réunion: De la Colonie à la Région* （Paris: Nathan, 2002）; Eve, *Ile à Peur*; P. Eve, *De La Réunion Coloniale au Département: La Concrétisation d'un Désir: Texte et Recherches* （Saint-Denis: Conseil Général de La Réunion, 1996）; P. Eve, *Le 20 Décembre 1848 et sa Célébration à La Réunion: Du Déni à la Réhabilitation（1848 – 1980）* （Paris: L'Harmattan, 2000）; Gerbeau, *Esclaves Noirs*; Gerbeau, "Coolies et Engagés"; Gerbeau, *La Longue Marche*; Vaxellaire, *Histoire de La Réunion*; Tableau Economique de La Réunion, Census 1967, 1974, 1981, 1992 and 1999（Saint-André, Graphica）; *Revue Cercle Généalogique de Bourbon* no. 231（Saint-André: Graphica, 2001）; *Revue Cercle Généalogique de Bourbon* no. 239.

149 包括法国人、爱尔兰人、荷兰人和英格兰人。从1804年起包括被解放的有色人种。

150 包括非洲西部、东部和南部。

151 包括印度人和马来人。

152 1848年后包括马达加斯加、非洲和科摩罗。

153 来自其他地区的人，如华人、穆斯林和马来人。

154 P. Baker, "On the Origins of the Mauritian Creole", *Journal of Mauritian Studies* 2 no. 2（1988）: 41 – 85; D. Adone, *The Acquisition of Mauritian Creole* （Amsterdam: John Benjamins, 1994）, 121.

155 Vaxellaire, *Histoire de La Réunion*, 452; Fuma, *Abolition de l'Esclavage*, 12; *Revue Cercle Généalogique de Bourbon* no. 239, 26.

156 Chaudenson, *Des Iles*, 78 – 80.

157 Fuma, *Le Moring*, 23.

158 Lazarus, "Fetish of 'the West'", 45.

159 图表取自 M. Beniamino, "Le Français de La Réunion. Inventaire des Particularités Lexicales", *Actualités Linguistiques Francophones* （EDICEF/ AUPELF, 1995）, 98.

160 在马约特，马霍莱人以法语为官方语言，以 Shimaoré（一种斯瓦希里语的克里奥尔语）为其母语。在科摩罗，科摩罗语（一种源自斯瓦希里语的克里奥尔语）和法语是官方语言。

161 J. S. Furnivall, *Colonial Policy and Practice. A Comparative Study of Burma and Netherlands In-*

dia (Cambridge: Cambridge University Press, 1948), 306 – 7.

162 Furnivall, *Colonial Policy*, 304.

163 J. Larrain, *Theories of Development. Capitalism, Colonialism and Dependency* (London: Polity Press, 1989), 3.

164 H. K. Bhabha, "The Third Space", in *Identity: Community, Culture, Difference*, ed. J. Rutherford (London: Lawrence and Wishart, 1990), 23.

165 Braithwaite, *Development of Creole Society*, 311.

166 A. Touraine, "Les Conditions de la Communication Interculturelle. Faux et Vrais Problèmes", in *Une Société Fragmentée? Le Multiculturalisme en Débat*, ed. M. Wieviorka (Paris: Découverte, 1996), 247.

167 Touraine, "Conditions", 304.

168 关于美国社会见 N. Glazer and D. Moynihan, *Beyond the Melting Pot: The Negroes, Puerto Ricans, Jews, Italians and Irish of New York City* (Cambridge: Cambridge University Press, 1963); 关于加拿大社会见 C. Taylor, *Multiculturalism and "The Politics of Recognition"* (Princeton: Princeton University Press, 1992); 关于英国社会见 C. Parekh, *Rethinking Multiculturalism. Cultural Diversity and Political Theory* (Basingstoke: Macmillan, 2000); 关于南非见 G. Baynes, *The Rainbow Nation?: Identity and Nation Building in Post-Apartheid South Africa* (Pretoria: Van Schaik, 1998).

169 Pink Floyd, quoted in "Ousa I lé Zangos?", *Le Jir*, 12 March 2001, 13.

170 Larrain, *Theories of Development*, 3.

171 同上, 14.

172 Smith, *Stratification*, 88.

173 B. Malinowski, *The Dynamics of Culture Change. An Inquiry Into Race Relations in Africa* (New Haven: Yale University Press, 1945), 154.

174 Malinowski, *Dynamics*, 74 – 75.

175 E. Glissant, *Traité du Tout-Monde* (Paris: Gallimard, 1997), 214.

176 Smith, *Stratification*, 14.

177 见 J. Chan-Low, "Esclaves, Exclus…Citoyens", 论文发表于奴隶制国际研讨会, 1998 年 10 月 5 – 8 日, J. Chan-Low, "Aux Origines du 'Malaise Créole': Les Ex-Apprentis dans la Société Mauricienne (1839 – 1861)", 论文发表于"纪念学徒制结束 160 周年"大会, 1999 年 6 月 23 – 26 日; 毛里求斯社会见 T. Arno and C. Orian, *Ile Maurice, une Société Multiraciale* (Paris: L'Harmattan, 1986) and R. Allen, *Freedman and Indentured Laborers in Colonial Mauritius* (Cambridge: Cambridge University Press, 1999); 缅甸和印度社会见 Furnivall, *Colonial Practice*; 加勒比社会见 Smith, *Stratification*, R. Burton, *Afro-Creole: Power, Opposition and Play in the Caribbean* (New York: Cornell University Press, 1997) and H. Hintjens, *Gender, Ethnicity and Political Ideologies* (London: Routledge, 1998).

178 Larrain, *Theories of Development*, 3.

179 J-L. Amselle, *Branchements: Anthropologie de l'Universelle des Cultures* (Paris: Flammarion, 2001), 201.

180 F. Ortiz, "Del Fenómeno de la Transculturación y su Importancia en Cuba", in *El Contrapunteo*

Cubano del Azúcar y del Tabaco, ed. F. Ortiz (La Habana: Editorial de Ciencias Sociales, 1940), 33.

181 见 S. Huntington, *The Clash of Civilizations and the Remaking of World Order* (New York: Simon and Schuster, 1996).

182 Ortiz, "Fenómeno de la Transculturación", 33.

183 M. L. Pratt, "Arts of the Contact Zone", in *Ways of Reading*, ed. D. Bartholomae and A. Petrosky (Boston: St Martin, 1999), 582–96.

184 M. L. Pratt, *Imperial Eyes: Travel Writing and Transculturation* (London: Routledge, 1992), 12.

185 Smith, *Stratification*, 87.

186 Furnivall, *Colonial Policy*, 306.

187 Smith, *Stratification*, 89.

188 F. Laplantine, "Le Métissage, Moment Improbable d'une Connaissance Vibratoire", *X-Alta* no. 2/3 (1999): 39.

189 Laplantine, "Métissage", 39.

190 关于巴西社会见 Sansone, "Emergence"; 关于佛得角社会见 M. Lesourd, *Etat et Société aux Iles du Cap-Vert: Alternatives pour un Petit Etat Insulaire* (Paris: Karthala, 1996); 关于古巴社会见 Ortiz, "Fenómeno de la Transculturación".

191 Ortiz, "Fenómeno de la Transculturación", 76; Pratt, *Imperial Eyes*, 12; Amselle, *Branchements*, 201.

192 J-C. Marimoutou and J-M. Racault, *Métissage*. Vol. 1, *Littérature-Histoire* (Saint-Denis: Faculté des Lettres et des Sciences Humaines, Université de La Réunion, 1992), 24.

193 Médéa, "Creolisation and Globalisation, 129.

194 Robertson, *Globalization*, 149.

195 关于留尼汪族裔见 L. Labache, "L'Ethnicité à La Réunion: Vers un Melting-pot?", PhD thesis, Ecole des Hautes Etudes et Sciences Sociales, 1997 and L. Labache, "L'Ethnicité chez les Jeunes Réunionnais", *Agora Débat Jeunesses* 9 (1997).

196 F. Fanon, *Peau Noire, Masques Blancs* (Paris: Le Seuil, 1952), 49.

197 Cohen, *Global Diasporas*, 129.

198 见 Robertson, *Globalization*, 173–4.

199 Larrain, *Theories of Development*, 124.

200 T. Gilles, "Linguistic Differentiation in Ethnic Groups", in *Differentiation Between Social Groups*, ed. H. Tajfel (London: Academic Press, 1978), 381.

201 Gilles, "Linguistic Differentiation", 387.

202 Parsons, *Politics*, 12.

203 T. Parsons, *Societies. Evolutionary and Comparative Perspectives* (Englewood Cliffs, NJ: Prentice-Hall, 1966), 9.

204 Parsons, *Societies*, 27.

205 Tajfel, *Social Identity*, 17.

206 D. Winford, "Sociolinguistic Approaches to Language Use in the Anglophone Caribbean", in *Language and the Social Construction of Identity in Creole Situations*, ed. M. Morgan (Los Angeles: Center for Afro-American Studies Publications, 1994), 43.

207　Parsons, *Politics*, 435.

208　J. Poirier and S. Fuma, "Mémoire Collective de la Départementalisation", in 1946: *La Réunion Département*, *Regards sur La Réunion Contemporaine*, ed. E. Maestri (Paris: L'Harmattan, 1999), 101–7.

209　J. S. Furnivall, cited by M. G. Smith in *Stratification in Grenada*, ed. M. G. Smith (Los Angeles: University of California Press, 1965), 3.

210　E. Hervé, "L'Ile de La Réunion et la Question Coloniale", *La Revue des Deux Mondes* (January 1869): 767.

211　L. Labache, "Les Relations Interethniques à La Réunion", *Cahiers de Sociologie Economique et Culturelle* no. 31 (1999): 109.

212　F. Devine, "*Qualitative Methods*". *Theory and Methods in Political Science* (Basingstoke: Macmillan, 1995), 17.

213　G. Hellevik, *Introduction to Causal Analysis* (London: George Allen and Unwin, 1984), 24; A. De Vaus, *Surveys in Social Research* (London: Unwin Hyman, 1991), 66.

214　1997年，Bernard Cathelat 与IPSOS 印度洋分部合作，对留尼汪的社会风格进行了一次电话市场调查。调查按阶层对1453人进行了分层调研。调查主要涉及为销售商品和当地政客提供的服务。（信息来自IPSOS 留尼汪办公室）

215　见该处问卷 Le Coadic, *L'Identité Bretonne*, 198.

216　D. Rose and O. Sullivan, *Introducing Data Analysis for Social Scientists* (Milton Keynes: Pennsylvania University Press, 1996), 31.

217　L. Lyberg, P. Biemer, M. Collins, E. de Leeuw, C. Dippo, N. Schwarz and D. Trewin eds. *Survey Measurement and Process Quality* (New York: Wiley, 1997), 75.

218　N. M. Bradburn and S. Sudman, "The Current Status of Questionnaire Design" in *Survey Measurement and Process Quality*, ed. L. Lyberg, P. Biemer, M Collins, E. de Leeuw, C. Dippo, N. Shwarz and D. Trewin (New York: Wiley, 1997), 41.

219　J-C. Combessie, *La Méthode en Sociologie* (Paris: La Découverte, 1996), 45.

220　A. Bryman, *Quantity and Quality in Social Research* (London: Routledge, 1992), 12.

221　Tableau Economique de Réunion (TER). Reunion 1999 census (Saint-André: National Bureau for Statistics and Economic Studies, 2001), 55.

222　Alba, *Ethnicity and Race in the U. S. A.* (London: Routledge, 1985); R. Alba, *Ethnic Identity: The Transformation of White America* (New Haven: Yale University Press, 1990); T. Nakayama and J. Martin, "Current and Future Directions in Ethnicity and Methodology", *International Journal of Intercultural Relations* 24 (2000).

223　数据获得方式如下：

外国人：法国国家统计与经济研究所（INSEE）对居住在留尼汪的科摩罗人、马约特人和马达加斯加人的记录。

佐里人：来自 INSEE 的官方估计。推断方法如下：在出生地的问题中，可以从社会保险号码的前五位数字来确认那些在留尼汪岛以外出生的人，因为社保号表示个人的出生地。至于留尼汪出生的佐里人数据，可以通过他们的父母是否在法国出生来判定。例如，不太可能有19世纪30年代、19世纪40年代和19世纪50年代移民时期后在法国出生的留尼汪人。那些在19世纪70年代、19世纪80年代和19世纪90年代移民时期后在留尼汪出生的人可以被视为第一代佐里人而不是第一代留尼汪人。第一代留尼汪人是指父母是留尼汪人却出生在法国。在留尼汪出生的科摩罗人、马约特人和马达加斯加人也是如此，他们正处于过渡阶段，经历着身份认同的转换。第三代的孩子根据他们的出生地拥有相应族裔认同。例如，在巴黎出生的第三代留尼汪人是巴黎人，而在留尼汪出生的科摩罗人或佐里人则是留尼汪人。统计数据将在未来几年内证明这些新的族裔认同。

其他：INSEE数据。

扎拉布人：估计数来自留尼汪的穆斯林社区，根据婚礼邀请函计算得到。这些数字是从留尼汪穆斯林协会秘书长巴达特夫人和跨宗教团体的发言人巴尼安先生（他也是几个穆斯林协会的成员）那里得到的。伊斯梅尔－达乌吉也给出了一个估计数。

华人：估计数字来自留尼汪各华人协会几位成员提供的婚礼请柬和出生公告的数量。留尼汪中国文化联合会主席Ah-Line先生和圣但尼中国寺庙院长Chane-Tune先生也提供了数据。另有统计数字见R. Lee Tin, "Les Chinois de La Réunion", PhD thesis, Ecole des Hautes Etudes et Sciences Sociales, 2000, 410.

卡拉人：留尼汪唯一的什叶派清真寺位于留尼汪大学附近的穆菲亚，该寺的成员提供了最准确的数据。

大白人：估计数字由波旁家谱组织的成员提供，该组织致力于1663年至今的留尼汪居民的家谱学研究。

马拉巴人：估计数字来自英语国家和法国学者对世界印度移民的研究，19世纪中期以来世界范围的印度契约劳工的研究，及留尼汪岛的历史学家。

小白人、卡非人和混血：根据上述被采访者给出的官方数字，通过逻辑减法得出的个人估计值。此外，还考虑了699份族裔分类调查问卷的平均结果。

224　Cf. R. Chaudenson, R. *Lexique du Parler Créole à La Réunion*, Vol. 1 (Paris：Librairie Honoré Champion, 1974), xiv; A. Scherer, *Histoire de La Réunion* (Paris：PUF, 1966), 23; Atelier de l'Urbanisme de Réunion (1968) in Labache, "L'Ethnicité à La Réunion"; INSEE 1974 census data; Reverzy and Marimoutou, *L'Espoir Transculturel*; R. Squarzoni, "Le Peuplement de La Réunion：Depuis 1848, dans un Processus de Decréolisation, une Recombinaison Féconde à l'Oeuvre…", 论文发表于"留尼汪文化、身份认同与发展研讨会", 圣但尼, 1989. H. Mazeran, *Géopolitique de l'Océan Indien* (Paris：CHEAM, La Documentation Française, 1994).

225　见 Labache, "L'Ethnicité à La Réunion".

226　见 Le Coadic, *L'Identité Bretonne*, 195–6.

227　P-J. Simon, *La Bretonnité. Une Ethnicité Problématique* (Rennes：Presses Universitaires de Rennes, 1998), 87.

228　K. Sabadell, "Les Contes et Légendes：Un Eveil à la Conscience de Soi, l'Acceptation de sa Différence, une Force pour une Génération en Perdition, Fondamentaux pour la Construction Identitaire", in *Identité et Société Réunionnaise. Nouvelles Perspectives, Nouvelles Approches* ed. L. Médéa, L. Labache and F. Verges (Paris：Karthala, 2005), 231.

229　B. Cherubini, "L'Expression Musicale et la Construction Locale des Identités", in *Regards sur le Champ Musical*, ed. B. Cherubini (Saint-Denis：Faculté des Lettres et des Sciences Humaines, Université de La Réunion, 1996), 5.

230 B. Desrosiers, "Le Discours sur la Musique, le Discours sur l'Identité à La Réunion", in *Regards sur le Champ Musical*, ed. B. Cherubini (Saint-Denis: Faculté des Lettres et des Sciences Humaines, Université de La Réunion, 1996), 33.

231 M. Desroches, "Musique et Identité Culturelle des Tamouls de La Réunion", in *Au Visiteur Lumineux. Des Iles Créoles aux Sociétés Plurielles. Mélanges Offerts à Jean Benoist*, ed. J. Bernabé, J-L. Bonniol, R. Confiant and G. L'Etang (Petit-Bourg, Guadeloupe: Ibis Rouge, 2000), 236.

232 Desrosiers, "Discours sur la Musique", 33; P. Gilbert, "Les Jeunes Réunionnais et la Culture Rap", in *Regards sur le Champ Musical*, ed. B. Cherubini (Saint-Denis: Faculté des Lettres et des Sciences Humaines, Université de La Réunion, 1996), 106; P. Cohen, "Identité et Musique", in *Regards sur le Champ Musical*, ed. B. Cherubini (Saint-Denis: Faculté des Lettres et des Sciences Humaines, Université de La Réunion, 1996), 189.

233 Desrosiers, "Discours sur la Musique", 140.

234 Le Coadic, *L'Identité Bretonne*, 271.

235 同上.

236 E. Durkheim, *Elementary Forms of the Religious Life* (London: George Allen and Unwin, 1976), 209.

237 Durkheim, *Elementary Forms*, 419.

238 A. Lattas, *Cultures of Secrecy: Reinventing Race in Bush Kaliai Cargo Cults* (Madison: University of Wisconsin Press, 1998), 71.

239 M. Laguerre, *Voodoo and Politics* (New York: St Martin's Press, 1989), 102.

240 见 P. Metcalf and R. Huntington, *Celebrations of Death: The Anthropology of Mortuary Ritual* (Cambridge: Cambridge University Press, 1991); M. P. Pearson, *The Archaeology of Death and Burial* (Texas: Texas A&M University Press, 1999); E. Ahern, *The Cult of the Dead in a Chinese Village* (Stanford: Vidong, 1973).

241 Amselle, *Branchements*, 12.

242 Labache, "L'Ethnicité à La Réunion", 391.

243 同上, 9.

244 A. Mémmi, *Le Racisme: Description, Définitions, Traitement* (Paris: Gallimard, 1994), 28.

245 2000 年的数据见 Tableau Economique de La Réunion (TER), Reunion 2000 census (Saint-André: National Bureau for Statistics and Economic Studies, 2001).

246 Labache, "L'Ethnicité à La Réunion", 391.

247 A. Gramsci, *Selections From the Prison Notebooks*, ed. and transl. Q. Hoare and G. Nowell-Smith (London: Lawrence and Wishart, 1971), 57 – 8.

248 Médéa, "Creolisation and Globalisation", 131.

249 M. Foucault, *Les Mots et les Choses* (Paris: Gallimard, 1966) and M. Foucault, *Archéologie du Savoir* (Paris: Gallimard, 1969).

250 Foucault, *Archéologie*, 65.

251 J. Russ, *Dictionnaire de Philosophie* (Paris: Bordas, 1991), 123.

252 见 G. Deleuze, Pourparlers (Paris: Editions de Minuit, 1990).

253　C. Castoriadis, *L'Institution Imaginaire de la Société* (Paris: Le Seuil, 1975), 24.

254　Castoriadis, *L'Institution Imaginaire*, 123.

255　A. Ahmad, "The Politics of Literary Postcoloniality", *Race and Class* 36 no. 3 (1995): 3.

256　G. C. Spivak, "Post-structuralism. Marginality, Postcoloniality and Value", in *Literary Theory Today*, ed. P. H. Collier and H. Geyer-Ryan (Ithaca: Cornell University Press, 1990), 216.

257　A. Ahmad, "Politics", 9.

258　C. Bartolovich and N. Lazarus, eds, *Marxism, Modernity and Postcolonial Studies* (Cambridge: Cambridge University Press, 2002), 12–13.

259　J-C. Guillebaud, *Les Confettis de l'Empire: Djibouti, Martinique, Guadeloupe, Réunion, Tahiti, Nouvelle Calédonie, Guyane, Polynésie Française, Saint-Pierre et Miquelon, Terres Australes et Antarctiques Françaises, Mayotte, Archipel des Comores, Nouvelles Hébrides, Territoires Français des Afars et des Issas, Wallis et Futuna* (Paris: Le Seuil, 1976).

260　F. Vergès, *Monsters and Revolutionaries*, 12.

261　R. Burton, *La Famille Coloniale. La Martinique et la Mère Patrie* 1789–1992 (Paris: L'Harmattan, 1994); R. Burton, "Maman-France Doudou: Family Images in French West Indian Colonial Discourse", *Diacritics* 23 no. 3 (1993): 89.

262　A. Ahmad, *In Theory: Classes, Nations, Literatures* (London: Verso, 1992), 91.

263　A. Ahmad, *In Theory*, 24.

264　E. Said, *Orientalism* (New York: Vintage, 1978).

265　R. Young, *Colonial Desire: Hybridity in Theory, Culture and Race* (London: Routledge, 1995), 23.

266　Lazarus, "Fetish of 'the West'", 53.

267　S. Hall, "Cultural Identity and Diaspora", in *Identity: Community, Culture, Difference*, ed. J. Rutherford (London: Lawrence and Wishart, 1990), 110.

268　Hall, "Cultural Identity", 110.

269　F. Vergès, "Peuple Créole, Identité Ethnique à L'Ile de la Réunion", in *La Différence Culturelle. Une Reformulation des Débats* ed. M. Wieviorka and J. Ohana (Paris: Balland, 2001), 224.

270　Vergès, "Peuple Créole", 224.

271　这是法国和留尼汪的教师培训学校。

272　文化激进分子迈克尔-克罗切（Michael Crochet）也是高原戈雅夫学院的教育首席顾问，他将留尼汪的校长（地方教育权威）制定的制度称为"rectocracy"。

273　R. Burton, "Nationalist Ideologies in Contemporary Martinique", University of London Seminar Papers no. 29 (University of London, Institute of Commonwealth Studies, 1982): 81.

274　Spivak, "Post-structuralism", 215–17.

275　J. Derrida, *L'Ecriture et la Différence* (Paris: Le Seuil, 1967).

276　A. Touraine, "Egalité et Différence", in *La Différence Culturelle. Une Reformulation des Débats*, ed. M. Wieviorka and J. Ohana (Paris: Balland, 2001), 86.

277　Burton, "Nationalist Ideologies", 89.

278　F. Réno, "Resourcing Dependency. Decolonisation and Post-colonialism in French Overseas Departments", *Itinerario* XXV no. 2 (2001): 21.

279　F. Constant, *Le Multiculturalisme* (Paris: Flammarion, 2000), 88.

280　Constant, *Le Multiculturalisme*, 90.

281　Smith, *Stratification*, 85.

282　有关于巴西的类似分析见 F. Laplantine and A. Nouss, *Le Métissage* (Paris: Flammarion, 1997), 79.

283　T. H. Eriksen, "Communicating Cultural Difference and Identity, Ethnicity and Nationalism in Mauritius", *Social Anthropology* Occasional Papers no. 16 (1990); T. H. Eriksen, "Modernity and Ethnic Identity: Fragmentation and Unification in Europe seen through Mauritius", *L'Express Culture and Research* no. 5 (Spring 1992).

284　L. Médéa, "Identity Formation in Reunion Island", 论文发表于"印度洋区域的转变与文化交流"大会, 加州大学洛杉矶分校, 2002 年 4 月, 23.

285　M. Wieviorka and J. Ohana, eds, *La Différence Culturelle. Une Reformulation des Débats* (Paris: Ballard, 2001), 8.

286　Touraine, "Egalité et Différence", 87.

287　法国统计局关于留尼汪 2001—2003 年的失业数据见 http://www.insee.fr/reunion.

288　引自"La Départementalisation de La Réunion: 1946-2002", special departmentalisation edition, *Clicanoo*, 16 March 2002 (http://www.clincanoo.com/historire/histoiree), 2002 年 4 月 12 日访问.

289　1962 年 4 月 8 日法国举行全民公决, 多数人投票赞成阿尔及利亚独立, 此后, 米歇尔·德勃雷于 1962 年 4 月 14 日辞去了戴高乐手下的总理职务。德勃雷显然对"他的"殖民地很有感情。在他的家乡安布瓦兹和安德尔-卢瓦尔地区被击败的几个月后, 留尼汪保卫共和国联盟 (Union pour la Defence de la République) 的政客们要求他到留尼汪来, 以对抗留尼汪共产党的崛起。见 D. Bouche, *Histoire de la Colonisation Française* (Paris: Fayard, 1991), 243.

290　R. Squarzoni, "La Réunion, Région", 论文发表于留尼汪大学举办的"留尼汪省: 1946-1996"大会, 1996, 1.

291　R. Squarzoni, "Le Peuplement", 4.

292　W. Bertile, "La Réunion: Département Français d'Outre-Mer, Région Européene Ultrapériphérique", Doctorat d'Etat thesis, University of Reunion, 2001, 91.

293　Bertile, "La Réunion", 91.

294　J. Houbert, "Reunion: The Politics of *Départementalisation*", *The Journal of Commonwealth and Comparative Politics* XVIII no. 3 (1980): 341.

295　H. Hintjens, *Alternatives to Independence. Explorations in Post-Colonial Relations* (Aldershot, UK: Dartmouth, 1995), 4.

296　Hintjens, *Alternatives*, 38.

297　Réno, "Resourcing Dependency", 9.

298　Houbert, "Reunion-French Decolonisation in the Mascareignes", *The Journal of Commonwealth and Comparative Politics* 18 no. 2 (1980): 149.

299　Houbert, "Reunion", 327.

300 Derrida, *L'Ecriture*, 16.

301 Foucault, *Archéologie*, 270.

302 P. Bourdieu, *La Noblesse d'Etat. Grandes Ecoles et Esprit de Corps*（Paris：Editions de Minuit, 1989），202.

303 Bourdieu, *Raisons Pratiques*, 47.

304 Fanon, *Les Damnés*, 284.

305 同上，67.

306 E. Gellner, *Nations and Nationalism*（Oxford：Basil Blackwell, 1983）and T. H. Eriksen, *Ethnicity and Nationalism. Anthropological Perspectives*（London：Pluto Press, 2002）.

307 A. Heinz, "Colonial Perspectives in the Construction of the Psychotic Patient as Primitive Man", *Critique of Anthropology* 18 no. 4（1998）：437.

308 A. Appadurai, "Disjuncture and Difference in the Global Cultural Economy", *Theory, Culture and Society* 7（1990）；S. Sassen, *Globalization and its Discontents*（New York：The New Press, 1998）.

309 Smith, *Stratification*, 5.

310 爱德华·赛义德指出："当然，文化是在公民社会中运作的，在那里，思想、制度和他人的影响不是通过统治而是通过葛兰西所说的认同来发挥作用的。那么，在任何非极权主义的社会中，某些文化形式比其他文化形式占优势，就像某些思想比其他思想更有影响力一样；这种文化领导就是葛兰西所认定的霸权。"（Said, *Orientalism*, 7）.

311 Mufwene, "On Decreolization", 87.

312 Chaudenson, *Des Iles*, 291.

313 Cohen, *Global Diasporas*, 129.

314 本书撰写时，留尼汪华人曾宪建（TAK）是法国议会中唯一有华人典型特征的议员。

315 2003年3月29日的留尼汪报纸 *Clicanoo* 刊登了一篇关于这个话题的文章，其中包含羞辱性的评论。勒唐蓬市副市长最终放弃了这个项目，或者说在2003年4月20日宣布了"推迟"重新命名卡非平原的决定。

316 Médéa et al., *Identité et Société Réunionnaise*, 246.

317 M. Wieviorka, *Le Racisme：Une Introduction*（Paris：La Découverte, 1998），17.

318 E. Williams, *Capitalism and Slavery*（London：André Deutsch, 1964），7.

319 Williams, *Capitalism*, 29.

320 H. Scott, "Was There a Time Before Race? Capitalist Modernity and the Origins of Racism", in *Marxism, Modernity and Postcolonial Studies*, ed. C. Bartolovich and N. Lazarus（Cambridge：Cambridge University Press, 2002），169.

321 Lazarus, "Fetish of 'the West'", 53.

322 Glissant, *Discours Antillais*, 110.

323 A. Cherki, *Frantz Fanon. Portrait*（Paris：Le Seuil, 1999），291.

324 E. Goffman, *Stigmates. Les Usages Sociaux des Handicaps*（Paris：Le Seuil, 1975），76.

325 Médéa et al., *Identité et Société Réunionnaise*, 249.

326 这里与某些讲法语的非洲难民对南非黑人所表现出的居高临下的态度有相似之处。这种傲慢的态度源于他们的法国文化教育。见 Erasmus, "Re-imagining Coloured Identities"。

327 Médéa, "Creolisation and Globalisation", 139；L. Médéa, "La Construction de l'Identité dans

la Société Réunionnaise", *Le Journal des Anthropologues*, no. 92/93 (2003): 76.

328 Fanon, *Les Damnés*, 67.

329 Cf. the proposed renaming of Plaine des Cafres, discussed earlier.

330 R-M. Nicol, "Noirs, Cafres et Créoles: Etudes de la Représentation du Non-Blanc Réunionnais, Documents et Littératures Réunionnaises 1710–1980 (PhD thesis, Université de La Réunion et Aix Marseille, 1992); P. Mayoka, *L'Image du Cafre de l'Afrique Réunionnaise* (Saint-Denis: Hibiscus, 1997); Labache, "L'Ethnicité à La Réunion", 391; P. Beyssière, *Vingt Décembre: Le Jour où La Réunion se Souvient* (Paris: L'Harmattan, 2001); H. Finch, *Les Enjeux et les Modalités dans la Mondialisation d'une Identité Collective "Kaf" à L'Ile de La Réunion* (Marseille: Université de Marseille, 2003).

331 2002年，文化协会 Rasin Kaf 在法庭上对这些行为提出了申诉。

332 莫林是一种舞蹈和武术的结合，与巴西的卡波耶拉舞非常相似。

333 Bourdieu, *Noblesse d'Etat*, 12.

334 P. Bourdieu, *La Distinction. Critique Sociale du Jugement* (Paris: Editions de Minuit, 1979); P. Bourdieu, "Le Capital Social. Notes Provisoires", *Actes de la Recherche en Sciences Sociales*, no. 31 (1980); P. Bourdieu, *Les Structures Sociales de l'Economie* (Paris: Le Seuil, 2000).

335 关于留尼汪从奴隶制时期至20世纪50年代的恐惧问题，见 Eve, *Ile à Peur*。

336 1998年前在留尼汪大学和2002年实地考察中做的个人观察。

337 弗朗茨－法农来自一个资产阶级的马提尼克家庭。他的母亲是混血。另见 Cherki, *Frantz Fanon*.

338 Constant, *Le Multiculturalisme*, 34.

339 Hall, "Cultural Identity", 113.

340 J-L. Amselle, *Logique Métisse* (Paris: Payot, 1996), 61.

341 Cf. Huntington, *Clash of Civilizations*, 6.

342 UNESCO, *Langues en Danger* (http://portal.unesco.org/culture/fr/ev.php@URL_ID=8270&URL_DO=DO_TOPIC&URL_SECTION=201.html), accessed 2 December 2003.

343 Marimoutou and Racault, *Métissage*, 21.

344 同上，257.

345 Glissant, *Traité*, 345.

346 A. Valladão, "Le Métissage Comme Identité", *Projet* no. 248 (1996): 42.

347 马拉巴人和小白人身份认同也被认为是自主认同被排斥。泰米尔身份认同和马拉巴认同不一样，它通过排灯节越来越被民俗化了，类似于卡菲节。

348 A. Dirlik, "Is there History after Eurocentrism? Globalism, Postcolonialism and the Disavowal of History", *Cultural Critique* no. 42 (1999): 26.

349 Hintjens, *Alternatives*, 4.

350 J. Houbert, "Reunion: The Politics of Départementalisation", *The Journal of Commonwealth and Comparative Politics* XVIII no. 3 (1980): 334.

351 Fanon, *Les Damnés*, 98.

352 Houbert, "Reunion", 334.

353 D. Chakrabarty, "Postcoloniality and the Artifice of History: Who Speaks for 'Indian' Pasts?", *Representations* no. 37 (1992): 23.

354　Burton, "Maman-France Doudou", 89.
355　Bhabha, *Location of Culture*, 19.
356　Wieviorka and Ohana, *La Différence Culturelle*, 13.
357　Médéa et al., *Identité et Société Réunionnaise*, 249.
358　Mintz, *Tasting Food*, 305.
359　A. Appadurai, *Modernity at Large. Cultural Dimensions of Globalization* (Minneapolis: University of Minneapolis Press, 1996), 123.
360　Hannerz, "World in Creolization", 555.
361　U. Hannerz, *Transnational Connections: Culture, People, Places* (London: Routledge, 1996); "Flows, Boundaries and Hybrids: Keywords in Transnational Anthropology", Transnational Communities Programme (2000) (http://www.transcomm.ox.ac.uk/working%20papers/hannerz.pdf.)
362　S. Hall, "Culture, Community, Nation", *Cultural Studies* 7 no. 3 (1993): 2; E. Glissant, *Introduction à un Poétique du Divers* (Paris: Gallimard, 1996), 12.
363　有争议的留尼汪学者约瑟夫 – 瓦隆丹（Joseph Varondin）将海外省化称为"法国的罪行"。见 J. A. Varondin, *Les Lambrequins de la Honte*. Vol. 2, *Le Crime Française: La Départementalisation* (Curepipe: Editions de l'Académie Indiaocéanienne, 1997).
364　L. T. Houat, *Les Marrons. Orné de 14 Jolis Dessins* (Piton St-Rose: Editions AIPDES, 1998 (1844)); E. Hervé, *L'Ile de La Réunion*.
365　Vergès, "Peuple Créole", 225.
366　这些评论出现在 2003 年 9 月 8 日版的 *Le Jir*.
367　七位受访者在调查问卷末尾的评论区中表达了类似的观点。
368　André Thien Ah Koon, quoted on p. 13 of the 13 December 2002 edition of *Le Jir*.
369　Médéa et al., *Identité et Société Réunionnaise*, 249.
370　J. A. Varondin, *Les Lambrequins de la Honte*. Vol. 1, *Portrait du Réunionnais Départementalisé et de son Maître* (Singapore: Editions Du Marronnage, 1991), 132.
371　L. Labache, "Approche d'une Situation de Néocolonialisme. La Problématique Zoreil-Créole à La Réunion", *L'Autre, Cliniques, Cultures et Sociétés* 3 no. 3 (2002): 530.
372　J. Poirier and S. Fuma, "Dynamique Sociale et Récits de Vie du Créole Réunionnais", 论文提交于第五届国际克里奥尔研讨会, 圣但尼 (1986): 11.
373　2003 年, 一个旗帜学协会与 Radyo Pikan、Met Ansam 和政党 Parnomum 合作, 举办了一次留尼汪旗帜设计比赛。获奖者和旗帜得到了文化协会的认可, 但没有得到法国人的认可。在 2003 年 8 月举行的印度洋运动会上, 留尼汪代表团被禁止悬挂这面旗帜。
374　在实地考察中, 我看到了留尼汪的五个文化协会展示的五种不同的旗帜。
375　Burton, "Maman-France Doudou", 89.
376　P. Beyssière, "L'Invention du Cafre", 论文发表于"空间、社会和跨文化性：非洲 – 印度洋"大会 (2003), 9.
377　Burton, "Idea of Difference", 112.
378　M. Cahen, *La Nationalisation du Monde. Europe, Afrique, L'Identité dans la Démocratie* (Paris: L'Harmattan, 1999), 89.

参考文献

留尼汪相关文献

Atelier de l'Urbanisme de Réunion. *Rapport*. Saint-Denis,1968.

Beniamino, M. *L'Imaginaire Réunionnais:Recherches sur les Déterminations Constitutives du Rapport entre le Sujet et l'Ile*. Saint-Denis:Editions du Tramail,1992.

Gilbert,P. "Les Jeunes Réunionnais et la Culture Rap". In *Regards sur le Champ Musical*,edited by B. Cherubini. Saint-Denis:Faculté des Lettres et des Sciences Humaines, Université de La Réunion,1996.

Ho,H-Q. *38 Chefs d'Entreprises de La Réunion Témoignent. Destins de Famille,Interculturalité et Economie*. Saint-André:Editions Azalées,2001.

Marimoutou,J-C. "Le Lieu et le Lien:A Propos de la Littérature Réunionnaise". *Hermès*(32/33) 2002:131 – 139.

Picard,D. "Les Nouveaux Jardins Sacrés. Insularité Tropicale et Intégration Globale:Une Approche Anthropologique du Tourisme International à La Réunion". PhD thesis,Université de la Réunion,2001.

Poirier,J. and Fuma,S. "Dynamique Sociale et Récits de Vie du Créole Réunionnais." Paper delivered at the Fifth International Colloquium of Créolistes,Saint-Denis, April 1986.

Revue Cercle Généalogique de Bourbon no. 213. Saint-André:Graphica,1999.

———. No. 221. Saint-André:Graphica,2000.

———. No. 231. Saint-André:Graphica,2001.

———. No. 239. Saint-André:Graphica,2002.

Sabadell,K. "Les Contes et Légendes:Un Eveil à la Conscience de Soi,l'Acceptation de sa Différence, une Force pour une Génération en Perdition, Fondamentaux pour la Construction Identitaire." In *Identité et Société Réunionnaise. Nouvelles Perspectives, Nouvelles Approches*, edited by L. Médéa, L. Labache and F. Vergès. Paris:Karthala,2005.

Sam-Long,J-F. *Guide Bibliographique du Roman Réunionnais d'Expression Française et Créole*(1844 – 1989). Saint-André:Océan Editions,1989.

———. *Le Roman du Marronnage à l'Ile Bourbon*. Saint-André:Océan Editions,1990.

Squarzoni,R. "Le Peuplement de La Réunion:Depuis 1848,dans un Processus de Decréolisation, une Recombinaison Féconde à l'Oeuvre …" Paper presented at the colloquium entitled "Culture, Identité, Développement",Saint-Denis,1989.

Vaxellaire,D. *Le Grand Livre de l'Histoire de La Réunion*. Vol. 1,*Des Origines à* 1848. Vol. 2,*De 1848 à l'An* 2000. Saint-Denis:Editions Orphie,1999.

法国海外省和海外领土及法属加勒比岛屿相关研究

Agathe, H. " Etudes Comparées des Marchés Fonciers de Maurice, de La Réunion et de Rodrigue. Quelles Régulations Publiques de ces Marchés? Entre Efficacité et Equité des Politiques Publiques. " PhD thesis, Ecole des Hautes Etudes et Sciences Sociales, 2004.

Bernabé, J., Bonniol, J-L., Confiant, R. and L'Etang, G., eds. *Au Visiteur Lumineux. Des Iles Créoles aux Sociétés Plurielles. Mélanges Offerts à Jean Benoist*. Petit-Bourg, Guadeloupe: Ibis Rouge, 2000.

Bernabé, J., Chamoiseau, P. and Confiant, R. *Eloge de la Créolité*. Paris: Gallimard, 1995.

Bonniol, J-L. " Les Naissances Multiples de Jean Benoist en Terre Créole. " In *Au Visiteur Lumineux. Des Iles Créoles aux Sociétés Plurielles. Mélanges Offerts à Jean Benoist*, edited by J. Bernabé, J-L. Bonniol, R. Confiant and G. L'Etang. Petit-Bourg, Guadeloupe: Ibis Rouge, 2000: 25 – 32.

Burton, R. *Afro-Creole: Power, Opposition and Play in the Caribbean*. NY: Cornell University Press, 1997.

————. *La Famille Coloniale. La Martinique et la Mère Patrie 1789 – 1992*. Paris: L'Harmattan, 1994.

————. " Maman-France Doudou: Family Images in French West Indian Colonial Discourse. " *Diacritics* 23 (3) 1993.

————. " Nationalist Ideologies in Contemporary Martinique. " University of London Seminar Papers no. 29. London: University of London, Institute of Commonwealth Studies, 1982.

————. " The Idea of Difference in Contemporary French West Indian Thought: Négritude, Antillanité, Créolité. " In *French and West Indian: Martinique, Guadeloupe and French Guyana Today*, edited by R. Burton and F. Réno. Basingstoke: Macmillan Caribbean, 1995.

Cohen, R., ed. *African Islands and Enclaves*. Beverly Hills: Sage Publications, 1983.

Dipp, H. *Raza e Historia en Santo Domingo: Los Orígenes del Prejuicio Racial en América*. Santo Domingo: Fundación Cultural Dominicana, 1992.

Hintjens, H. *Gender, Ethnicity and Political Ideologies*. London: Routledge, 1998.

Rodney, W. " A History of the Guyanese Working People 1881 – 1905. " MA dissertation, Johns Hopkins University, 1981.

Wilson, S. *The Indigenous People of the Caribbean*. Gainesville: University Press of Florida, 1999.

音乐、烹饪及身份认同

Cherubini, B. " L'Expression Musicale et la Construction Locale des Identités. " In *Regards sur le Champ Musical*, edited by B. Cherubini. Saint-Denis: Faculté des Lettres et des Sciences Humaines, Université de La Réunion, 1996.

————. ed. *Regards sur le Champ Musical*. Saint-Denis: Faculté des Lettres et des Sciences Humaines, Université de La Réunion, 1996.

Baggioni, D. and Marimoutou, J-C., eds. *Cuisines et Identités*. Saint-Denis: Université de La Réunion, 1988.

Cohen, P. "Identité et Musique." In *Regards sur le Champ Musical*, edited by B. Cherubini. Saint-Denis: Faculté des Lettres et des Sciences Humaines, Université de La Réunion, 1996.

Desroches, M. "Musique et Identité Culturelle des Tamouls de La Réunion." In *Au Visiteur Lumineux. Des Iles Créoles aux Sociétés Plurielles. Mélanges Offerts à Jean Benoist*, edited by J. Bernabé, J-L. Bonniol, R. Confiant and G. L'Etang. Petit-Bourg, Guadeloupe: Ibis Rouge, 2000: 222–39.

Desrosiers, B. "Le Discours sur la Musique, le Discours sur l'Identité à La Réunion." In *Regards sur le Champ Musical*, edited by B. Cherubini. Saint-Denis: Faculté des Lettres et des Sciences Humaines, Université de La Réunion, 1996.

Marimoutou, J-C. "La Cuisine du Cafre en Pays Blanc." In *Cuisines et Identités*, edited by D. Baggioni and J-C. Marimoutou. Saint-Denis: Université de La Réunion, 1988.

Mazeran, H. *Géopolitique de l'Océan Indien.* Paris: CHEAM, 1994.

文化、身份认同及文化、国家与政治认同

Bauman, Z. "From Pilgrim to Tourist-or a Short History of Identity." In *Questions of Cultural Identity*, edited by S. Hall and P. Du Gay. London: Sage, 1996.

Bayart, J-F. "Entretien avec Jean-François Bayart." *Revue Esprit* 1994.

———. "Hors de la 'Vallée Malheureuse' de l'Africanisme." *Revue Française de Science Politique* 1993: 136–9.

———. *L'Illusion Identitaire.* Paris: Fayard, 1996.

Baynes, G. *The Rainbow Nation?: Identity and Nation Building in Post-Apartheid South Africa.* Pretoria: Van Schaik, 1998.

Berman B. and Lonsdale, J. *Unhappy Valley. Conflict in Kenya and Africa.* Book 1, *State and Class.* Book 2, *Violence and Ethnicity.* London: James Currey, 1992.

Bhabha, H. K. "Culture In-Between." In *Questions of Cultural Identity*, edited by S. Hall and P. Du Gay. London: Sage, 1996.

———. *The Location of Culture.* London: Routledge, 1994.

Cahen, M. *La Nationalisation du Monde. Europe, Afrique, l'Identité dans la Démocratie.* Paris: L'Harmattan, 1999.

Chane-Kune, S. *Aux Origines de l'Identité Réunionnaise.* Paris: L'Harmattan, 1993.

Cherubini, B. "La Construction Symbolique des Identités dans le Monde Créole: Exemples Réunionnais." In *De La Tradition à La Post-Modernité*, edited by A. Carenini and J. P. Jardel. Paris: PUF, 1996: 267–281.

Cohen, R. ed. *Frontiers of Identity: The British and the Others.* London: Longman, 1994.

———. "Fuzzy Frontiers of Identity: The British Case." *Social Identities* 1 (1) 1995: 35–62.

Erasmus, Z. "Re-imagining Coloured Identities in Post-Apartheid South Africa." Talk presented during the Creolisation and Identity seminar series, University of Cape Town, 15 April 2003.

Eriksen, T. H. "Communicating Cultural Difference and Identity, Ethnicity and Nationalism in Mauritius." *Social Anthropology.* Occasional Papers no. 16, 1990.

Friedman, J. *Cultural Identity and Global Process.* London: Sage, 1994. Gellner, E. *Nations and Nationalism.* Oxford: Basil Blackwell, 1983.

Grossberg, L. "Identity and Cultural Studies: Is That All There Is." In *Questions of Cultural Identity*, edited by S. Hall and P. Du Gay. London: Sage, 1996.

Hall, S. "Cultural Identity and Diaspora." In *Identity: Community, Culture, Difference*, edited by J. Rutherford. London: Lawrence and Wishart, 1990: 110 – 217.

――――. "Culture, Community, Nation." *Cultural Studies* 7 (3) 1993.

――――. "Negotiating Caribbean Identities." *New Left Review* 209 1989: 3 – 14. Hall, S. and Du Gay, P., eds. *Questions of Cultural Identity*. London: Sage, 1996. Le Coadic, R. *L'Identité Bretonne*. Rennes: Presses Universitaires de Rennes, 1998.

Martin, D-C. "The Choices of Identity." *Social Identities* 1 (1) 1995.

Médéa, L. "Identity Formation in Reunion Island." Paper presented at the conference entitled "Transformations and Cultural Exchanges in the Indian Ocean Zone", University of Los Angeles, California, April 2002.

――――. "La Construction de l'Identité dans la Société Réunionnaise." *Le Journal des Anthropologues* (92/93) 2003.

――――. "La Culture Créole Francophone. Une Vision Panoramique dans les Départements Français d'Outre-Mer." Paper presented at the conference entitled "Les Originaires d'Outre-Mer", Paris, March 2002.

Médéa, L., Labache, L., and Vergès, F. eds. *Identité et Société Réunionnaise. Nouvelles Perspectives, Nouvelles Approches*. Paris: Karthala, 2005.

Rutherford, J. "A Place Called Home: Identity and the Cultural Politics of Difference." In *Identity: Community, Culture, Difference*, edited by J. Rutherford. London: Lawrence and Wishart, 1990.

――――., ed. *Identity: Community, Culture, Difference*. London: Lawrence and Wishart, 1990.

Simon, P-J. *La Bretonnité. Une Ethnicité Problématique*. Rennes: Presses Universitaires de Rennes, 1998.

Touraine, A. "Egalité et Différence." In *La Différence Culturelle. Une Reformulation des Débats*, edited by M. Wieviorka and J. Ohana. Paris: Balland, 2001.

Wieviorka, M. "Appendix." In *L'Identité Bretonne*, by R. Le Coadic. Rennes: Presses Universitaires de Rennes, 1996.

文化克里奥尔化和异族通婚

Amselle, J-L. *Branchements: Anthropologie de l'Universelle des Cultures*. Paris: Flammarion, 2001.

――――. *Logique Métisse*. Paris: Payot, 1996.

Baptiste, E. "Creolisation and the Development of Creole Cultures." Paper presented at the conference entitled "Transformations and Cultural Exchanges in the Indian Ocean Zone", University of Los Angeles, California, April 2002.

Benoist, J. "Le Métissage: Biologie d'un Fait Social, Sociologie d'un Fait Biologique." In URA CNRS, *Métissage Linguistique et Anthropologie*, Vol. 2. Paris: L'Harmattan, 1992: 13 – 22.

――――. "Métissage, Syncrétisme, Créolisation: Métaphores et Dérives." *Etudes Créoles* XIX (1) 1996: 47 – 60.

Braithwaite, E. *The Development of Creole Society in Jamaica* 1770 – 1820. Oxford: Clarendon Press, 1971.

Chanda, T. "La 'Créolisation' Culturelle du Monde. Entretiens avec Edouard Glissant", in *Label France* 2000.

Cherubini, B. "La Créolisation Socioculturelle à l'Heure de la Mondialisation: Interculturalité, Créolités, Système Monde." *Etudes Créoles* XXII (1) 1999: 119 – 36.

Eriksen, T. H. "Modernity and Ethnic Identity: Fragmentation and Unification in Europe Seen Through Mauritius", *L'Express Culture and Research* (5) Spring 1992.

――――. "*Tu Dimmunn Pu Vini Kreol*: The Mauritian Creole and the Concept of Creolization." Paper presented as part of the Transnational Communities Programme seminar series "Considering Creolization", Oxford University, 11 November 1999, Michaelmas. www.transcomm.ox.ac.uk.

Freyre, G. *New World in the Tropics. The Culture of Modern Brazil*. New York: Vintage Books, 1963.

Fuma, S. and Poirier, J. "Métissage, Hétéroculture et Identité Culturelle, le Défi Réunionnais." In *Métissage. Littérature-Histoire*, edited by J-C. Marimoutou. Paris: L'Harmattan, 1992.

Glissant E. *Introduction à une Poétique du Divers*. Paris: Gallimard, 1996.

――――. "La Créolisation du Monde." In *L'Identité: Individu, le Groupe, la Société*, edited by J-C. Ruano-Borbalan. Auxerre: Editions Sciences Humaines, 1998.

――――. *Traité du Tout-Monde*. Paris: Gallimard.

Hannerz, U. "Cosmopolitans and Locals in World Culture." In *Global Culture: Nationalism, Globalization and Modernity*, edited by M. Featherstone. London: Sage, 1990: 237 – 51.

――――. *Cultural Complexity: Studies in the Cultural Organization of Meaning*. New York: Columbia University Press, 1992.

――――. "Culture Between Center and Periphery: Towards a Macroanthropology." *Ethnos* 54 (3/4) 1992.

――――. "Flows, Boundaries and Hybrids: Keywords in Transnational Anthro-pology." Transnational Communities Programme, Working Paper Series, 2000. http://www.transcomm.ox.ac.uk/working%20papers/hannerz.pdf.

――――. "The World in Creolization." *Africa* 57 (4) 1987.

――――. *Transnational Connections: Culture, People, Places*. London: Routledge, 1996.

Laplantine, F. "Le Métissage, Moment Improbable d'une Connaissance Vibratoire." *X-Alta* (2/3), *Multiculturalisme*, November 1999: 35 – 48.

Laplantine, F. and Nouss, A. *Le Métissage*. Paris: Flammarion, 1997.

Lesourd, M. *Etat et Société aux Iles du Cap-Vert: Alternatives pour un Petit Etat Insulaire*. Paris: Karthala, 1996.

Marimoutou, J-C. "Créolisation, Créolité, Littérature." In *Cuisines et Identités*, edited by D. Baggioni and J-C. Marimoutou. Saint-Denis, Université de La Réunion, 1988: 32 – 45.

――――. *Métissage. Littérature-Histoire*. Vol. 1. Paris: L'Harmattan, 1992. Médéa, L. "Creolisation and Globalisation in a Neo-Colonial Context: The Case of La Réunion." *Social Identities* 8 (1) 2002: 125 – 41.

Mintz, S. *Caribbean Transformations*. New York: Columbia, 1990.

_____. "Enduring Substances, Trying Theories: The Caribbean Region as Oikoumene." *Journal of The Royal Anthropological Institute* 2 (2) 1996.

_____. *Sweetness and Power: The Place of Sugar in Modern History.* New York: Penguin, 1985.

_____. *Tasting Food, Tasting Freedom.* Boston: Beacon Press, 1996.

Nettleford, R. M. *Caribbean Cultural Identity.* Kingston: Institute of Jamaica, 1978.

Patterson, O. "Context and Choice in Ethnic Allegiance: A Theoretical Framework and Caribbean Case study." In *Ethnicity. Theory and Experience*, edited by N. Glazer and D. P. Moynihan. Cambridge, Mass. : Harvard University Press, 1975: 213 – 33.

Valladão, A. "Le Métissage Comme Identité." *Projet* (248) 1996.

海外省化

Bertile, W. "La Réunion: Département Français d'Outre-Mer, Région Européenne Ultrapériphérique." Doctorat d'Etat thesis, University of Reunion, 2001.

Combeau, Y. *Histoire de La Réunion: De la Colonie à la Région.* Paris: Nathan, 2002.

Eve, P. *De La Réunion Coloniale au Département: La Concrétisation d'un Désir: Texte et Recherches.* Saint-Denis: Conseil Général de La Réunion, 1996.

Houbert, J. "Reunion-French Decolonisation in the Mascareignes." *The Journal of Commonwealth and Comparative Politics* 18 (2). London: Frank Cass, 1980: 145 – 71.

_____. "Reunion: The Politics of *Départementalisation*." *The Journal of Commonwealth and Comparative Politics* 18 (3). London: Frank Cass, 1980: 315 – 41.

Médéa, L. "1996 – 1998: Celebrating 50 years of *Départementalisation* and 150 years of the Abolition of Slavery." In *African Contemporary Records*, Vol. 26, edited by C. Legum. New York: Africana Publishing, 2002: B495 – B501.

_____. "'Blue wave' and closer to Paris." In *African Contemporary Records*, Vol. 28, edited by C. Legum. New York: Africana Publishing, 2004.

_____. "Hégémonie et Hétéronomie: Les Conséquences du Processus d'Occidentalisation à Travers la Départementalisation. Repenser l'Identité dans une Situation Pluriculturelle." In *Identité et Société Réunionnaise. Nouvelles Perspectives, Nouvelles Approches*, edited by L. Médéa, L. Labache and F. Vergès. Paris: Karthala, 2005.

_____. "Reunion: One *Département* or Two? The Great Debate." In *African Contemporary Records*, Vol. 27, edited by C. Legum. New York: Africana Publishing, 2003.

Poirier, J. and Fuma, S. "Mémoire Collective de la Départementalisation." In 1946: *La Réunion Département, Regards sur La Réunion Contemporaine*, edited by E. Maestri. Paris: L'Harmattan, 1999: 101 – 7.

Squarzoni, R. "La Réunion, Région." Paper presented at the conference entitled "Reunion Département: 1946 – 1996", University of Reunion, June 1996.

克里奥尔语与皮钦语

Adone, D. *The Acquisition of Mauritian Creole.* Amsterdam: John Benjamins, 1994.

Armand, A. and Chopinet, G. *La Littérature Réunionnaise d'Expression Créole*, (1828 – 1982). Paris: L'Harmattan, 1983.

Baker, P. "Agglutinated French Articles in Creole French: Their Evolutionary Significance." *Te Reo* 27 1984: 89 – 129.

―――. *Kreol-A Description of Mauritian Creole*. London: Hurst, 1972.

―――. "On the Origins of the First Mauritians and of the Creole Language of their Descendants. A Refutation of Chaudenson's 'Bourbonnais' Theory." In *Isle de France Creole. Affinities and Origins*, edited by P. Baker and C. Corne. Ann Arbor: Karoma, 1982: 131 – 259.

―――. "On the Origins of the Mauritian Creole." *Journal of Mauritian Studies*, A 91, 2 (2), 1988: 41 – 85.

Baker, P. and Corne, C. *Isle de France Creole. Affinities and Origins*. Ann Arbor: Karoma, 1982.

Beniamino, M. "Le Français de La Réunion. Inventaire des Particularités Lexicales". *Actualités Linguistiques Francophones*. EDICEF/AUPELF, 1995.

Bold, J. *Dictionary and Phrase-Book of Fanagalo (Kitchen Kafir): The Lingua Franca of Southern Africa as Spoken in the Union of South Africa*. Cape Town: Central News Agency, 1955.

―――. *Fanakalo: Phrase-Book, Grammar and Dictionary*. Pretoria: Van Schaik, 1990.

Calteaux, K. V. *Standard and Non-Standard African Language Varieties in the Urban Areas of South Africa: Main Report for the STANON Research Programme*. Pretoria: HSRC Publishers, 1996.

Chaudenson, R. *Creolization of Language and Culture*, revised in collaboration with S. Mufwene and translated by S. Pargnan. London: Routledge, 2001.

―――. *Des Iles, des Hommes, des Langues (Langues Créoles, Cultures Créoles)*. Paris: L'Harmattan, 1992.

―――. *Lexique du Parler Créole à La Réunion*. Vol. 1. Paris: Librairie Honoré Champion, XIV, 1974.

―――. *Textes Créoles Anciens (La Réunion et Ile Maurice). Comparaison et Essai d'Analyse*. Hamburg: Buske, 1981.

Dittmar, N. and Schlobinski, P. *The Sociolinguistics of Urban Vernaculars: Case Studies and their Evaluation*. Berlin: De Gruyter, 1988.

Focard, V. "Du Patois Créole de l'Ile Bourbon." *Bulletin de la Société des Sciences et Arts* 1884.

Hancock, I. F., ed. *Diversity and Development in English-related Creoles*. Ann Arbor: Karoma, 1985.

Harris, R. and Rampton, B. "Creole Metaphors in Cultural Analysis: The Limits and Possibilities of Sociolinguistics." Paper presented as part of the Transnational Communities Programme seminar series "Considering Creolization." Oxford University, 11 November 1999, Michaelmas. www.transcomm.ox.ac.uk.

Herbert, R. K. *Language and Society in Africa: The Theory and Practice of Sociolinguistics*. Johannesburg: Witwatersrand University Press, 1992.

Lipski, J. "Convergence and Divergence in Bozal Spanish." *Journal of Pidgin and Creole Languages* 1 (2) 1986.

―――. *Latin American Spanish*. London: Longman, 1994.

Mesthrie, R. "Creole, Pidgin and Creolisation", paper presented at the "Creolisation and Identity" Seminar Series, University of Cape Town, March 2003.

Morgan, M., ed. *Language and the Social Construction of Identity in Creole Situations*. Los Angeles: Center for Afro-American Studies Publications, UCLA, 1994.

Mufwene, S. "On Decreolization: The Case of Gullah." In *Language and the Social Construction of Identity in Creole Situations*, edited by M. Morgan. Los Angeles: Center for Afro-American Studies Publications, UCLA, 1994.

Romaine, S. *Language, Education and Development: Urban and Rural Tok Pisin in Papua New Guinea*. Oxford: Clarendon Press, 1992.

————. "Language Standardization and Linguistic Fragmentation in Tok Pisin." In *Language and the Social Construction of Identity in Creole Situations*, edited by M. Morgan. Los Angeles: Center for Afro-American Studies Publications, UCLA, 1994.

Sebba, M. *Contact Languages: Pidgins and Creoles*. Basingstoke: Macmillan, 1997.

Seguin, B. *Les Céfrans Parlent aux Français: Chronique de la Langue des Cités*. Paris: Calman-Lévy, 1996.

Speedy, K. "Mississippi and Teche Creole: Two Separate Starting Points for Creole in Louisiana." In *From Contact to Creole and Beyond*, edited by P. Baker. London: University of Westminster Press, 1995: 97–111.

Vinson, A. "Les Origines du Patois de l'Ile Bourbon." *Bulletin de la Société des Sciences et Arts* 1882.

Winford, D. "Sociolinguistic Approaches to Language Use in the Anglophone Caribbean." In *Language and the Social Construction of Identity in Creole Situations*, edited by M. Morgan. Los Angeles: Center for Afro-American Studies Publications, UCLA, 1994.

后殖民主义与新殖民主义

Ahmad, A. *In Theory: Classes, Nations, Literatures*. London: Verso, 1992.

————. "The Politics of Literary Postcoloniality." *Race and Class* 36 (3) 1995: 276–293.

Chakrabarty, D. "Postcoloniality and the Artifice of History: Who Speaks for 'Indian' Pasts?" *Representations* no. 37 1992.

————. *Provincializing Europe: Postcolonial Thought and Historical Difference*. Princeton: Princeton University Press, 2000.

Cherki, A. *Frantz Fanon. Portrait*. Paris: Le Seuil, 1999.

Dirlik A. "Is there History after Eurocentrism? Globalism, PostColonialism and the Disavowal of History." *Cultural Critique* (42) 1999.

Fanon, F. *Les Damnés de la Terre*. Paris: Maspero, 1962.

————. *Peau Noire, Masques Blancs*. Paris: Le Seuil, 1952. Glissant, E. *Le Discours Antillais*. Paris: Gallimard, 1981.

————. *Traité du Tout-Monde*, Paris: Gallimard, 1997.

Guillebaud, J-C. *Les Confettis de l'Empire: Djibouti, Martinique, Guadeloupe, Réunion, Tahiti, Nouvelle Calédonie, Guyane, Polynésie Française, Saint-Pierre et Miquelon, Terres Australes et Antarctiques Françaises, Mayotte, Archipel des Comores, Nouvelles Hébrides, Territoires Français des Afars et des Issas, Wallis et Futuna*. Paris: Le Seuil, 1976.

Hall, S. "When was 'the Post-Colonial'? Thinking at the Limit." In *The Post-Colonial Question: Common Skies, Divided Horizons*, edited by I. Chambers and L. Curti. London: Routledge, 1996.

Hintjens, H. *Alternatives to Independence. Explorations in Post-Colonial Relations*. Aldershot, UK: Dartmouth, 1995.

————. "From French Slaves to French citizens." In *The African Diaspora in the Indian Ocean*, edited by S. Jayasurya and R. Pankhurst. London: Africa World Press, 2001.

————. "What is Freedom? Competing Notions of Rights and Responsibilities in the French Caribbean." *Itinerario* XXV (2) 2001.

Labache, L. "Approche d'une Situation de Néocolonialisme. La Problématique Zoreil-Créoles à La Réunion." *L'Autre, Cliniques, Cultures et Sociétés* 3 (3) 2002: 519–32.

Lazarus, N. *Nationalism and Cultural Practice in the Post-Colonial World*. Cambridge: Cambridge University Press, 1999.

————. "The Fetish of 'the West' in Postcolonial Theory." In *Marxism, Modernity and Postcolonial Studies*, edited by C. Bartolovich and N. Lazarus. Cambridge: Cambridge University Press, 2002: 43–64.

Nkrumah, K. *Neo-Colonialism: The Last Stage of Imperialism*. London: Thomas Nelson and Sons, 1965.

Réno, F. "Resourcing Dependency. Decolonisation and Post-Colonialism in French Overseas Departments." *Itinerario* XXV (2) 2001: 21.

Said, E. *L'Orientalisme. L'Orient Créé par l'Occident*. Paris: Le Seuil, 1994.

————. *Orientalism*. New York: Vintage, 1978.

Spivak, G. C. "Post-Structuralism. Marginality, Postcoloniality and Value." In *Literary Theory Today*, edited by P. Collier and H. Geyer-Ryan. Ithaca: Cornell University Press, 1990.

Varondin, J. A. *Les Lambrequins de la Honte*. Vol. 1, *Portrait du Réunionnais Départementalisé et de son Maître*. Singapour: Editions du Marronnage, 1991.

————. *Les Lambrequins de la Honte*. Vol. 2, *Le Crime Français: La Départementalisation*. Curepipe: Editions de l'Académie Indiaocéanienne, 1997.

Vergès, F. *Monsters and Revolutionaries: Colonial Family Romance and* Métissage. Duke: Duke University Press, 1999.

————. "Peuple Créole, Identité Ethnique à l'Ile de La Réunion." In *La Différence Culturelle. Une Reformulation des Débats*, edited by M. Wieviorka and J. Ohana. Paris: Balland, 2001: 217–28.

Young, R. *Colonial Desire: Hybridity in Theory, Culture and Race*. London: Routledge, 1995.

奴隶制与殖民主义

Allen, R. *Freedman and Indentured Laborers in Colonial Mauritius*. Cambridge: Cambridge University Press, 1999.

Bartolovich, C. and Lazarus, N., eds. *Marxism, Modernity and Postcolonial Studies*. Cambridge: Cambridge University Press, 2002.

Benitez-Rojo, A. *The Repeating Island*. Duke: Duke University, 1992.

Beyssière, P. "L'Invention du Cafre." Paper presented at the conference entitled "Espaces, Sociétés et

Transculturalité：Afrique-Océan Indien", University of Reunion, UNESCO and Espace Afrique, 26 – 28 May 2003.

―――. Vingt Décembre：Le Jour où La Réunion se Souvient. Paris：L'Harmattan, 2001.

Bouche, D. Histoire de La Colonisation Française. Paris：Fayard, 1991.

Boucher, A. Mémoire Pour Servir La Connaissance Particulière de Chacun des Habitants de l'Isle Bourbon. Paris：Cercle Généalogique de Bourbon, 1989 (1710).

Célimène, F. and Legris, A. , eds. L'Economie de l'Esclavage Colonial. Enquête et Bilan du XVIIe et XIXe Siècles. Paris：CNRS, 2002.

Césaire, A. Cahier d'un Retour au Pays Natal. Paris：Présence Africaine, 1939.

―――. Discours sur le Colonialisme. Paris：Présence Africaine, 1955.

Chan-Low, J. "Aux Origines du 'Malaise Créole'：Les Ex-Apprentis dans la Société Mauricienne (1839 – 1861)." Paper presented at the conference entitled "Commemorating the 160th Anniversary of the End of Apprenticeship", Mahatma Gandhi Institute, 23 – 26 June 1999.

―――. "Esclaves, Exclus … Citoyens." Paper presented at the Colloque Inter-national sur l'Esclavage, Port-Louis, 5 – 8 October 1998.

Combeau, Y. "De Bourbon à La Réunion, l'Histoire d'une Ile du XIIe au XXe Siècle", Hermès (32/33) 2002. La France et Les Outre-Mers. L'Enjeu Multiculturel.

―――. Histoire de La Réunion：De la Colonie à la Région. Paris：Nathan, 2002. Corten, A. L'Etat Faible：Haïti et République Dominicaine. Genève：CIDIHCA, 1989.

D'Ans, A. Haïti：Paysage Société. Paris：Karthala, 1987.

Di, H. and Maggiolo, M. "The Historical Approach to the Study of Dominican Culture." Caribbean Cultures. Paris：UNESCO, 1982.

Eve, P. Ile à Peur. La Peur Redoutée ou Récupérée à La Réunion de nos Origines à nos Jours. Saint-André：Océan Editions, 1992.

―――. Le 20 Décembre 1848 et sa Célébration à La Réunion：Du Déni à la Réhabilitation (1848 – 1980). Paris：l'Harmattan, 2000.

Fermoselle, R. The Evolution of the Cuban Military. Miami：FUP, 1988.

Fuma, S. De l'Inde du Sud à l'Ile de La Réunion. Saint-Denis：Université de La Réunion, 1999.

―――. Histoire d'un Peuple, La Réunion (1848 – 1900). Saint-André：Editions Azalées, 1994.

―――. L'Abolition de l'Esclavage à La Réunion. Saint-André：GRATHER, 1998.

―――. Le Maloya Réunionnais, Expression d'une Interculturalité Indiaocéanique. Saint-Denis：Université de La Réunion, 2001.

―――. Le Moring, Art Guerrier, ses Origines Afro-Malgaches, sa Pratique à La Réunion. Saint-Denis：Université de La Réunion, 1992.

―――. "Le Servilisme：Statut des Travailleurs Immigrés ou Affranchis dans les Colonies." Tarehi：Revue d'Histoire et d'Archéologie, 4. INYA, CNDRS, 2002；54 – 62.

Furnivall, J. S. Colonial Policy and Practice. A Comparative Study of Burma and Netherlands India. Cambridge：Cambridge University Press, 1948.

Gerbeau, H. "Coolies et Engagés de l'Ile de La Réunion." Paper presented at the Colloque International de Leyde, 21 – 23 April 1982.

————. *La Longue Marche. L'Esclavage et l'Abolition: Des Dates et des Chiffres*. Saint-Denis: ARCC, 1998.

————. *Les Esclaves Noirs: Pour une Histoire du Silence*. Paris: Balland, 1970. Hervé, E. (1869) "L'Ile de La Réunion et la Question Coloniale." *La Revue des Deux Mondes* January 1869: 747 – 768.

Hery, L. *Fables Créoles Dédiées aux Dames de l'Ile Bourbon*. Paris: Rigal, 1828. Ho, H-Q. *Contribution à l'Histoire Economique de l'Ile de La Réunion* (1642 – 1848). Paris: L'Harmattan, 1998.

————. "La Transition de l'Esclavage au Salariat à La Réunion (1828 – 1853)." In *L'Economie de l'Esclavage Colonial. Enquête et Bilan du XVIIe et XIXe Siècles*, edited by F. Célimène and A. Legris. Paris: CNRS, 2002.

Houat, L. T. *Les Marrons. Orné de 14 Jolis Dessins*. Piton St-Rose: Editions AIPDES 1998 (1844).

Ismael-Daoudjee, A. *Les Indo-Musulmans Gujaratis*. Paris: L'Harmattan, 2002. Larrain, J. *Theories of Development. Capitalism, Colonialism and Dependency*. London: Polity Press, 1989.

Mahajani, U. "Slavery, Indian Labour and British Colonialism: A Review Article." *Pacific Affairs* 50 (2) 1977: 263 – 71.

Sansone, L. "The Emergence of the Politics of Black Identity in Bahia, Brazil." In *The Politics of Ethnic Consciousness*, edited by H. Vermeulen and C. Govers. London: Macmillan, 1997.

Scherer, A. *Histoire de La Réunion*. Paris: PUF, 1966. Senghor, L. *Chants d'Ombre*. Paris: Le Seuil, 1945.

————. *Hosties Noires. Anthologie de la Nouvelle Poésie Nègre et Malgache de Langue Française*. Paris: Le Seuil, 1948.

————. *Nocturnes*. Paris: Le Seuil, 1962.

Smith, A. *An Inquiry into the Nature and Causes of the Wealth of Nations*. London: Ward Locke, 1809.

Tinker, H. *A New System of Slavery: The Export of Indian Labour Overseas* 1830 – 1920. London: Oxford University Press for the Institute of Race Relations, 1974.

Williams, E. *Capitalism and Slavery*. London: André Deutsch, 1964.

种族与族裔

Alba, R. *Ethnic Identity: The Transformation of White America*. New Haven: Yale University Press, 1990.

————. *Ethnicity and Race in the U. S. A*. London: Routledge, 1985.

Clark, C., Peach, S. and Vertovec, S., eds. *South Asians Overseas: Migration and Ethnicity*. Cambridge: Cambridge University Press, 1990.

Eriksen T. H. "Communicating Cultural Difference and Identity, Ethnicity and Nationalism in Mauritius." *Social Anthropology* Occasional Papers no. 16 1990.

————. *Ethnicity and Nationalism. Anthropological Perspectives*. 2nd ed. London: Pluto Press, 2002.

Finch, H. *Les Enjeux et les Modalités dans la Mondialisation d'une Identité Collective "Kaf" à L'Ile de La Réunion*. Mémoire de DEA en Sciences Sociales, edited by J. Cheyronnaud. Marseille: Université de Marseille, 2003.

Gilles, T. "Linguistic Differentiation in Ethnic Groups." In *Differentiation Between Social Groups*, edited by H. Tajfel. London: Academic Press, 1978.

Hall, S. "Ethnicity: Identity and Difference." *Radical America* 23 (4) 1991: 9 – 20. Labache, L. "Les

Relations Interethniques à La Réunion."*Cahiers de Sociologie Economique et Culturelle*（31）1999：101 – 15.

————. "L'Ethnicité à La Réunion：Vers un Melting-pot?" PhD thesis, Ecole des Hautes Etudes et Sciences Sociales, 1997.

————. "L'Ethnicité chez les Jeunes Réunionnais." *Agora Débat Jeunesses* 9 1997：95 – 104.

————. "Recherche sur l'Ethnicité à La Réunion." *Revue des Psychologues de la Martinique*（2）1999：97 – 105.

Lattas, A. *Cultures of Secrecy：Reinventing Race in Bush Kaliai Cargo Cults.* Madison：University of Wisconsin Press, 1998.

Leblond, A. and Leblond, M. *Le Miracle de la Race.* Paris：E. Fasquelle, 1914.

————. *Les Romans des Races. Les Sortilèges.* Paris：E. Fasquelle, 1905.

Lee Tin, R. "Les Chinois de La Réunion." PhD thesis, Ecole des Hautes Etudes et Sciences Sociales, 2000.

Mayoka, P. *L'Image du Cafre de l'Afrique Réunionnaise.* Saint-Denis：Hibiscus, 1997.

Memmi, A. *Le Racisme：Description, Définitions, Traitement.* Paris：Gallimard, 1994.

Nakayama, T. and Martin, J. "Current and Future Directions in Ethnicity and Methodology." *International Journal of Intercultural Relations* 24 2000：525 – 539.

Nicol, R-M. "Noirs, Cafres et Créoles：Etudes de la Représentation du Non-Blanc Réunionnais, Documents et Littératures Réunionnaises 1710 – 1980." PhD thesis, Université de La Réunion et Aix-Marseille, 1992.

Scott, H. "Was There a Time Before Race? Capitalist Modernity and the Origins of Racism." In *Marxism, Modernity and Postcolonial Studies*, edited by C. Bartolovich and N. Lazarus. Cambridge：Cambridge University Press, 2002：167 – 182.

Smith, M. G. *Stratification in Grenada.* Los Angeles：University of California Press, 1965.

Wieviorka, M. *Le Racisme：Une Introduction.* Paris：La Découverte, 1998.

全球化、现代性与后现代性

Appadurai, A. "Disjuncture and Difference in the Global Cultural Economy." *Theory, Culture and Society* 7, 1990：295 – 310.

————. *Modernity at Large. Cultural Dimensions of Globalization.* Minneapolis：University of Minneapolis Press, 1996.

Bauman, Z. *Intimations of Postmodernity.* London：Routledge, 1999. Cohen R. *Global Diasporas. An Introduction.* London：UCL Press, 1997.

————. "The Diaspora of a Diaspora：The Case of the Caribbean." *Social Science Information* 31（1）1992.

Gilroy, P. *The Black Atlantic. Modernity and Double Consciousness.* London：Verso, 1993.

Hall, S. "The Local and the Global：Globalization and Ethnicity." In *Culture, Globalization and the World-System*, edited by A. K. King. Basingstoke：Macmillan, 1991：1 – 16.

Huntington, S. *The Clash of Civilizations and the Remaking of World Order.* New York：Simon and Schuster, 1996.

Robertson, R. *Globalization. Social Theory and Global Culture*. London: Sage, 1992.

Sassen, S. *Globalization and its Discontents*. New York: The New Press, 1998. Touraine, A. "Va-t-on vers une ou Plusieurs Formes de Mondialisation Culturelle? Comment Préserver la Diversité Culturelle?" Paper presented at the seminar entitled "Entretiens du XXIe siècle: Quelle Forme Prendra la Mondialisation Culturelle?", UNESCO, 4 December 2000.

社会学

Berger, P. L. and Luckmann, T. *The Social Construction of Reality: A Treatise in the Sociology of Knowledge*. New York: Doubleday, 1967.

Bourdieu, P. *La Distinction. Critique Sociale du Jugement*. Paris: Editions de Minuit, 1979.

_____. *La Noblesse d'Etat. Grandes Ecoles et Esprit de Corps*. Paris: Editions de Minuit, 1989.

_____. "Le Capital Social. Notes Provisoires." *Actes de la Recherche en Sciences Sociales* (31) 1980.

_____. *Les Structures Sociales de l'Economie*. Paris: Le Seuil, 2000.

_____. *Raisons Pratiques. Sur la Théorie de l'Action*. Paris: Le Seuil, 1994.

Bourdieu, P. and Passeron, J-C. *La Reproduction. Eléments pour une Théorie du Système d'Enseignement*. Paris: Editions de Minuit, 1970.

Castoriadis, C. *L'Institution Imaginaire de la Société*. Paris: Le Seuil, 1975. Durkheim, E. "Tönnies, F., *Gemeinschaft und Gesellschaft.*" *Revue Philosophique* 1889.

Goffman, E. *Stigmates. Les Usages Sociaux des Handicaps*. Paris: Editions de Minuit, 1975.

Gramsci, A. *Selections From The Prison Notebooks*, edited and translated by Q. Hoare and G. Nowell-Smith. London: Lawrence and Wishart, 1971.

Habermas, J. "The Public Sphere." In *Jürgen Habermas on Society and Politics: A Reader*. 3rd ed. Edited by S. Seidman. Boston: Beacon Press, 1989.

_____. *The Structural Transformation of the Public Sphere: An Enquiry into a Category of Bourgeois Society*. 2nd ed. Cambridge: Polity Press, 1989.

Parsons, T. *Politics and Social Structure*. Basingstoke: Macmillan, 1969.

_____. *Societies. Evolutionary and Comparative Perspectives*. Englewood Cliffs, NJ: Prentice-Hall, 1966.

Tajfel, H. "Social Categorization, Social Identity and Social Comparison." In *Differentiation Between Social Groups*, edited by H. Tajfel. London: Academic Press, 1978.

_____. ed. *Differentiation between Social Groups*. London: Academic Press, 1978.

_____. ed. *Social Identity and Intergroup Relations*. Cambridge: Cambridge University Press, 1982.

Vogler, C. "Social Identity and Emotion: The Meeting of Psychoanalysis and Sociology." *The Sociological Review* February 2000.

哲学、心理学与精神分析学

Arendt, H. *The Human Condition*. Chicago: University of Chicago Press, 1958.

———. "The Public Realm: The Common. " In *The Public Face of Architecture: Civic Culture and Public Spaces*, edited by N. Glazer and M. Lilla. New York: The Free Press, 1987.

Deleuze, G. *Pourparlers*. Paris: Editions de Minuit, 1990. Derrida, J. *L"Ecriture et la Différence*. Paris: Le Seuil, 1967. Erickson, E. *Identity, Youth and Crisis*. New York: Norton, 1968. Foucault, M. *Archéologie du Savoir*. Paris: Gallimard, 1969.

———. *Les Mots et les Choses*. Paris: Gallimard, 1966.

Freud, S. "On the Internalization of Sex Role: The Feminine Case. " In *Theories of Society*, Vol. 2, edited by T. Parsons, E. Shils, K. Naegele and J. Pitts. Glencoe: The Free Press, 1961.

Heinz, A. "Colonial Perspectives in the Construction of the Psychotic Patient as Primitive Man. " *Critique of Anthropology* 18 (4) 1998: 421 – 444.

Russ, J. *Dictionnaire de Philosophie*. Paris: Bordas, 1991.

多元文化主义、跨文化主义与超文化主义

Arno, T. and Orian, C. *Ile Maurice, une Société Multiraciale*. Paris: L'Harmattan, 1986.

Barat, C. " Classification et Typification dans un Contexte Multiculturel. " In *L'Espoir Transculturel*. Vol. 2, *Iles et Fables*, edited by J-F. Reverzy and J-C. Marimoutou. Paris: L'Harmattan, 1990.

Bhabha, H. K. " The Third Space. " In *Identity: Community, Culture, Difference*, edited by J. Rutherford. London: Lawrence and Wishart, 1990.

Constant, F. *Le Multiculturalisme*. Paris: Flammarion, 2000.

Glazer, N. and Moynihan, D. *Beyond the Melting Pot: The Negroes, Puerto Ricans, Jews, Italians and Irish of New York City*. Cambridge: MIT Press, 1963.

Lindenfeld, J. *Speech and Sociability at French Urban Marketplaces*. Amsterdam: John Benjamins, 1990.

Lionnet, F. "*Créolité* in the Indian Ocean: Two Models of Cultural Diversity. " In *Post-Colonial Conditions*, edited by F. Lionnet and R. Scharfman. New Haven: Yale University Press, 1993.

Malinowski, B. *The Dynamics of Culture Change. An Inquiry into Race Relations in Africa*. New Haven: Yale University Press, 1945.

Ortiz, F. "Del Fenómeno de la Transculturación y su Importancia en Cuba. " In *El Contrapunteo Cubano del Azúcar y del Tabaco*, edited by F. Ortiz. La Habana: Editorial de Ciencias Sociales, 1940.

Parekh, B. *Rethinking Multiculturalism. Cultural Diversity and Political Theory*. Basingstoke: Macmillan, 2000.

Poirier, P. "Hétéroculture. " In *Encyclopédie Philosophique*, Vol. 2. Paris: PUF, 1990.

Pratt, M. L. " Arts of the Contact Zone. " In *Ways of Reading*, edited by D. Bartholomae and A. Petrosky. Boston: St-Martin, 1999: 582 – 96.

———. *Imperial Eyes: Travel Writing and Transculturation*. London: Routledge, 1992.

Reverzy, J-F. *L'Espoir Transculturel. Cultures, Exils et Folies dans l'Océan Indien*. Paris: L'Harmattan, 1990.

Smith, M. G. *The Plural Society in the British West Indies*. Los Angeles: University of California Press, 1965.

Taylor, C. *Multiculturalism and " The Politics of Recognition.* " Princeton: Princeton University Press, 1992.

Touraine, A. "Les Conditions de la Communication Interculturelle. Faux et Vrais Problèmes." In *Une Société Fragmentée? Le Multiculturalisme en Débat*, edited by M. Wieviorka. Paris: Découverte, 1996.

Vertovec, S. "Transnational Challenges to the 'New Multiculturalism'." Paper presented at the ASA Conference held at the University of Sussex, April 2001. www.transcomm.ox.ac.uk.

Wieviorka, M., ed. *Une Société Fragmentée? Le Multiculturalisme en Débat*. Paris: Découverte, 1996.

Wieviorka, M. and Ohana, J., eds. *La Différence Culturelle. Une Reformulation des Débats*. Paris: Balland, 2001.

宗教

Ahern, E. *The Cult of the Dead in a Chinese Village*. Stanford: Vidong, 1973.

D'Costa, G. *Theology and Religious Pluralism: The Challenge of Other Religions*. Oxford: Blackwell, 1986.

Durkheim, E. *Elementary Forms of the Religious Life*. London: George Allen and Unwin, 1976.

Laguerre, M. *Voodoo and Politics*. New York: St-Martin's Press, 1989.

Metcalf, P. and Huntington, R. *Celebrations of Death: The Anthropology of Mortuary Ritual*. Cambridge: Cambridge University Press, 1991.

Pearson, M. P. *The Archaeology of Death and Burial*. Texas: Texas A&M University Press, 1999.

研究方法

Bradburn, N. M. and Sudman, S. "The Current Status of Questionnaire Design." In *Survey Measurement and Process Quality*, edited by L. Lyberg, P. Biemer, M. Collins, E. de Leeuw, C. Dippo, N. Shwarz and D. Trewin. New York: Wiley, 1991.

Bryman, A. *Quantity and Quality in Social Research*. London: Routledge, 1992. Combessie, J-C. *La Méthode en Sociologie*. Paris: La Découverte, 1996.

De Vaus, A. *Surveys in Social Research*. London: Unwin Hyman, 1991.

Devine, F. "Qualitative Methods." *Theory and Methods in Political Science*. Basingtoke: Macmillan, 1995.

Hellevik, G. *Introduction to Causal Analysis*. London: George Allen and Unwin, 1984.

Lyberg, L., Biemer, P., Collins, M., de Leeuw, E., Dippo, C., Schwarz, N. and Trewin, D., eds. *Survey Measurement and Process Quality*. New York: Wiley, 1997.

May, T. *Social Research: Issues, Methods and Process*. 3rd ed. Buckingham: Open University Press, 2001.

Rose, D. and Sullivan, O. *Introducing Data Analysis for Social Scientists*. 2nd ed. Milton Keynes: Pennsylvania University Press, 1996.

术语表

行政与文化术语

省（Department；Deépartement）：法国的主要行政区划。法国共有 100 个省，96 个位于本土，4 个位于海外（瓜德罗普、圭亚那、马提尼克和留尼汪）。后者被称为海外省（DOM，deépartements d'outre-mer）。政府架构包括省会和每个地区的县议会。马约特、新喀里多尼亚、塔希提岛、圣皮埃尔和密克隆群岛及法属波利尼西亚是法国的海外领土（TOM，territoires d'outre-mer，），这些地区没有省会，但由省长管辖。

（海外）省化（Departmentalisation；Deépartementalisation）：一地区成为（海外）省的过程。留尼汪在成为海外省之前处于殖民状态，于 1946 年 3 月 19 日与其他海外省一起被设立为法国的一个省。

卡巴尔马洛亚（kabar maloya）：一种晚上举行的集会，人们在集会中伴随着源自非洲和马达加斯加的克里奥尔音乐唱歌跳舞。

卡非节（La Fet Kaf）：一个定于 12 月 20 日的节日，纪念 1848 年留尼汪奴隶制的废除。弗朗索瓦·密特朗就任法兰西共和国总统后宣布这一天为留尼汪的公共假日。该节日最初只限于奴隶后代，现在已成为大众庆祝自由的活动，被称为自由节（Festival de la Liberté）。

族裔术语

华人（Chinois）：本书中的"华人"特指 1848 年奴隶制废除后到 20 世纪初从广州和澳门抵达留尼汪的第一批中国契约劳工的后代，信仰佛教和基督教。

克里奥尔（Creole）**及/或混血**（Métis）：指混合血统的人，包括卡非人、马拉巴人、小白人和部分华人，19 世纪 70 年代后还包括佐里人。为基督徒，来自各种社会阶层，但主要为工人阶级和中产阶级。"克里奥尔"和"混血"两个术语指代的不是上述种族群体，而是一个没有明显种族区分的社会群体。

大白人（Gros Blanc）：首批法国白人殖民者的基督徒后代，3 个世纪以前与小白人及卡非人于同一时期抵达留尼汪。

卡非人（Kaf）：17 世纪末抵达留尼汪的非洲人和马达加斯加人的后代，及非洲 – 马达加斯加混血人种的后代。卡非人为基督徒，表现出非洲 – 马达加斯加人或黑人的表型特征，他们是留尼汪岛上最早的种族融合的产物。

卡拉人（Karane）：来自印度西北部古吉拉特地区的什叶派穆斯林，在 19 世纪 80 年代中期遭受种族暴力后从马达加斯加移民到留尼汪。

科摩罗人（Komor；Comorans）：来自科摩罗群岛和马约特岛（法国领土，地处印度洋）的黑人穆斯林。19 世纪 70 年代末来到留尼汪，现在仍处在移民过程中。克里奥尔语中，"Komor"一词包括马约特岛人和科摩罗人。

马拉巴人（Malabar）及/或泰米尔人（Tamoul；Tamils）：来自印度马拉巴地区的移民，主要在 1848 年奴隶制废除后以契约劳工身份来到留尼汪。大部分马拉巴人为基督徒。泰米尔人和马拉巴人有同一种族背景，但在 19 世纪 80 年代早期泰米尔人选择恢复原先的宗教价值观，摒弃基督教并重返印度教。

马达加斯加人（Malagasy）：来自马达加斯加的移民，与科摩罗人一样遭受了种族歧视。

混血人（Métis）：由多种形态的种族融合形成的群体，例如：卡非人 – 马拉巴人，卡非人 – 小白人，卡非人 – 华人，卡非人 – 佐里人，马拉巴人 – 小白人，马拉巴人 – 佐里人，马拉巴人 – 华人，小白人 – 华人，小白人 – 佐里人，卡非人 – 混血人，马拉巴人 – 混血人，混血人 – 小白人，混血人 – 混血人，华人 – 混血人，佐里人 – 华人等。

"其他"（族裔）：19 世纪 90 年代来到留尼汪的新移民，主要包括毛里求斯人、越南人、北非人［法国出生的第二代马格里布人（Magrebins）］、欧洲人（西班牙人、英格兰人、比利时人和瑞士人）、加拿大人、华人和西非人。

小白人（Petit Blanc）和/或亚布人（Yab）：3 个世纪以前与卡非人同时来到留尼汪的第一批法国白人的后代，基督徒。起初从事农业，海外省化后移居到城市谋生。仍然住在高地的小白人在留尼汪居民中属于最贫困人群，通常被称为高地小白人（Petit Blanc des hauts）。

扎拉布人（Zarab）：来自印度西北部古吉拉特地区的穆斯林，与华人同一时期来到留尼汪。

佐里人（Zorey；Zoreil）：法国本土白人，基督徒。职业主要为公务员，也有宪兵、警官、军人和医生，特别是海外省化后从法国本土派遣到岛上担任地方法官。